Menschen führen ist wie Flöhe hüten

W0075680

C(

Warren Bennis, Professor für Business Administration an der Universität von Südkalifornien, gilt als einer der Top-Experten zum Thema Führung. Er beriet die letzten vier amerikanischen Präsidenten und wird regelmäßig von führenden Unternehmen konsultiert. Warren Bennis ist Autor der Campus-Bestseller *Führungskräfte* (5. Auflage 1992) und *Geniale Teams* (1998).

Die Kapitel dieses Buches erschienen zunächst als Aufsätze in dem amerikanischen Magazin *Executive Excellence*. Warren Bennis veröffentlicht dort seit 1985.

Inhalt

Ein erfundenes Leben

Wir alle stehen vor der großen Herausforderung, unsere ureigenen Fähigkeiten zu entdecken und uns ein Leben lang immer wieder neu zu erfinden.

Ich schätze das Sich-selbst-Erfinden als eine Übung für die Phantasie. Im Grunde ist es die beste Art, sich kennenzulernen. Menschen, die sich nicht erfinden und immer wieder neu erfinden können, sind gezwungen, sich mit übernommenen Posen und Ideen aus zweiter Hand zufriedenzugeben. Sie müssen »sich einfügen«, statt »herauszuragen«. Sich selbst zu erfinden ist das Gegenteil des Sich-Abfindens mit der uns zugeteilten Rolle.

Authentisch zu sein bedeutet wörtlich, unser eigener Autor zu sein (beide Wörter sind vom gleichen griechischen Stamm abgeleitet), unsere ursprünglichen Energien und Bedürfnisse zu entdecken, um einen individuellen Weg zu finden, sie auszuleben. Gelingt uns dies, dann können wir uns dem durch Kultur, Familientradition oder von Autoritäten vorgegebenen Image entziehen. Wenn wir unser eigenes Leben entwerfen, spielen wir ein Spiel, das ganz und gar der menschlichen Natur entspricht. Wir halten ein Versprechen ein, das wir uns selbst gegeben haben.

Meine eigenen Wurzeln

Die Landschaft meiner Kindheit hatte erschreckend viel Ähnlichkeit mit der eines Beckett-Stücks – karg, öde, endlos. Ein kleiner Junge wartete dort auf jemanden, der wahrscheinlich nie kommen würde. Hin und wieder tauchten Personen auf und gingen vorbei: Zwillingsbrüder, zehn Jahre älter als ich, ein Vater, der achtzehn Stunden am Tag arbeitete (wenn er seine Schuhe und Socken auszog, mußten wir die Schmutzränder um seine Knöchel mit einer Wurzelbürste abschrubben), und eine Mutter, die Wanderbühnen liebte und mit ihren Freundinnen Mah-Jongg spielte, wenn sie meinen Vater nicht gerade bei der Finanzierung unserer kümmerlichen Existenz unterstützte.

Ich war ein verschlossener Junge, mürrisch, fern von irgendwelchen Hoffnungen oder Wünschen und wahrscheinlich depressiv – »griesgrämig«, wie mein Vater es nannte. Auch war ich ziemlich oft allein. Ich hatte keine engen Freunde. Eigentlich kann ich mich kaum erinnern, wie ich meine Zeit verbrachte, außer daß ich in meinem Kopf ununterbrochen irgendwelche Lebensentwürfe abspulte wie ein 24-Stunden-Nachrichtenprogramm.

Aus der Schule machte ich mir nicht viel, deshalb erinnere ich mich auch kaum an meine Lehrer – ausgenommen Miss Shirer. Miss Shirer mochte ich wirklich gern. Sie unterrichtete das achte Schuljahr und war berühmt wegen ihres älteren Bruders, des Berlin-Korrespondenten für CBS. Wenn Shirers Sendung kam, kroch ich förmlich in das Radiogerät. Die Tatsache, daß er Hitler-Gegner war, begeisterte mich, fühlte ich mich zu jener Zeit doch oft wie der einzige Jude in Westwood, New Jersey, einer Stadt, die ihren Ruf als eine der Hochburgen des »German Bund« durchaus verdiente.

Bei einer denkwürdigen Gelegenheit bat Miss Shirer uns, jeweils zehn Minuten lang der Klasse unser liebstes Hobby zu beschreiben. Ich geriet in Panik. Schließlich mochte ich Miss Shirer sehr, konnte jedoch – um ehrlich zu sein – nichts vorweisen, was im entferntesten einer Lieblingsbeschäftigung nahekam. Meine Bemühungen, wie die anderen Jungs irgendwelche Freizeitinteressen zu entwickeln, waren jämmerlich gescheitert. Ich war ein mittelmäßiger Sportler, und Briefmarken langweilten mich. Um getrocknete Fliegen zusammenzubinden oder Flugzeuge aus Balsaholz zu basteln, war ich zu ungeschickt, zum Jagen zu nervös. In einem Moment verzweifelter Inspiration beschloß ich schließlich, eine Schuhputzkiste mit Cremes und Lotionen verschiedener Farben in Dosen und Flaschen mitzubringen, denn die einzig vorzeigbare körperliche Aktivität, der ich mich regelmäßig hingab, bestand darin, die Schuhe der gesamten Familie auf Hochglanz zu bringen.

Als es dann zu meinem Auftritt im Rampenlicht kam, enthüllte ich die geheimnisvolle Natur einer neuen Kunstform. In liebevollen Details beschrieb ich die Nuancen meiner Palette, insbesondere die subtilen Unterschiede zwischen Ochsenblut und Kastanienbraun. Ich führte einen Diskurs über Art und Funktion der verschiedenen Schichten, deren es bedurfte, um einen eindrucksvollen Farbton und Glanz zu erreichen. Ich wog die Argumente Flüssigwachs kontra Hartwachs gegeneinander ab, um dann eine geistreiche Abhandlung der vielseitigen Vorzüge von Neats Schuhwichse zum besten zu geben. Es war eine eindrucksvolle Darstellung, auch wenn sie von Anfang bis Ende auf purer Einbildung beruhte. Ihrem Lächeln konnte ich entnehmen, daß Miss Shirer sie grandios fand. Sogar die Klasse schien auf stumpfsinnige Art beeindruckt. Und dort, im Glanz von Bürsten und Schuhcremes, wurde ein neuer Warren Bennis geboren.

Army und Schule

Als ich während des Zweiten Weltkriegs nach dem High-School-Abschluß zur Army eingezogen wurde, hatte ich Gelegenheit, aus unmittelbarer Nähe die Konsequenzen guter und schlechter Führung zu beobachten – Führung in ihrer einfachsten Form. So etwa Fragen der Moral vorm geplanten Einsatz: Panzerunterstützung oder nicht? Das Zählen von Verwundeten und Toten. Die Army war die erste Organisation, die ich hautnah und gründlich untersuchen konnte. Obwohl ich mich an weitaus angenehmeren Studienorten aufgehalten habe, war es eine ausgezeichnete Umgebung, organisationsrelevante Dinge wie den Kommando-und-Kontroll-Stil und die paralysierende Wirkung institutioneller Bürokratie zu studieren. Überhaupt lehrte mich die Army die Wichtigkeit von Organisation schlechthin.

Nachdem ich die Army verlassen hatte, lernte ich am Antioch College (1947 bis 1951), eine eigene Meinung zu haben. Möglicherweise klingt das nicht sehr bedeutsam, führte jedoch immerhin zu einem persönlichen Paradigmenwechsel. Welche Freiheit! Welche Emanzipation! Eigene Ansichten zu haben, eigene Standpunkte zu vertreten war zumindest für mich gleichbedeutend mit dem Entwikkeln einer persönlichen Identität.

Um das Doktorandenstudium am Massachusetts Institute of Technology (1951 bis 1956) zu schaffen, begann ich, andere nachzuäffen. Ich imitierte meine Professoren und die begabtesten meiner Kommilitonen. Ungefähr zwei Jahre lang betete ich das Gehörte nach. Mit der Zeit kamen die Worte, die ich nachformte, immer natürlicher über die Lippen, aber ich hatte oft das Gefühl, mich selbst zu foppen.

Zwischen 1955 und 1971 hielt ich mich häufig in Bethel (Maine) auf, wo alle möglichen Leute um Kurt Lewins Sensitivity Training Groups herumschwirrten, außerdem an der Boston University, wo ich Psychologie lehrte und mich selbst einer Psychoanalyse unterzog. An der State University of New York in Buffalo erfuhr ich, daß eine Vision, die nicht von Taten getragen wird, sich sehr bald in Luft auflösen kann.

Präsident Martin Meyersons mutiger Traum kam leider niemals über die Verwaltungsgebäude der Universität hinaus. Auf eine Weise, die uns erst später klar wurde, verhinderten wir gerade das, was wir so begeistert anstrebten. Unser Verhalten und sogar unser Stil entfremdete uns den Menschen, denen die Veränderungen, die wir vorschlugen, am meisten genützt hätten. Die Bedeutung der Mitarbeiter innerhalb eines Unternehmens zu unterschätzen ist ein klassischer Managementfehler, für den besonders junge Manager und veränderungswütige Bürokraten anfällig sind. In unseren Porsches und mit den schicken Mützen benahmen wir uns so, als hätte die Universität vor unserem Erscheinen gar nicht existiert.

Eine etablierte Organisation kann nicht ohne weiteres von Grund auf verändert werden. Es gibt festgefügte Strukturen, die man nicht ignorieren kann. Wer einen Neuanfang fordert, wirkt naturgemäß beängstigend auf diejenigen, die das Ende der eigenen Karriere befürchten. In Buffalo haben wir Grünschnäbel einfach die Geschichte ignoriert. Aber ohne Geschichte, ohne Kontinuität kann es keine erfolgreiche Veränderung geben. Alfred North Whitehead hat das vielleicht am besten ausgedrückt, als er sagte: »Jede Führungspersönlichkeit muß, um effektiv zu sein, gleichzeitig sowohl an den Symbolen für Veränderung und Verbesserung festhalten als auch an denen der Tradition und Stabilität.«

Was die meisten von uns an ihrem Arbeitsplatz wirklich wollen (und wofür Status, Geld und Macht lediglich als Ersatz dienen), sind Akzeptanz, Zuneigung und Selbstachtung. Unternehmen und Institutionen lassen sich eher auf Veränderungen ein, wenn die Würde sämtlicher Mitglieder gewahrt und verstärkt wird. Auch wenn die Angestellten sich oftmals nicht entsprechend äußern – der Grund, warum sie bei einem Unternehmen bleiben und dort zufrieden sind – vorausgesetzt, sie sind finanziell abgesichert –, besteht darin, daß sie sich dort kompetent und geschätzt fühlen. Veränderung bringt Angst vor Verlust mit sich. Gelingt es den Führungskräften, diese Angst zu verscheuchen, dann fällt es den Angestellten viel leichter, sich mit dem Anpassungsprozeß zu identifizieren; und sie sind besser ausgerüstet, um das hohe Maß an Unklarheit, das unweigerlich mit Veränderung einhergeht, zu tolerieren. Immer wenn ich an Buffalo denke, fällt mir folgender Witz ein: Wie viele Psychiater braucht man, um eine Glühbirne auszutauschen?« Antwort: »Einen, aber die Glühbirne muß es auch wirklich wollen.« Organisationen verändern sich, wenn die Mitglieder es wollen. Man kann sie nicht zur Veränderung zwingen, nicht einmal, wenn man einen Batman-Dress trägt.

Universitätsrektor

Als Rektor der Universität von Cincinnati (1971 bis 1978) wurde mir endlich klar, daß ich selbst mein wichtigstes Rollenmodell sein mußte. Der Typ des Universitätsprofessors, den ich verkörpern wollte, sollte kein Manager sein, sondern ein Leader. Das ist eine überaus wichtige Unterscheidung. Es gibt viele Institutionen, die zwar gut gemanagt, aber mangelhaft geführt werden. Das Resultat ist die Fähigkeit, all die täglichen Routinearbeiten zu erledigen, ohne sich jemals zu fragen, warum diese Arbeiten überhaupt notwendig sind.

Solcherart den Details verhaftet, wurde mir noch etwas anderes bewußt: Die Menschen spielten noch immer das alte Militärspiel. Sie weigerten sich einfach, die Verantwortung für anstehende Entscheidungen zu übernehmen. »Bringt die harten Jungs an die Spitze«, war das allgemeine Motto geworden. Daraus ergab sich, daß jeder sein »nasses Baby« (wie es im State-Department-Jargon heißt) auf meinen Schreibtisch plumpsen ließ. Das war der Zeitpunkt, wo ich die Gründung eines Exekutivausschusses, der das Büro des Präsidenten führen sollte, zur höchsten Priorität erklärte. Die einzige Aufnahmebedingung für die Bewerber bestand darin, daß sie mehr als ich über ihren eigenen Kompetenzbereich wissen mußten und bereit waren, tägliche Routinearbeiten zu erledigen, ohne mich weiter damit zu behelligen. Ich wollte mir Zeit zum »Führen« nehmen.

Mir war klargeworden, daß ich den gleichen Fehler wie viele andere Führungskräfte begangen hatte: Ich wollte einfach alles sein – Vater, Schiedsrichter, Polizist, Rabbi, Therapeut und Bankier. Ein Geschäftsführer, der sich in einem ähnlichen Konflikt befand, gestand mir: »Wenn ich durch das Büro gehe und ein Loch im Fußboden sehe, dann muß ich einfach meinen Finger hineinstecken.«

Das Bedürfnis, für jeden alles zu sein, hatte mich vom eigentlichen »Führen« abgehalten. Es brannte mich aus. Schlimmer noch: Es nahm all den potentiellen Führungskräften, die mir unterstellt waren, die Chance, zu lernen und sich zu beweisen.

Mit der Zeit wandelten sich die Dinge zum Besseren, aber dem Idealzustand kam ich nicht einmal nahe. Wenn ich auf meine Erfahrungen an der Universität von Cincinnati zurückblicke, dann vergleiche ich sie mit meiner Psychoanalyse: Um nichts in der Welt möchte ich sie missen, aber auf keinen Fall würde ich sie wiederholen wollen. Während ich mich langsam zu einem Leader entwickelte, lernte ich eine Menge wichtiger Dinge – sowohl über Menschenführung als auch über mich selbst. Wie es in Sophokles' *Antigone* heißt: »Es ist schwer, den Verstand eines Sterblichen zu begreifen oder sein Herz, bevor er nicht in höchster Stellung geprüft wurde. Macht entlarvt den Menschen.«

Zunächst suchte ich, wie es in einem bekannten Song heißt, »... nach Liebe am falschen Ort«. Zwar sagte mir mein Intellekt, Führungskräfte dürften nicht damit rechnen, geliebt zu werden. Dabei unterschätzte ich jedoch die emotionale Wirkung verärgerter Mitarbeiter ganz immens. Ich träumte den falschen Traum, nämlich, daß die Menschen mich lieben würden, wenn sie mich erst kannten. Ich nenne es das Leonard-Bernstein-Syndrom. Ned Rorem, Bernsteins Freund und Kollege, erinnert sich, wie wütend Bernstein einmal auf eine schlechte Rezension in der *New York Times* reagierte. »Dieser Kritiker haßt mich«, schnaubte er. Rorem wandte zaghaft ein, Bernstein könne wirklich nicht erwarten, von jedermann geliebt zu werden. Einen Augenblick lang war der Komponist perplex über die tiefgründige Entgegnung seines Freundes. »Ich verstehe«, resümierte er dann, »schließlich kann mich ja nicht jeder persönlich kennenlernen.«

Jeder, der Autorität besitzt, sei er nun Astronaut, Baseballspieler, Universitätsprofessor oder ein hohes Regierungsmitglied, ist bis zu einem gewissen Grad das Opfer der Wahrnehmung seiner Mitmenschen. Ich begann zu verstehen, was es bedeutet, Opfer von Vorurteilen zu sein, hilflos gefangen in der stählernen Umarmung der Wahrnehmung anderer. Menschen unterstellen einer Führungspersönlichkeit Motive, sie lieben und hassen sie, bedrängen sie oder gehen ihr aus dem Weg, sie idealisieren oder dämonisieren sie, unabhängig davon, wer sie wirklich ist oder was sie tut. Ironischerweise hatte ich genau zu der Zeit, als ich die größte Macht besaß, das stärkste Gefühl der Machtlosigkeit. Ich kam zu einer wichtigen persönlichen Erkenntnis: Niemals würde ich mit rein hierarchischer Macht, der einzigen Form der Macht, die eine Organisation gewähren kann, glücklich sein. Was ich wirklich wollte, war persönliche

Macht. Ich wollte Einfluß, der sich aus der Kraft meiner Persönlichkeit speiste.

Der Herbst meines Lebens

Seit über siebzehn Jahren bin ich nun an der University of Southern California – meine längste kontinuierliche Amtsdauer. In vielen Aspekten ist es die glücklichste Zeit meines Lebens gewesen. Die University of Southern California hat mir das soziale Umfeld geliefert, das ich brauche, um zu tun, was mir mittlerweile am wichtigsten erscheint: Lehren im weitesten Sinne.

An der Universität finde ich die Muße, das zu verfestigen, was ich über die Wichtigkeit von Organisation, über die Natur der Veränderung, über Selbstfindung und Führung herausgefunden habe, und darüber hinaus Wege zu finden, diese Lektionen anderen zu vermitteln. Erik Erikson spricht von einem Acht-Stadien-Prozeß der menschlichen Entwicklung. Mir scheint, ich bin jetzt in Eriksons siebtes Stadium – das »Fortpflanzungs«-Stadium – eingetreten, in dem die Selbstbezogenheit einer altruistischen Übergabe an die nächste Generation Platz macht. Obwohl ich zugeben muß, daß Schreiben für mich noch immer das größte Vergnügen bedeutet, so empfinde ich doch enorme Freude dabei, anderen bei ihrer Entfaltung zu helfen. Ich möchte das, was ich von meinen Mentoren gelernt habe, weitergeben und beobachten, wie es Früchte trägt.

Ich habe festgestellt, das Bedürfnis, sich immer wieder neu zu erfinden, ein »Leben zu komponieren«, wie Catherine Bateson es ausdrückt, hört nie auf. Vor einigen Jahren nahm ich zusammen mit meinem Freund Sam Jaffe, der damals 89 Jahre alt war, im Trinity-Hall-College in Cambridge, an einem Sommerkursus über Dickens teil. Sam, der in seinen Fünfzigern einen Oscar für *Born Free* gewann, tummelt sich noch immer in der notorisch vom Konkurrenzdenken geprägten Subkultur Hollywoods. Er stimmt mich zuversichtlich.

Während einige der alten Sorgen und Qualen mit den Jahren verschwanden, habe ich mir eine Reihe neuer Prioritäten angeeignet. Ich zweifle nicht daran, daß meine drei Kinder wichtiger sind als alles andere im Leben. Jetzt, wo ich eine bestimmte Stufe des materiellen Erfolgs erreicht habe, brauche ich mir darüber keine Gedanken mehr zu machen. Ich strebe nach höheren Werten. Ich möchte großzügig und produktiv sein. Man soll mich als einen anständigen und kreativen Mann im Gedächtnis behalten. Ich glaube, Miss Shirer wäre stolz.

Teil I

Die Führungskrise

Ein wichtiger Unterschied zwischen einem Manager und einer Führungspersönlichkeit besteht hinsichtlich des Status quo. Manager sind bereit, damit zu leben – Führungspersönlichkeiten nicht. Wirkliche Leader haben eine Vision, mit der sie andere dazu inspirieren, Veränderungen voranzutreiben. Manager hingegen folgen Standard-Vorgehensweisen wenn nötig bis ins Grab, weil sie nicht die Fähigkeit besitzen, den Kurs zu ändern.

Was halten Sie für die wichtigere Eigenschaft beim Wechsel ins nächste Jahrhundert?

Ich glaube, die Unternehmenswelt ist bis an den Rand des Ruins gemanagt worden, so daß mittlerweile ein verzweifelter Bedarf an echten Führungspersönlichkeiten besteht. Bedauerlicherweise wird es immer schwieriger, visionäre Männer und Frauen zu finden, die ihren Prinzipien treu sind und sich Gehör verschaffen können. Was ist mit ihnen geschehen, gibt es sie überhaupt noch?

Die Führungskrise

Das immense Einkommensgefälle, interne Umstruktu-
rierungen und demoralisierte Angestellte erschweren
den Unternehmen die Existenz.

Im nächsten Jahrzehnt werden Amerika und die westeuropäischen
Länder höchstwahrscheinlich eine für das zu Ende gehende Jahrhundert beispiellose Periode sozialer Unruhen durchleben, die die Pro-
testbewegung der sechziger und siebziger Jahre weit in den Schatten
stellt. Die jüngsten Streiks und Demonstrationen in Frankreich sehe
ich als ein Vorzeichen dessen, was auf uns zukommt. Folgende Phänomene haben mich zu dieser trostlosen Prognose veranlaßt:

Die zunehmende Diskrepanz zwischen arm und reich. Mitte der
siebziger Jahre war das Einkommensgefälle zwischen den Ärmsten
und den Reichsten Amerikas am kleinsten: Damals kontrollierte ein
Prozent der Bevölkerung 18 Prozent des Privateigentums; heute
kontrolliert ein Prozent 40 Prozent des Privateigentums.

In den Unternehmen weitet sich die Kluft zwischen den gutver-
dienenden und den übrigen Angestellten. Die Diskrepanz zwischen
dem Durchschnittseinkommen eines Geschäftsführers und dem eines
durchschnittlichen Arbeiters ist geradezu makaber; Schätzungen
gehen bis zu einem Verhältnis von 140 : 1. Dieser Unterschied hat
sogar in widrigen Zeiten Bestand. Während die Erstgenannten aus
Fusionierungen und anderen unternehmerischen Umgruppierungen
mit gigantischen Abfindungen hervorgehen, erhalten die zahllosen
Opfer solcher Reduzierungsmaßnahmen lediglich ein Überbrük-
kungsgeld in Höhe einiger Monatsgehälter und verbringen schlaf-
lose Nächte in Sorge um ihre Krankenversicherung.

Der umgekehrte Vertrauensfaktor. Mitte der fünfziger Jahre glaubten noch 70 Prozent der Amerikaner an das Interesse der Regierung am Wohl der Allgemeinheit. Seit dieses Vertrauen in den sechziger Jahren untergraben wurde, sinkt es mit zunehmender Geschwindigkeit. Jüngste Studien belegen, daß zur Zeit nur 25 Prozent aller Amerikaner ihrer Regierung vertrauen. Vizepräsident Gore gab kürzlich die zweifelhafte Geschichte eines Meinungsforschers zum besten, der Personen aus dem Bevölkerungsquerschnitt die Frage stellte: »Vertrauen Sie Ihrer Regierung mehr oder weniger als vor fünf Jahren?« Zehn Prozent der Befragten gaben an, der Regierung mehr zu vertrauen, 15 Prozent vertrauten ihr weniger; die übrigen 75 Prozent verweigerten die Antwort, weil sie hinter der Untersuchung eine Regierungsverschwörung vermuteten.

Die verlassene »andere Hälfte«. Der britische Managementphilosoph Charles Handy berichtet von einem Vorstandsmitglied, der mit der Erfolgsformel »Mit der Hälfte das Doppelte bringt den dreifachen Umsatz« protzte. Jener behauptete, mit der Hälfte der Arbeitskräfte doppelt soviel produzieren zu können, und das mit dreifachem Profit. »Nicht schlecht«, konterte Handy. »Und was geschieht mit der anderen Hälfte?« Die meisten von uns weichen dieser Frage aus oder versuchen, sich trickreich herauszuwinden. Einige Unternehmer sprechen von »Einstellungseignung«. Sie behaupten, sie würden – obgleich sie keinen sicheren Arbeitsplatz garantieren können – ihre überschüssigen Arbeiter mit Wissen und Werkzeugen ausstatten, damit die es leichter hätten, woanders eine Anstellung finden. Aber wo ist heutzutage dieses »woanders«? Und wer weiß genau, welches »Wissen und Werkzeug« auf unserem schrumpfenden Arbeitsmarkt das notwendige Wunder zu vollbringen vermag?

Mangel an Selbstverantwortung. Sogar die Noch-Angestellten befinden sich in einem Zustand chronischer Besorgnis. Für sie ist Selbstverantwortung inzwischen zu einem Orwellschen Begriff geworden, also nicht nur simple Lüge, sondern die empörende Umkehrung der Wahrheit. Viele Arbeitnehmer haben das demoralisierende Gefühl der Ohnmacht. Fast jeder macht sich Sorgen um seinen Arbeitsplatz.

Wie aber ist es möglich, Macht auszuüben, ohne das Vertrauen der Mitarbeiter zu besitzen? Vertrauen als Voraussetzung für wirklich kreative Arbeit ist zu einer nostalgischen Erinnerung verkommen. Selbstverantwortung und Umstrukturierung befinden sich auf Kollisionskurs. Sie lassen sich einfach nicht miteinander vereinbaren, obgleich einige Unternehmen sich darum bemühen.

Wenn es dem privaten Sektor nicht gelingt, sowohl Gewinne zu machen als auch eine Atmosphäre des Vertrauens zu schaffen, wird es mit unserer Wirtschaft weiterhin bergab gehen. Besorgte Angestellte engagieren sich in der Regel nicht bei kreativen Problemlösungen, deren die heutigen Unternehmen so dringend bedürfen. Und wenn wir keine Lösung für das Dilemma der Konfrontation mit denen, die ihren Arbeitsplatz verlieren, finden – einem Bevölkerungssegment, das mittlerweile außer den Armen auch Teile der Mittelschicht umfaßt –, werden wir öffentliche Demonstrationen von Wut und Angst erfahren, die die letzten Streiks in Frankreich wie einen Spaziergang im Park aussehen lassen.

Die drohende Krise

Auf der ganzen Welt sehen wir uns derzeit mit drei ernsten Bedrohungen konfrontiert: der Gefahr der Vernichtung durch einen Nuklearunfall oder Krieg; der Möglichkeit einer weltweiten Seuche oder ökologischen Katastrophe; einer sich zuspitzenden Führungskrise in unseren Unternehmen und Organisationen. Anders als die Möglichkeit einer Seuche oder eines Atomkriegs wird die Führungskrise wohl niemals Stoff für einen Bestseller oder Kinoerfolg abgeben. Dennoch ist sie in vielen Aspekten die dringendste und vielleicht bedrohlichste Gefahr, der wir uns heute gegenübersehen, sei es auch nur, weil sie unzureichend beachtet und wenig verstanden wird.

Die Zeichen für diese Führungskrise sind alarmierend. Der Führungswechsel bei einigen der prestigeträchtigsten internationalen Unternehmen – General Motors, IBM oder American Express – spricht für sich. John Gardner, der ehemalige Gesundheitsminister, bestätigt den Verfall der Führungsfähigkeit zweier früherer GM-Führungskräfte, Alfred P. Sloan jr. und Roger Smith.

In der politischen Landschaft tut sich ein ähnlich desolates Panorama auf. Kein Oberhaupt eines demokratischen Staates besitzt heute mehr als einen einstweiligen Rückhalt in der Wählerschaft. Von Präsident Bill Clintons Anerkennungsquote wird befürchtet, sie könne unter die 40-Prozent-Grenze geraten. In Deutschland belegen Umfragen, daß sich immer weniger Menschen für Politik interessieren. Dagegen zeigt eine Untersuchung in Nordamerika, daß sechs Prozent der Befragten fest davon überzeugt waren, Elvis Presley sei noch am Leben.

Die Führungskrise scheint sich auszuweiten. In den Vereinigten Staaten legen Senatoren ihr Amt nieder – einige von ihnen auch ohne den Druck eines drohenden Skandals. Die Stimmung im Volk ist unbeständig, verärgert, mitunter gefährlich und – wie in einigen furchterregenden Fällen der letzten Zeit – sogar mörderisch. Bei denen, die vorgeblich Führungspositionen innehaben, besteht Einverständnis lediglich über den Ernst der Situation. In der Bevölkerung nimmt der Zynismus überhand. Sogar während der Tumulte der sechziger Jahre – so erinnere ich mich – kam es nicht zu einem derart weit verbreiteten Verlust von Vertrauen. Auch kann ich mich an keine Zeit entsinnen, in der so viele Führungspersönlichkeiten – einschließlich ihrer eigenen politischen Parteien – sich derart im Mißverhältnis zur Regierung befanden wie heute.

»Entweder – oder«

In der zeitgenössischen Literatur über Führung gibt es bei vielen Streitfragen oft nur zwei Alternativen: »entweder – oder«. Wie gut die dahinterstehenden Absichten auch sein mögen, diejenigen, die heute über Führung schreiben, tendieren dazu, sich in eine oder mehrere der bekannten Kontroversen über dieses Thema zu verstricken und ihr eigentliches Anliegen aus den Augen zu verlieren.

Die erste dieser Kontroversen dreht sich um das allgemeine Image von Führungspersönlichkeiten. Handelt es sich bei ihnen um überlebensgroße Figuren – Helden, die, wie Winston Churchill von seinem Vorfahren John Churchill behauptete, das Wetter bestimmen können –, oder verkörpern sich in ihnen lediglich vorübergehend gewisse Kräfte, die im Grunde stärker sind als sie selbst? Ich vergleiche diese Diskussion gern mit einer Auseinandersetzung zwischen Tolstoi und Carlyle. In Tolstois *Krieg und Frieden* haben Napoleon und sein russischer Gegenspieler herzlich wenig mit dem endgültigen Ausgang des großen Kriegs zu tun, mit dem sie identifiziert werden. Um eine Metapher zu benutzen, die Tolstoi vermutlich verwirrt hätte: Der Leader aus der Sicht Tolstois ist nichts als ein weiterer Surfer auf den Wellen des Zeitgeistes, wenngleich auch derjenige mit dem größten Surfboard. Carlyle auf der anderen Seite behauptet, jede Institution sei der verlängerte Schatten eines großen Menschen. Wäre er ein Südkalifornier von heute, dann hätte er vielleicht geschrieben, daß große Führungspersönlichkeiten die Wellen nicht nur reiten, sondern sie auch machen.

Der zweite Fall von »entweder – oder« beschäftigt sich mit der Frage, ob Führungspersönlichkeiten geboren oder gemacht werden. Diese Debatte ist so weit verbreitet, daß sie einen Cartoon inspiriert hat, in dem ein nervöser Teenager seinem Vater, einem Unternehmensboß, ein mit schlechten Noten gespicktes Zeugnis präsentiert: »Was glaubst du, Daddy, sind es die Gene oder das Ökosystem?« Über Natur versus Erziehung zu diskutieren lenkt uns von der dringenden Notwendigkeit ab, herauszufinden, wie wir die Führungsqualitäten hervorbringen können, die so viele Menschen besitzen, ohne sie jemals zu nutzen. Zweifellos wird derjenige, der herausfindet, ob man zum Leader geboren oder gemacht wird, den Nobelpreis erhalten, im Augenblick jedoch führt uns diese Diskussion nirgendwohin. Der Bedarf an Führungspersönlichkeiten in sämtlichen Lebensbereichen ist so dringend geworden, daß wir uns den Luxus, über Unlösbares nachzusinnen, nicht erlauben können.

Der dritte Konflikt, bei dem es fälschlicherweise oft nur ein »entweder – oder« gibt, ist der zwischen zweckmäßiger und idealistischer Führung. Die Literatur verfügt über verschiedene Begriffe, jene Führungspersonen zu beschreiben, die sich lediglich einen günstigen Moment zunutze machen, ohne den Effekt, den dies auf das Leben anderer Menschen haben könnte, zu berücksichtigen. »Machiavellisch« ist der strengste dieser Begriffe, die sanfteren tauchen üblicherweise in Diskussionen über die Zufallstheorie und den »Situationismus« auf.

Die Gelehrten müssen sich mit unterschiedlichen Gegenständen auseinandersetzen. Die einen können, wie das Trockenfliegen-Fischen und die Verskunde der französischen Dichtung des sechzehnten Jahrhunderts, bis in ihre Tiefen ergründet werden. Andere, wie Menschenführung, sind so gewaltig und komplex, daß man sie nur empirisch untersuchen kann. Letztere sind unweigerlich die wichtigeren.

In den vier Jahrzehnten, in denen ich mich dem Studium von Führungspersönlichkeiten widmete, konnte ich immer wieder feststellen, daß es sich bei ihnen in der Mehrzahl um – wie ich sie nenne – pragmatische Träumer handelt: Männer und Frauen, deren Fähigkeit, Dinge in Bewegung zu setzen, häufig auf einer eher altruistischen Vision basiert.

So wußte Steve Jobs, als er John Sculley, den damaligen Chef von PepsiCo, für Apple Computer anwarb, daß es nicht nur Sculleys Ehrgeiz anzusprechen galt, sondern auch dessen Bedürfnis, ein Erbe zu hinterlassen, das weit über das Hochtreiben der Rendite hinausging. Man sagt, Jobs habe den Mann, der Apples nächster Geschäftsführer werden sollte, gefragt, wie viele Jahre er eigentlich noch damit verbringen wolle, Wasser mit Geschmacksstoffen herzustellen.

Führung existiert niemals in einem Vakuum, sondern basiert immer auf einer Transaktion zwischen dem Führenden, seinen Gefolgsleuten und einem bestimmten Ziel oder Traum. Zwischen dem Führenden und den Gefolgsleuten gibt es eine Schwingung, die sie beim Verfolgen eines gemeinsamen Ziels zu Verbündeten macht.

Meine Studien zeigen unter anderem, daß Führungspersönlichkeiten hochgradig zielgerichtet sind. Sie verstehen es, Vertrauen zu gewinnen und Hoffnung zu vermitteln. Viel bedeutsamer als irgendeines dieser individuellen Attribute jedoch ist die Bereitschaft anderer, sich solch einer Führungspersönlichkeit anzuschließen. Gary Wills schreibt in *Certain Trumpets: The Call of Leaders:* »Was der Führende mehr als alles andere braucht, sind Menschen, die ihm folgen. Existierten sie nicht, dann wäre die beste Idee, der stärkste Wille, das schönste Lächeln wirkungslos.«

Führungspersönlichkeiten besitzen die Fähigkeit, hingebungsvoll zuzuhören: Am besten hat uns das wohl Gandhi demonstriert, als er auf seinen Reisen durch Indien Einblick in die Seelen der indischen Menschen gewann. Im Unterschied zu Psychotherapeuten oder sonstigen individuellen Beratern sind Führungspersönlichkeiten fähig, einen kollektiven Traum zu artikulieren und andere dafür zu begeistern. Diese Fähigkeit wird oftmals stark unterschätzt, manche tun sie als »billig« oder gar »gefährlich« ab. Aber war es nicht genau diese Qualität, geboren aus dem Klang Tausender Predigten seines Vaters, die Martin Luther King die Stimme einer nationalen oder gar internationalen Führungsfigur verlieh? Diejenigen, die einen Lehrplan für zukünftige Führungspersönlichkeiten entwerfen wollen, sollten das im Sinn behalten.

Erfolgreiche Führungspersönlichkeiten müssen die unbestimmten Sehnsüchte und tiefliegenden Bedürfnisse anderer in Worte fassen und zu einer kollektiven Erfahrung machen.

Sterben die Führungskräfte aus?

Um unsere Organisationen zu erneuern und uns
auf dem internationalen Markt wieder einen
Vorsprung zu verschaffen, brauchen wir neue Meinungen
und neue Gesichter. Wo aber finden wir sie?

Franklin Roosevelt, der eine Nation dazu herausforderte, ihre Ängste zu überwinden; Winston Churchill, der von seinem Volk Blut, Schweiß und Tränen verlangte – und bekam; Albert Schweitzer, der uns die Ehrfurcht vor dem Leben lehrte; Albert Einstein, der uns ein Gefühl der Einheit in der Unendlichkeit vermittelte; Mahatma Gandhi, David Ben-Gurion, Golda Meir und Anwar Sadat, die ihr Volk für große humanitäre Belange gewinnen konnten; John und Bobby Kennedy und Martin Luther King, die uns zu Besserem anspornten – sie alle sind nicht mehr unter uns.

Wo sind ihre Nachfolger? Warum gibt es seit einer Generation keine echte Führungspersönlichkeit im Weißen Haus? Warum gibt es keine potentiellen Präsidenten, die uns inspirieren oder gar begeistern? Was, um Himmels willen, ist mit unseren Führungsfiguren geschehen?

Kurze Haltbarkeitsdauer

In den letzten zwei Jahrzehnten gab es einen beängstigend hohen Verschleiß an Führungspersönlichkeiten. Die »Haltbarkeitsdauer« von College-Präsidenten und Geschäftsführern wurde sichtbar reduziert. Von dem Augenblick an, wo sie im Chefsessel Platz nehmen, scheinen die Tage der großen Unternehmensbosse schon gezählt. In den vorausgegangenen Generationen hat es immer ein halbes Dutzend Universitätsrektoren gegeben, die auf der ganzen Welt geachtet und angesehen waren. James Conant, Robert Hutchins, Clark Kerr und andere leiteten nicht nur ihre Universitäten, sondern auch eine Art nationales Kolloquium über die Situation des Bildungswesens in Amerika. Sie betrachteten das gesamte Bildungswesen als ihr Wirkungsfeld. Wenn sie irgendwo Mängel entdeckten, wiesen sie nicht nur darauf hin, sondern erarbeiteten Lösungen. Ich kann mich an kein einziges Universitätsoberhaupt der letzten Jahre erinnern, das sich mit irgendwelchen Problemen außerhalb des eigenen Campus befaßt hätte. Die Universitäten haben sich verändert – genau wie ihre Rektoren.

Im Geschäftsleben tut sich eine ähnlich öde Landschaft vor uns auf. Die großen Führungspersönlichkeiten, die uns spontan einfallen – Ford, Edison, Rockefeller, Morgan, Schwab, Sloan, Kettering –, sind lange tot. Bei Reagans Freunden aus dem Business handelte es sich um Unternehmer, die mit dem Unternehmensalltag nichts zu tun haben, wie Justin Dart, der Drugstore-Cowboy. Andere Unternehmensführer sind entweder Verwaltungsbeamte, die den Gipfel ihrer Inkompetenz erreicht haben, wie Roger Smith von General Motors; Prominente wie Lee Iacocca oder Ein-Mann-Orchester à la Ted Turner, T. Boone Pickens und Donald Trump, die mindestens ebensoviel Zeit und Energie dafür aufbringen, ihre eigene Publicity zu steigern, wie für die Führung ihres Unternehmens. Es ist sicher kein Zufall, daß heute die meisten dieser gefeierten Geschäftsleute damit beschäftigt sind, Unternehmen zu demontieren statt aufzubauen.

In der Politik wie im öffentlichen Dienst sieht es nicht viel besser aus. Es gibt mehr kompetente Persönlichkeiten, die verkünden, sich nicht für eine Präsidentschaftskandidatur zu interessieren, als umgekehrt. Aber das Problem zeigt sich nicht allein in den USA. Es existiert weltweit. Kein einziges Land – weder in Amerika noch in Europa oder Asien – kann Führungspersönlichkeiten jenes Formats aufweisen, über die es einmal verfügte und die es heute mehr denn je benötigt.

Macht und Autonomie

Nie zuvor hatten die Menschen das Bedürfnis und auch die Möglichkeiten, sich soviel Macht anzueignen, und nie zuvor gab es so viele Mittel zur Wahrung von Autonomie. Autos, Fernsehen, Video, Mikrowellenherde, Computer haben nicht nur die Funktion, uns von unseren Mitmenschen zu isolieren, sondern auch, uns unabhängig von ihnen zu machen. Aber es sind nicht die technologischen Werkzeuge, es ist der anarchische Instinkt, der in vielen von uns aufgeblüht ist, der den Kern des Problems darstellt.

Die Vorstellung des öffentlichen Wohls, einer gemeinsamen Grundüberzeugung, hat sich nie mit der traditionellen amerikanischen Vorstellung von Individualismus vereinbaren lassen, und in den explosiven sechziger Jahren, als praktisch jede Institution in die Schußlinie geriet, wurde sie schließlich gesprengt. Wir verloren unsere Leader, fanden niemanden, der sie ersetzen konnte, und entschlossen uns, die Dinge selbst in die Hand zu nehmen. Jegliche Autorität wurde in Frage gestellt, jede Institution. Mit Gleichgesinnten bildeten wir eine Front, um gegen das, was wir ablehnten, und für unsere Interessen zu kämpfen. Unserer Führung beraubt und hilflos zurückgelassen, wandten wir uns gegen die Manager und Bürokraten, die Verwaltungsleute, die die großen privaten Unternehmen zu Geldmühlen reduziert hatten und die öffentlichen Institutionen zu Papierkriegern. Sie hatten uns das Leben schwergemacht, und jetzt wollten wir es ihnen heimzahlen.

Während individuelle Autonomie zunahm, schrumpfte die institutionelle Autonomie. Äußere Einflüsse schränkten den Handlungsspielraum unserer Institutionen zunehmend ein und mißbrauchten sie. Die ununterbrochene Kette meist widersprüchlicher Forderungen riß nicht ab. Über Jahrzehnte hinweg hatte die Regierung immer mehr Macht über Unternehmen und Institutionen gewonnen. Jetzt griffen die Menschen nicht nur die Regierung an, sondern auch die Unternehmen und Institutionen. Ein anhaltender, mißtönender Empörungsschrei breitete sich aus.

Die Zersplitterung, von der praktisch jede Organisation betroffen war, markierte nicht nur das Ende der Gemeinschaft und des Sinns für gemeinsame Werte und Symbole. Jeder ging seinen eigenen Weg: Es entstanden Fraktionen, die sich heftig voneinander abgrenzten. Niemand wollte Teil des Mainstream-Amerikas sein, sondern entweder schwarz oder Chicano, eine Frau oder schwul oder Indianer. Die ganze Idee des vielgerühmten »melting pot«, ja jede noch so milde Form der Anpassung war verdächtig.

Neue Verbindungen

Eine neue Form der Politik wurde erfunden – frei nach *Alice im Wunderland*: ein König Caucus, der mehr Köpfe besitzt als Zerberus, und wetteifernde Königinnen, die »runter mit ihren Köpfen« rufen, während sie mit Flamingos Croquet spielen. Es war ein vielfaches politisches Engagement, stimmgewaltig, fordernd, vorsätzlich dissonant und von Menschen gemacht, die es satt hatten, ignoriert, ausgeschlossen und untergeordnet zu sein. In den sechziger Jahren protestierten sie. In den Siebzigern verklagten sie. Plötzlich waren die Gerichte zum Hauptschauplatz geworden.

Unser neues Vertrauen in die Rechtsprechung hat nicht nur die Autonomie der Institutionen geschwächt, es bedroht auch die Autonomie des einzelnen. Statt als Werkzeug benutzen wir das Gesetz heute als Waffe. Es ist nicht mehr die Basis unserer gemeinsamen Grundüberzeugung, sondern in erster Linie eine Quelle dauernder Zwietracht. Seine Komplexität, verstärkt durch widersprüchliche Interpretationen des Rechts, führt zur Lähmung. Schlimmer noch – die Gerichte haben begonnen, Sachverständigkeit als ultimativen Maßstab zu setzen.

In diesen neuen anarchischen Zeiten sieht Amerika das Gesetz weniger als Mittel für seinen Schutz denn als Instrument des Angriffs. Wir sind heute weniger daran interessiert, unsere gemeinsamen Rechte zu erhalten, als daran, unsere individuellen Rechte auszuüben, und die Betonung liegt jetzt auf gegen und dagegen. Ich gegen dich. Mein gegen Dein. Dabei sehen wir das Leben als eine Art

Gegnerschaft und die Führungsperson als den Hauptgegner. Wir haben nicht nur den gemeinsamen Konsens verloren, wir haben uns absichtlich polarisiert. Jeder von uns ist seine eigene Mehrheit. Ich und mein Eigentum gegen den Rest der Welt.

Der Typ eines bestimmten Unternehmensführers hat im Verlauf von Generationen – womöglich zwangsläufig – den Typ des Anti-Geschäftsführers hervorgebracht. Junior Manager stellen ihre eigenen Ambitionen über jegliche Loyalität für die Unternehmen, bei denen sie angestellt sind. Warum auch nicht? Traditionsgemäß sehen amerikanische Unternehmen ihre Angestellten eher als Widersacher denn als Verbündete. Busines ist das Konzentrat unserer Kultur und untrennbar mit ihr verbunden. Zerstörung der Umwelt, die ständigen Rechtsstreitigkeiten, die Zersplitterung der Wählerschaft in Verbindung mit ihrer neuerworbenen Eloquenz und Macht, vielfaches politisches Engagement, Konflikte zwischen internen und externen Kräften und eine Jeder-für-sich-Haltung in den Büros der leitenden Angestellten haben Unternehmenschefs in kurzatmige Langstreckenläufer verwandelt: Sie weichen aus, ducken sich, sind ständig gehetzt und rufen nach »goldenen Fallschirmen«, um ihren unvermeidlichen Sturz etwas zu mildern.

Mehr und mehr gehen Vorgesetzte, die sich der haßerfüllten Stimmung des Fußvolks bewußt sind, auf Nummer Sicher, indem sie sich an den schalen Spruch »Abwarten und Tee trinken« halten. Solche Leute vermeiden Schwierigkeiten, verhindern jedoch die Möglichkeit des Fortschritts. Der Sinn für individuelle Verantwortung, der immerhin die amerikanische Verfassung hervorgebracht hat, ist verschwunden, und jetzt singen beide – Fußvolk und Chefs – das neue Credo: »Nicht meine Angelegenheit – und nicht mein Fehler.«

Neugeborene werden in Designerwindeln gewickelt, kleine Kinder in Boutique-Kindergärten abgeschoben, wo ihr Status vom Schnitt ihrer Polohemden abhängt. Teenager fahren VW-Cabrios und werden darauf gedrillt, erstklassige Abschlußnoten für die Aufnahme an renommierten Universitäten zu ergattern, um danach zur Wall Street überzuwechseln, wo die Spieler echtes Geld benutzen und das Gefängnis die einzige Grenze darstellt.

Junge Leute träumen nicht länger davon, auf den Mond zu fliegen oder vielleicht nur eine bessere Mausefalle zu konstruieren. Sie träumen von Geld und wissen, daß man die besten Dinge im Leben – Videorecorder, Handys und Abendessen in Nobelrestaurants – nicht umsonst bekommt. Selbstverständlich wählen sie nicht, denn Politik ist für sie ebenso veraltet wie deren Repräsentanten.

Heutzutage besitzt jeder von uns ein klein wenig Talent, ein bißchen Ehrgeiz und manchmal so etwas wie Gewissen. Ehrgeiz kurbelt Talent an, während Gewissen das Streben reguliert und das Talent lenkt. Mit Talent und Ehrgeiz werden wir geboren, sie wachsen in uns heran und sind so persönlich und einmalig wie unsere Fingerabdrücke. Gewissen ist sowohl gesellschaftlich bedingt als auch persönlich, in ihm verbindet sich unser eigenes Empfinden von Recht und Unrecht mit der vorherrschenden Ethik. Statt gegen die momentane anarchische Wendung einzuschreiten, sind viel zu viele Leiter des öffentlichen und privaten Sektors selbst deren Anhänger. Die neue Unternehmensordnung verweigert ebenso den Angestellten die Treue wie den Firmen und den Fabriken, den Gemeinden, der Nation und den Produkten. Das einzige, was für viele Unternehmensleiter zählt, sind Marktdominanz, Profite und satte Aktiengewinne an der Börse. Dazu schreibt Steven Prokesch von der *New York Times*:

Bei dieser Bewußtseinsausrichtung verlieren die Geschäftsführer jegliches Interesse, eine günstige Handelsbilanz für Amerika zu erhalten oder überhaupt in Amerika zu produzieren. Sie sind schnell mit neuen Methoden bei der Hand, wenn sie nur einigermaßen gewinnversprechend sind. Innerhalb der neuen Unternehmensphilosophie spielt der Geschäftsführer eher die Rolle eines globalen Kämpfers als die eines nationalen.

Mit anderen Worten: Nichts zählt, außer Gewinn, und Gewinn zählt, weil er der einzige Maßstab vieler Unternehmensführer ist. Kompetenz und Gewissen werden vom Ehrgeiz überholt, während das Rad, das sich am schnellsten dreht, den Bonus erhält.

Es war einmal ...

Es gab einmal eine Zeit, da waren Geschäftsführer bürgerliche Führungspersönlichkeiten und unternehmerische Staatsmänner. Heute interessieren sie sich lediglich für die Zahlen unter dem Strich. Auch die Visionäre sind verschwunden. Nur todsichere Produkte gewinnen die Aufmerksamkeit eines Geschäftsführers, der weder Zeit noch die geringste Neigung hat, sich mit einem potentiell innovativen oder gar nützlichen Produkt auseinanderzusetzen. Verspricht es kein Bestseller zu werden, wird es abgeschmettert. Geschäftsleute haben sich zwar nie besonders um die Moral geschert, dennoch waren sie sich immer in gewissem Rahmen ihrer Verpflichtung gegenüber ihren Angestellten, ihrem lokalen Standort und der nationalen Wirtschaft bewußt. Heute trifft das nicht mehr zu. Prokesch schreibt dazu:

Viele Bosse predigen die Vorzüge von Mitbestimmung, Teamwork und Beteiligung – allerdings aus wohlkalkuliertem Grund: Personalkürzungen haben die Loyalität der Angestellten stark geschwächt, und das wiederum schwächt die Bemühungen der Unternehmen, Produktivität und Produktqualität anzukurbeln. Jetzt sehen sich die Manager mit der paradoxen Aufgabe konfrontiert, die Angestellten davon zu überzeugen, daß sie ernsthaft um deren Wohlergehen bemüht sind – bis die nächste Welle der Personalbeschneidung über sie hinwegrollt.

Wo die Unternehmen ihre Angestellten zunehmend auffordern, in ihren Verträgen einen sogenannten Entlassung-nach-Gutdünken-Passus zu unterzeichnen, mit dem sie einwilligen, daß man sie jederzeit völlig willkürlich – nach eigenem Gutdünken – entlassen kann, verschwinden auch die letzten Spuren jeder Verpflichtung seitens der Arbeitnehmer.

Wo aber sind die Führungspersönlichkeiten, die uns aus diesem Dilemma den Weg weisen? Vielleicht sind sie irgendwo damit beschäftigt, Brände zu löschen oder eine zu große Hitzebildung zu verhindern. Sie sind zu Dukatenzählern verkommen, verloren in einem winzigen Orbit, wo sie auf eine Landschaft von Zahlen unter dem Strich starren. Manche mögen resigniert haben oder scheiden aus, weil sie ausgebrannt sind. Sie haben sich entschlossen, nicht zu buckeln und nicht zu dienen. Vielleicht sind sie Entfesselungskünstler, umgeben von Haien. Auf wundersame Weise gelingt es ihnen jedoch stets, zu entkommen und dabei dank ihres vertraglichen Fluchtpassus mehr Geld zu scheffeln als während jahrlangen Arbeitens. Sie motivieren die Menschen mittels Einschüchterung, hängen sich an die aktuellen Trends oder spielen sich als Anwälte von »Sachzwängen« auf, die sie zynischerweise in Ausübung ihrer Tätigkeit selber schaffen. Sie sind die führenden Figuren einer Gesellschaft, die den gemeinsamen Traum verloren hat und jetzt fast ausschließlich Einzelkämpfern ausgeliefert ist. Deshalb brauchen wir genau jetzt, wo die Glaubwürdigkeit unserer angeblichen Führungspersönlichkeiten auf dem Nullpunkt angelangt ist und potentielle Führungskräfte sich scheuen, ihre Fähigkeiten einzusetzen, neue Führung. Denn mit der Abnahme der Führungsqualität geht die Zunahme der Probleme einher.

Weit entfernt vom wahren Führungsgeist

Manchmal sieht es so aus, als brauchten wir
gar keine Führungspersönlichkeiten, so sicher und
geborgen fühlen wir uns in unseren Kokons
der Selbstbezogenheit.

Als sich vor etwa 200 Jahren die Gründer der amerikanischen Nation in Philadelphia versammelten, um die Verfassung niederzuschreiben, gab es in den Vereinigten Staaten nur drei Millionen Einwohner, nichtsdestoweniger leisteten sechs Spitzenleute von Weltrang ihren Beitrag zu dem außergewöhnlichen Dokument. Heute, wo in den USA 240 Millionen Amerikaner leben, haben sie lediglich Oliver North als Rambo der denkenden Bevölkerung vorzuweisen. Was ist geschehen?

Das Amerika des neunzehnten Jahrhunderts war bekannt für seine ungebundenen, unbekümmerten Unternehmer und Abenteurer, das frühe zwanzigste Jahrhundert für seine Wissenschaftler und Erfinder und das späte für seine Manager und Bürokraten.

Was jene genialen Köpfe in Philadelphia ins Leben riefen und was ihre ungehobelten Nachfolger darauf aufbauten, haben die Verwaltungsfachleute in Regierung und Wirtschaft geändert oder annulliert. Anders als die Gründer der Nation und die damaligen industriellen Titanen zeigten weder die Manager der gigantischen Unternehmen Amerikas noch die gewählten Bürokraten im Amt eine besondere Einsatzfreude für die Unternehmen. Und an Vision mangelt es allemal. Die meisten von ihnen sind nicht mehr als angeheuerte Söldner, die sich dem Mammon verschrieben haben.

Diese neue Brut ist so unterkühlt, wie ihre Vorgänger heiß im

Herzen waren. Weder besitzt sie die Intuition noch die Sorglosigkeit ihrer Väter. Statt dessen ist sie vorsichtig, analytisch und berechnend. Und ihre Vision reicht meist nicht weiter als bis zum nächsten vierteljährlichen Report. Für sie gilt die Maxime Calvin Coolidges: »The business of America is business.« Die Bürokraten – ihre Komplizen in der Regierung – sehen es etwas anders. Sie wollen die großen Unternehmen auf die gleiche Weise zähmen, wie deren ehemalige Gründer den Kontinent selbst gezähmt haben. Die Manager kontern mit Lobbyisten, um den Kongreß zu zähmen. Und so läßt Amerika die Demokratie links liegen – für eine Regierung partikularer Interessen: Kapitalismus in seiner übelsten Form.

Aber während Bürokraten und Manager sich gegenseitig in die Hände arbeiten, manövrieren sie sich in eine Sackgasse. In einer solchen Situation kann natürlich nicht viel gedeihen, aber Manager und Bürokraten sind eben keine Gärtner, sondern eher Mechaniker, denen mehr daran liegt herumzutüfteln, als Dinge zum Wachsen zu bringen.

Die Vereinigten Staaten haben ihren Esprit verloren – und plötzlich wurde das sagenumwobene amerikanische Jahrhundert ein japanisches Jahrhundert, zumindest im wirtschaftlichen Bereich. Jeder mag sich fragen, wessen Jahrhundert es in politischer Hinsicht geworden ist.

Nichts passiert ohne Grund. Der Schwung ist verloren gegangen, weil die Manager und Bürokraten zwar geschickt agieren können, aber nicht das geringste Talent besitzen, den Fortschritt voranzutreiben. Amerika hat einmal die Welt geführt – jetzt ist es selbst ohne Führung.

Die nationale Rebellion der sechziger Jahre, das Ich-Jahrzehnt, das folgte, die Yuppies von gestern, die heutige Generation X, sie alle sind Auswirkungen der Fehler und Stillosigkeit unserer Verwaltungsexperten. Viele Bürger sehen die Vereinigten Staaten inzwischen als das größte, tolpatschigste und hirnloseste Unternehmen von allen. Sie können weder seinen Kopf noch sein Herz finden. Aber Manager und Bürokraten hören nicht auf, unter Mißachtung sämtlicher Signale inklusive ihrer Verantwortlichkeit ihre beachtliche Muskulatur spielen zu lassen. Untergebene des Weißen Hauses mißachten das geltende Gesetz und führen verdeckte Operationen durch; derweil verschanzen die Unternehmensbosse sich in ihrer Wagenburg in der paranoiden Erwartung des letzten Gefechts.

Trotz ihrer billigen Klunker sind die neuen Glanzfiguren in den Unternehmen keine Führungspersönlichkeiten, sondern lediglich Bosse, und wie die Dinosaurier – obgleich sie ihre Umgebung überragen – nicht fürs Überleben ausgestattet. Diese Bosse verwechseln Quantität mit Qualität und ersetzen Imagination durch Ambition. Ähnlich wie Washingtons Zinnsoldaten oder Schön-Wetter-Patrioten sind sie unfähig, die Welt so zu sehen, wie sie wirklich ist.

Mehr Schein als Sein

Amerika ist mit den Füßen zuerst ins späte zwanzigste Jahrhundert gezerrt worden. Was wir für unsere Außenpolitik halten, wird uns von der ehemaligen Sowjetunion diktiert und von unserem ruinösen Verteidigungsbudget. Die Deutschen und die Japaner haben unsere wichtigsten Totems – das Auto und das Fernsehen – an sich gerissen. Wir lassen uns von winzigen Terroristenbanden ärgern und von rücksichtslosen Diktatoren erpressen. Und wir sind die am meisten verschuldete Nation der Welt.

Wie das große alte amerikanische Automobil scheint Amerika zu groß und zu umständlich, um gut zu funktionieren, und erst recht zu behäbig, um schnell und intelligent auf Ereignisse zu reagieren. Wie die Unternehmen, so hängt auch die Regierung überholten Methoden und Ideen an. Und obgleich diese sich nie als besonders effizient erwiesen haben, scheint sie nicht gewillt, ihre Richtung zu ändern oder zumindest zu erkennen, daß ihre Außen- und Innenpolitik nicht nur überholt, sondern unzulänglich ist.

Unsere fundamentale Verwirrung fand ihren perfekten Ausdruck bei den Präsidentschaftswahlen von 1980, als die Nachkommenschaft der ehemals radikalen Bewegung der sechziger Jahre sich im Gleichschritt mit Ronald Reagan befand, einem Mann, alt genug, ihr Großvater zu sein, und lange Zeit Held und Sprecher der extremen Rechten. Gemeinsam mit ihm glaubten sie, das Individuum sei alles. Selbstbezogenheit war plötzlich nicht nur ein Vorzug, sie war sogar patriotisch.

Es gab einmal eine Zeit, da wollten wir alle wie Lindbergh sein oder wie DiMaggio oder Fred Astaire, weil sie die Besten auf ihrem Gebiet waren. Heute wären wir gern Pickens, Trump oder Iacocca, weil sie reich sind. Leider bestehen unsere modernen Idole meist aus Luft und Schaumschlägerei. Viel Lärm um nichts und eitle Selbstbespiegelung. Dennoch steigen diese Stars nicht von selbst auf: Nicht nur ihre Habsucht, sondern ebenso unsere Bedürfnisse haben sie in den goldenen Glanz des Rampenlichts katapultiert.

Firmenfürsten und Fertighelden

Unser Bedürfnis nach wahren Führungspersönlichkeiten bleibt unausgesprochen, dennoch äußert es sich – wenn auch auf jämmerliche Weise – in unserer Bewunderung für Unternehmensstars und Instanthelden wie Iacocca oder Oliver North. Mag sein, daß wir nicht viel von dem hielten, was letzterer tat, aber wir bewunderten die Art, wie er es tat.

Die gegenwärtige Beliebtheit von Führungsschnellkursen ist ein weiteres Symptom unseres dringenden Bedürfnisses nach Orientierung. Bei diesen Veranstaltungen äußert sich unsere Verwirrtheit darüber, was Führungsfähigkeit überhaupt ausmacht. Einige behaupten, sie leite sich automatisch von der Macht her, die eine Person besitzt, andere wiederum sind der Ansicht, sie sei lediglich etwas Mechanisches – das Ergebnis eines gründlichen Verständnisses der inneren Gesetze von Organisation. Einige meinen, Führungspersönlichkeiten würden geboren, während andere glauben, man könne sie »machen«, und zwar nach der Mikrowellenmethode – instant: Schieben sie Herrn oder Frau Jedermann hinein, und »plopp« – heraus kommt ein weiterer McLeader in nur 60 Sekunden.

Weil wir keine echten Führungspersönlichkeiten haben, werden

Jahr für Jahr Milliarden Dollar für Möchtegern-Führungskräfte ausgegeben; viele Unternehmen bieten ihren hoffnungsvolleren Angestellten mittlerweile Führungskurse an. Trotzdem haben die amerikanischen Firmen ihre Führungsposition auf dem Weltmarkt verloren. Tatsächlich sind bis heute mehr Führungskräfte durch Zufall, günstige Umstände oder reine Willensanstrengung zu ihrer Position gekommen als durch irgendwelche Lehrgänge.

In der heutigen Zeit scheint das Träumen aus der Mode gekommen zu sein, dafür phantasieren wir fast ununterbrochen, und zwar ausschließlich über Geld und materielle Güter. Dabei brauchen wir Träume ebenso wie die Luft zum Atmen. Als Gesellschaft brauchen wir wirkliche Führungspersönlichkeiten, solche, die in der Lage sind, sich selbst zu erfinden und unseren gemeinsamen Traum wiederaufleben zu lassen. Wir brauchen Männer und Frauen, die für uns den respektlosen, unbekümmerten, ganz eigenen amerikanischen Geist zum Leben erwecken.

Wahrscheinlich gibt es in Amerika zur Zeit Tausende potentieller Führungspersönlichkeiten – junge Männer und Frauen voller Begeisterung und Leidenschaft für die Versprechen der Zukunft, aber ohne Chance, diese Leidenschaft zu entfalten, weil unsere Gesellschaft Leidenschaft ebenso verachtet, wie sie Ehrgeiz belohnt. Kann man der Geschichte glauben, dann handelt es sich bei ihnen um Menschen, die sich immer ein wenig von ihresgleichen unterscheiden, die das Leben aus einem anderen Blickwinkel betrachten – Originale, keine Kopien.

Wie alle anderen Menschen werden auch Führungspersönlichkeiten durch die Summe ihrer Erfahrungen geprägt, mit dem Unterschied, daß sie mehr aus ihren Erfahrungen machen. Die unsere ist die beste und zugleich schlimmste aller möglichen Welten für aufgeweckte junge Aufstiegswillige. Die beste, weil die Gelegenheiten persönlichen Fortkommens grenzenlos sind, die schlimmste, weil sich Amerika für derlei bislang wenig interessierte, dafür um so mehr für Erfolg. Und beim Erklimmen der sprichwörtlichen Erfolgsleiter besteht jeder auf seinem ganz persönlichen Stil.

Der Konflikt zwischen dem Recht des Individuums und dem

Gemeinwohl ist älter als die Nation, aber niemals äußerte er sich so heftig und bösartig wie heute. Tatsächlich hat der sogenannte Aufsteiger den Bürger verdrängt. Es gibt immer weniger Gemeinsamkeiten, die uns verbinden, und die vorhandenen sind nicht gerade positiv. Dabei haben die Väter unserer Nation die Verfassung gerade auf der Voraussetzung gemeinsamer Werte begründet. James Madison schrieb: »Das tatsächliche Wohlergehen des gesamten Volkskörpers ... ist das oberste Ziel.«

Im Moment können wir uns nicht einmal darüber einigen, worin dieses öffentliche Wohl überhaupt besteht, geschweige denn, daß wir die geringste Neigung zeigen, es anzustreben.

Der Begriff des Allgemeinwohls wurde schon in den sechziger Jahren durch die besonderen Interessen ersetzt, die sich damals erfolgreich durchsetzten und die wir vage als »Werte« bezeichnen. In seinem Buch *Habits of the Heart* definiert der Autor Robert N. Bellah den Begriff »Wert« als die »unbegreifliche, unbegründbare Sache, die ein Individuum wählt, wenn es die letzten Reste äußerlicher Beeinflussung über Bord geworfen und einen Zustand reiner, inhaltsloser Freiheit erreicht hat«. Inzwischen hat sich die vielgerühmte »Great Society« der sechziger Jahre zu einer, wie Bellah und seine Co-Autoren (1985) es nennen, »tabufreien, therapeutischen Kultur« entwickelt, »die heftig darum bemüht ist, das jeweilige persönliche Segment des Lebens zu einer kleinen eigenständigen Welt zu machen«.

Die Menschen ziehen sich förmlich in ihre elektronischen Burgen zurück, arbeiten zu Hause und kommunizieren mit der Welt via Computer. Sie schirmen sich vor ihren Anrufern durch Anrufbeantworter ab; bestellen sich Videofilme, Mikrowellenmahlzeiten und persönliche Trainer ins Haus. Hochmoderne Sicherheitssysteme schützen sie vor der Welt »da draußen«. Trendbeobachter nennen dieses Phänomen »Cocooning«; ich finde, es läßt sich präziser als »Selbstbezogenheit im Endstadium« beschreiben.

Als Nation können wir nicht ohne Werte überleben. Ohne eine gemeinsame Vision können wir uns nicht fortentwickeln. Leider hat es in Amerika seit den sechziger Jahren kein richtiges Bewußtsein für den Sinn des Lebens gegeben.

Handeln müssen wir selbst

Eine gesunde produktive Gesellschaft basiert auf hohen Erwartungen. Das Individuum erwartet von der Gesellschaft, daß sie human, gerecht und produktiv sei. Während das Individuum die Gesellschaft ständig dazu herausfordern muß, ihre Versprechen einzulösen, muß diese gleichzeitig das Individuum dazu ermutigen, seinerseits seinem Versprechen gemäß zu handeln. Im Augenblick scheint weder die Gesellschaft noch das Individuum irgendein Interesse daran zu haben, die Situation zu verbessern – außer auf einem äußerst atavistischen Niveau. Die Gesellschaft mißbraucht uns und umgekehrt.

Da wir jedoch selbst die Gesellschaft sind, können wir nicht erwarten, daß sie es besser macht – bis wir selbst es tun. Und wir werden nichts verbessern, bis wir uns dazu durchringen können, aus unseren Kokons zu schlüpfen. Aber weder zeigen wir die Neigung dazu, noch ist eine Führungspersönlichkeit in Sicht, die uns in eine positive Richtung zu lenken vermag. Denjenigen, die jetzt einwenden, es gebe schließlich einen Jesse Jackson, der es durchaus verstehe, Menschen mit seiner Vision zu beflügeln, muß ich leider entgegnen, daß ich Jackson, ebenso wie Ronald Reagan, für ein Phänomen unserer Zeit halte, jemand, der es meisterhaft versteht, Medien und Öffentlichkeit zu manipulieren. Jackson hat so gut wie keine Verläßlichkeit gezeigt, wodurch sein Charakter wie sein Urteil fragwürdig geworden sind. Er predigt ein besseres Beispiel als das, was er vorführt.

Der Unternehmensführer als Held

*Manche behaupten, das Erschaffen von Helden sei
eine unschuldige Beschäftigung. Ich behaupte, es führt
zu einer ungesunden Idealisierung.*

Die Industriekapitäne sind zurückgekehrt. Mittlerweile ist es fast unmöglich geworden, ein Buch in die Hand zu nehmen, ein Gesellschaftsmagazin durchzublättern, Nachrichten im Fernsehen zu sehen (oder gar *Miami Vice*, das Lee Iacocca einmal in einer Nebenrolle zeigte), ohne einen weiteren Bericht über einen der amerikanischen Starmanager präsentiert zu bekommen.

In den frühen siebziger Jahren beklagte ich das Verschwinden von Unternehmensstars. Offensichtlich waren die Berichte von ihrem Ableben jedoch stark übertrieben. Aber während ich einer der ersten bin, der über ihre Rückkehr frohlockt, muß ich doch gestehen, daß mein ursprünglicher Enthusiasmus in der Zwischenzeit stark gelitten hat, was teilweise auf das ungeheure Ausmaß unkritischer Anbetung zurückzuführen ist.

Zeitschriften, Videokassetten, Broschüren und Bücher, die die Tugenden von Unternehmensführern preisen, häufen sich auf meinem Schreibtisch. In einer neueren Ausgabe von *Psychology Today* werden fünf Bücher rezensiert, die sämtlich den Unternehmensführer als »... Lehrer, Mentor und vorbildlichen Begründer von Werten und Zielvorstellungen« porträtieren.

Hochrangige Manager werden wie Stars behandelt. Auch meine beiden Söhne im Teenageralter, die kein Wirtschaftsstudium absolviert haben, wissen selbstverständlich, wer Lee Iacocca, T. Boone Pickens, Ted Turner oder Steve Jobs sind – auch wenn sie kaum imstande sind, den Vorstand von Sears zu nennen. Einige dieser Män-

ner sind zu Vorbildern geworden und haben den gleichen Rang wie
»The Boss« Bruce Springsteen.

Welcher Kontrast zwischen dieser überschwenglichen Begeisterung für unsere Industriekapitäne und dem universellen Haß, der
ihren Vorgängern im neunzehnten Jahrhundert entgegengebracht
wurde – den sogenannten Räuberbaronen. Jay Gould (1836–1892,
Finanzier und Spekulant) war als »eines der größten Stinktiere des
amerikanischen Geschäftslebens« bekannt. Viele andere Führungspersönlichkeiten jener Zeit mußten ähnliche Schmach erdulden.

Warum die Umkehr?

Warum hat sich der zeitgenössische Unternehmensführer als ein
authentischer amerikanischer Held entpuppt? Dazu sind wohl einige Erklärungen angebracht.

Die voranpreschende Technologie, die weitverbreitete Deregulierung, finanzielle und ökonomische Umwälzungen und soziale
Veränderungen haben die Anforderungen an die Rolle der Topmanager extrem erhöht, gleichzeitig wurde ihr Risiko beständig hoch-
geschraubt und ihre Öffentlichkeitspräsenz verstärkt.

Eine andere, dem widersprechende Erklärung wäre, daß das
augenblickliche Geschäftsklima das günstigste seit Jahrzehnten ist –
sei es auch nur deshalb, weil es aufregend und belebend wirkt.

Die dritte, eher entmutigende Erklärung besteht darin, daß wir –
um einen bekannten Schlager zu paraphrasieren – sämtlich materiell
denkende Menschen sind. Egoismus ist plötzlich ehrbar geworden.
In einer Gesellschaft, wo es den Menschen hauptsächlich darum
geht, Statussymbole anzuhäufen, gibt es keinen höheren Status, kein
erstrebenswerteres Symbol, als die oberste Sprosse der Erfolgsleiter
eines Unternehmens erreicht zu haben.

Eine vierte, sehr menschliche Erklärung wäre die, daß in unserer
flüchtigen Welt ein starker Unternehmensführer einen verläßliche-
ren Helden abgibt als beispielsweise ein Rockstar.

Darüber hinaus gibt es auch eine geschichtliche Erklärung: Die kulturelle Tradition Amerikas definiert Persönlichkeit, Leistung und den Sinn des menschlichen Lebens, indem sie das Individuum mit einem Glorienschein umgibt. Einer der wichtigsten Verfechter dieser Tradition war Ralph Waldo Emerson, dessen berühmte Phi-Beta-Kappa-Vorlesung an der Harvard University *On Self-Reliance* von Oliver Wendell Holmes als »unsere intellektuelle Deklaration der Unabhängigkeit« bezeichnet wurde. Als Oberhaupt des amerikanischen Transzendentalismus leitete Emerson eine Bewegung, die Humanismus und spirituelle Kraft anstrebte. Nachdem er die Kirche der Unitarier verlassen hatte, in der er ein ordinierter Geistlicher gewesen war, machte er den Individualismus praktisch zu seiner Religion, ignorierte dabei jedoch die offensichtlichen Gefahren. Emersons Absicht war es, den Menschen Lebensmut zu vermitteln, indem er sie aufforderte, ihren urmenschlichen Instinkten zu folgen. Seine Lehre wurde zur Legitimation für das moderne amerikanische Unternehmertum und zu einem philosophischen Freibrief für die Drahtzieher in den Unternehmen.

Von jeher haben wir uns zu starken, mächtigen Individuen hingezogen gefühlt. Heute gibt es in Amerika keine machtvolleren Individuen als unsere Industriekapitäne.

Was ist daran so verwerflich?

Ist unsere Vorliebe für Superstars wirklich so verwerflich? Vielleicht nicht. Aber es läßt sich nicht bestreiten, daß sich um solche Personen Kulte ranken, die sowohl für sie als auch ihre Anhänger äußerst schädlich sein können. Wenn eine Führungskraft beginnt, sich für unfehlbar zu halten, kann sie zu einer Bedrohung für sich selbst und andere werden. Idealisierung verwandelt Menschen in Lakaien, die so fasziniert sind von den Talenten ihres Idols, daß sie ihre eigenen vergessen. Versessen darauf, dem Geheiß ihres Führers zu folgen, machen sie sich nicht mehr die Mühe, zu hinterfragen, ob das, was sie tun, recht oder unrecht ist.

Die Bürokratisierung der Phantasie ist unvermeidlich geworden.

Auf irgendeine Art legt jeder von uns seiner Phantasie Schranken auf und akzeptiert das Diktum einer Führungsperson, bis schließlich nur noch deren Ideen Geltung haben. Und früher oder später befindet sich das Unternehmen dann im Leerlauf.

Egal, wie weise, gewitzt oder visionär diese Führungsperson sein mag, wir dürfen nicht vergessen, daß ein Unternehmen auf kollektiven Anstrengungen basiert. Um auf optimalem Niveau zu funktionieren, bedarf es der kollektiven Klugheit, Gewitztheit und der Visionen sämtlicher Mitarbeiter.

Die Unternehmensstars verhindern nicht nur das berufliche Fortkommen ihrer Untergebenen, sondern auch den Wettbewerb. Wenn sie weiterwandern oder sich zur Ruhe setzen, leiden ihre Unternehmen womöglich monatelang, manchmal sogar über Jahre an Instabilität, während sie nach jemandem suchen, der die übergroßen Schuhe der verlorenen Führungskraft auszufüllen vermag.

Auch neigen diese Stars, ebenso wie ihre Verwandten im Showbusiness, zu Allüren: Ein beliebter Publicitytrick ist der Rückzug mit dem dazugehörigen Comeback. Der Vorsitzende von CBS, William Paley, trat siebenmal in den Ruhestand, nur um immer wieder an das Steuer des Networks zurückzukehren – zum ewigen Ärgernis zahlreicher »Nachfolger«.

Aber auch wenn ein Star nicht wieder und wieder aufsteigt wie der unsterbliche Phönix, muß das jeweilige Unternehmen sich auf einige Turbulenzen gefaßt machen. Es ist anstrengend, eine Ein-Mann-Show in eine voll funktionierende Organisation umzuwandeln; immerhin unterscheidet sich eine Monarchie fundamental von einer Republik, und den Günstlingen des abgedankten Patriarchen steht die schwierige Aufgabe ins Haus, die Scherben aufzusammeln und sie auf einer weniger autokratischen Linie wieder zusammenzusetzen.

Wer auch immer den Platz des Stars einnimmt, er sieht sich mit einer schier übermenschlichen Aufgabe konfrontiert. Hat er selbst Starambitionen, muß er die Erinnerung an seinen Vorgänger praktisch über Nacht auslöschen. Zögerte er auch nur einen Moment, so würde er unweigerlich sein Gesicht verlieren. Wählt er jedoch den

Pfad effektiver Führerschaft, wird er diesen mit Hindernissen gespickt finden: jede Menge leitende Angestellte, die vergessen haben, wie man selbständig Entscheidungen trifft, eine rostige Befehlskette und reichlich unerledigte Geschäfte.

In solchen Fällen ist die Verschleißquote der Nachfolger außerordentlich hoch. Es ist möglich, daß die Organisation eine Anzahl neuer Führungskräfte in Kauf nehmen muß, bevor sie jemanden findet, der in der Lage ist, ihre Stabilität wiederherzustellen und sie wieder auf Kurs zu bringen.

Manchmal steigt die Idealisierung dem Unternehmensstar zu Kopf, und er beginnt, sich wie ein kleiner Monarch aufzuführen, der dem, der ihm widerspricht oder gar bessere Ideen hat, gern den Laufpaß gibt. Selbstverständlich haben diese Minimonarchen auch einen königlichen Geschmack und entsprechende Gewohnheiten. Sie fordern Gehälter und Vergünstigungen, die einen Scheich beeindrucken würden, Dienstleistungen jenseits jeglicher Notwendigkeit und Vernunft und – ungeachtet der Gewinne oder Verluste, die das Unternehmen während ihrer Amtszeit gemacht hat – Megabonusse. Sogar nach ihrem Ausscheiden bezahlt man sie in Form jährlicher Gewinnausschüttungen, Boni und Aktien weiter. Ironischerweise profitiert häufig derjenige am meisten, der am wenigsten für ein Unternehmen geleistet hat, weil es sich gezwungen sieht, ihn regelrecht »rauszukaufen«. Die Gehälter ehemaliger amerikanischer Präsidenten verblassen hinter diesen königlichen Versorgungen.

Schließlich gibt es noch den sogenannten Wizard-of-Oz-Faktor. Häufig handelt es sich bei diesem Popanz um eine leere Hülle, die zwar viel Lärm veranstaltet, aber sichtlich wenig leistet. Diese spezielle Gattung von Stars wird im allgemeinen unter der falschen Annahme angeheuert, ein bestimmter Name oder ein Gesicht garantiere dem Unternehmen Erfolg, Publizität und öffentliches Ansehen. In der Regel stellt sich das als schlechter Handel heraus, denn die Kosten einer solchen Show übersteigen fast immer deren Nutzen. Nur allzuoft lassen diese Vorzeigefiguren Erfahrung und Wissen vermissen, die das Unternehmen an der Spitze so dringend benötigt, und so tappt es schließlich unter den Augen der ganzen Welt unbeholfen und orientierungslos umher.

Daß hohe Publikumswirksamkeit nicht mit der erfolgreichen Bewältigung einer Aufgabe gleichzusetzen ist, beweist das Beispiel des No-Name-Führungskräfteteams bei Ford, das konsequent die Stars von Chrysler und General Motors aussticht.

Damit will ich freilich nicht behaupten, Leistung und Ruhm seien unvereinbar. Im Showbusiness hat Talent wenig oder gar nichts mit dem Aufstieg eines Stars zu tun; seine reine Präsenz, talentiert oder nicht, verändert radikal jeden Schauplatz, den er betritt. Er untergräbt klare Prioritäten und degradiert begabte Kollegen zu Fans.

Aber die Unternehmenshelden sind, wie ich anfangs bemerkte, nicht aus eigener Kraft zu ihren Höhen aufgestiegen. Unsere eigenen Bedürfnisse waren es, die sie mit ihren Ambitionen ins Rampenlicht katapultierten. Wenn wir versuchen wollen, unsere Balance wiederzufinden, müssen wir unser Bedürfnis nach omnipotenten Helden überwinden, ebenso wie die Helden ihren Appetit auf Speichelleckerei und Lobhudelei.

Zeit und Umstände neigen zur Seite der Vernunft. Zur Zeit ist die Verschleißrate für Unternehmensstars außerordentlich hoch, also hoffentlich der Tag nicht mehr fern, wo die Unternehmen ihre Ein-Mann-Shows beenden und sich wieder der Teamarbeit zuwenden.

Ungenutztes Humankapital

Wenn Führungskräfte nicht lernen, den Wert
ihrer Mitarbeiter zu schätzen und das Potential ihrer
menschlichen Ressourcen anzuzapfen, werden
ihre Organisationen untergehen.

Louis B. Mayer, während Hollywoods goldener Ära Kopf der MGM-Studios, war bekannt für seine tyrannischen Gewohnheiten. Dennoch gelang es ihm, MGM zu einer zentralen kulturellen Kraft zu machen, die Filme prägte, die Amerika prägten. Er wußte, was die heutigen Wirtschaftskapitäne entweder nicht wissen oder nicht akzeptieren können: Das einzige Kapital, das wirklich zählt, ist der Mensch.

Mayer hat einmal gesagt: »Mein Inventar geht abends wieder nach Hause.« Damit gestand er ein, daß ohne ihre Truppe talentierter Regisseure, Drehbuchschreiber und Schauspieler MGM völlig bedeutungslos wäre. Was immer ein modernes Unternehmen vermarktet – Autos, Fast Food oder Lebensversicherungen –, eines trifft nach wie vor zu: Seine wichtigste Ressource sind die Mitarbeiter. Unsere Weigerung, diese grundlegende ökonomische Tatsache zu akzeptieren und danach zu handeln, ist zu einem großen Teil für unsere schlechte Position im internationalen Markt verantwortlich.

Da die amerikanischen Unternehmen ihre Arbeitnehmer, wie bereits erwähnt, traditionell als Widersacher betrachten, als »habgierige« Rädchen im Getriebe der großen Unternehmensmaschinen, die vielleicht notwendig, aber immer anonym und ersetzbar sind, behandelte man sie mehr oder weniger wie vertragsgebundene Sklaven, bis sie im zweiten Abschnitt der industriellen Revolution schließlich rebellierten. Mitte dieses Jahrhunderts hatte sich ein beunruhigender Frieden etabliert, bei dem Gewerkschaften und Unternehmen eine ungefähre, wenn auch haßerfüllte Balance hielten. Heute allerdings haben wir bei weitem mehr Haß als Balance.

Der ehemalige Präsident Ronald Reagan brachte die grundsätzliche Animosität, die viele Unternehmensführer sowohl gegenüber den Gewerkschaften als auch den Arbeitnehmern empfinden, deutlich zum Ausdruck, als 1982 die Fluglotsen streikten. Bei der Abwicklung des Flugverkehrs spielt wohl kaum jemand eine wichtigere Rolle als sie: der Präsident jedoch sah sie als entbehrlich an und warf sie hinaus, weil sie es wagten, Gehälter zu fordern, die ihrer verantwortungsvollen Tätigkeit entsprachen.

Mit dem Präsidenten dankte auch das gemeinsame Amerika ab. Zu keiner Zeit sind die Gewerkschaften derart niedergemacht worden. In den achtziger Jahren wurden Arbeitnehmer nicht nur unterbewertet, man machte sie gar zu Sündenböcken. Die faulen und desinteressierten Arbeitnehmer – so hieß es – hätten den Verlust der Vormachtstellung Amerikas auf dem internationalen Markt verursacht. Tatsächlich war das Problem jedoch zu einem beträchtlichen Teil in den Führungsetagen ansässig – die amerikanischen Führungskräfte selbst waren faul und desinteressiert geworden.

Versessen auf die Zahlen

Die Fixierung auf das Ergebnis unter dem Strich, gepaart mit der Unfähigkeit, ihre Arbeiter als wichtigstes Kapital zu begreifen, hat Amerikas Großunternehmen im letzten Jahrzehnt stark geschwächt.

Schwarze Zahlen wurden nicht als das »wichtigste«, sondern als das einzige überhaupt angesehen. Gewinne bekamen einen höheren Stellenwert als das Herstellen von Qualitätsware. Erst als die Gewinne zu schrumpfen begannen, ging den Verantwortlichen auf, daß irgend etwas schiefgelaufen sein mußte. Also griffen sie zu einem altbewährten Mittel: Reduzierung der Arbeitskräfte und Schließung von Fabriken.

Doch was sie hinter die ausländischen Mitbewerber zurückfallen ließ, war eben nicht die Minderwertigkeit ihrer Arbeitskräfte, sondern die ihrer Waren. Und das, weil sie weitaus mehr Energie in das Erreichen kurzfristiger Gewinne gesteckt hatten als in die Entwicklung innovativer, funktionsfähiger Produkte. Inzwischen sind wir fast aus dem Spiel. Zum Glück stellt Amerika – dank seines natürlichen Reservoirs an talentierten, phantasievollen Arbeitskräften – in den Bereichen Forschung und Entwicklung noch immer eine führende Kraft dar, im Herstellungs- und Marketingbereich jedoch hinkt es – infolge des Mangels an Talent und Phantasie in den Führungsetagen – beträchtlich hinterher.

Die eindrucksvollsten Veränderungen im Forschungs- und Entwicklungsbereich lassen sich bei den kleinen, neugegründeten Unternehmen beobachten, die die traditionellen Abgrenzungen und Hierarchien durch einen sorglos ungebundenen unternehmerischen Geist ersetzen. Diese erfolgreichen jungen Unternehmen haben keine Ähnlichkeit mehr mit jenen feudalen Besitztümern, wo von den Angestellten erwartet wird, daß sie arbeiten und den Mund halten. Sie gleichen eher Diskussionsrunden, wo von Arbeitnehmern nicht nur erwartet wird, ihre Meinung zu äußern – ihnen ist auch eine interessierte Zuhörerschaft sicher. Auf diese Weise werden die Talente sämtlicher Mitarbeiter zum Nutzen aller angezapft – einschließlich der Kunden.

Mehr noch: Diese Unternehmen sind profitabel und stellen zusätzliche Arbeitskräfte ein, während andere Firmen Verluste machen und Arbeitskräfte entlassen. Wie Louis B. Mayer von MGM sind sich die jungen Unternehmen der Wichtigkeit ihrer menschlichen Ressourcen bewußt. Sie haben begriffen, daß integre, motivierte Menschen die beste Grundlage für ökonomisches Wachstum darstellen. Bis 1928 hatten sich Macht und Gewinn lediglich aus Eigentum abgeleitet. Heute ist die menschliche Arbeitskraft die wichtigste Quelle für neues oder zusätzliches nationales Einkommen. Produktivität, der wichtigste Maßstab sowohl für die Unternehmen als auch für die Nation selbst, ergibt sich weniger aus der Menge der Ressourcen als aus der Qualität ihrer Menschen.

Jeder scheint dieses fundamentale Faktum zu begreifen – nicht so unsere Wirtschaftstitanen. In einem Hirtenbrief mit dem Titel »Wirtschaftliche Gerechtigkeit für alle« bewies die Nationale Katholische Bischofskonferenz mehr Geschäftssinn und Weitblick als viele der heutigen Unternehmensführer. Das »Versprechen des amerikanischen Traumes – Freiheit für alle, um ihre gottgegebenen Talente voll zu entwickeln – bleibt für Millionen Menschen in den Vereinigten Staaten unerfüllt«, heißt es da. An einer anderen Stelle wird die Besorgnis über die »soziale Zerplitterung« zum Ausdruck gebracht. »... es wird immer weniger sichtbar, wie der Menschen Arbeit der Gemeinschaft dient.« Die Bischöfe rufen zu einer »neuen Form der Kooperation, der Partnerschaft und des Mitspracherechts innerhalb der Firmen« auf.

»Aber«, so warnen sie, »Partnerschaften zwischen Angestellten und dem Management sind nur dann möglich, wenn beide Gruppen echte Macht besitzen und die Freiheit, Entscheidungen zu beeinflussen.«

Solche Partnerschaften – wie vernünftig sie auch sein mögen – scheinen jedoch eher unwahrscheinlich. Selbst bei den jungen erfolgreichen Unternehmen werden bereits Ansätze traditioneller Hierarchiegewohnheiten sichtbar. Während diese kleinen Unternehmen wachsen, werden sie den großen, alteingesessenen immer ähnlicher, sogar schon hinsichtlich der Interessengegensätze zwischen Angestellten und Vorgesetzten.

Man kann daraus nur schließen, daß amerikanische Führungskräfte recht schnell dazu neigen, sich selbst zu überschätzen, wenn ihr Unternehmen expandiert. Wenn diese arroganten Typen nicht beginnen, die Welt so zu sehen, wie sie wirklich ist, nicht endlich erkennen, daß ihre Mitarbeiter nicht nur eine Verpflichtung bedeuten, sondern ihr größtes Vermögen darstellen, dann werden sie ihre eifersüchtig gehütete Macht, ihre Privilegien und ihr Einkommen früher oder später einbüßen, ihre Unternehmen werden übernommen oder verkauft, oder sie werden einfach untergehen.

Kündigung aus Prinzip

Ethisch gesehen wäre es wohl das beste, einen Job
aufgrund moralischer Prinzipien zu quittieren und an
die Öffentlichkeit zu gehen.

Zum ersten Mal zog ich die Frage des Rücktritts und anderer Möglichkeiten, Widerspruch anzumelden, im Frühjahr 1970 in Erwägung. Zu dieser Zeit hatte ich gerade selbst mein Amt an der State University of New York, Buffalo, als Protest gegen das, was ich für einen unangebrachten Einsatz von Gewalt seitens des Universitätspräsidenten beim Umgang mit verschiedenen Streiks auf dem Campus hielt, niedergelegt.

Meine Entscheidung zurückzutreten markierte für mich einen Wendepunkt – zum ersten Mal in meinem Leben war ich in der Lage gewesen zu sagen: »Nein! Ich kann nicht zulassen, daß man mich mit dieser Art Politik identifiziert.« Zum ersten Mal riskierte ich, ein Außenseiter zu sein, statt zu versuchen, innerhalb des Systems geduldig an einer Veränderung zu arbeiten. Mein Grund für diese Entscheidung war ein rein persönlicher. Ich wollte nicht bleiben, um später sagen zu müssen: »Nun ja, eigentlich bin ich damals dagegen gewesen, die Polizei auf den Campus zu holen.«

In meinem Fall stellte sich jedoch heraus, daß mein Rücktritt eine äußerst uneffektive Form des Protests darstellte. Dafür gibt es viele Gründe, vornehmlich meine Entscheidung, eine andere Position innerhalb der Universität beizubehalten. Der Unterschied zwischen den beiden Positionen war aber lediglich den Mitgliedern der Verwaltung klar, die Öffentlichkeit interpretierte meinen zweifelhaften Abgang als einen eher halbherzigen Protest.

Meine Erfahrung ist sicherlich alles andere als einmalig. Die meisten Organisationen besitzen gut geölte Mechanismen, um Andersdenkende zu neutralisieren, und so lernen die Angestellten schnell, daß die Bürokratie keinen Widerspruch duldet. Ist man zu dieser Einsicht gelangt, dann kann man entweder kapitulieren oder aber im jeweiligen Unternehmen bleiben und versuchen, die Mehrheit für die eigene Position zu gewinnen – die Bereitschaft, Zweifel und Frustrationen zu ertragen, vorausgesetzt. Die Stellung zu halten kann eine unerträglich qualvolle Erfahrung zwischen öffentlicher Loyalität und privatem Zweifel bedeuten. Was aber, wenn wir kündigen? Oberflächlich betrachtet scheint Kündigung ein einfacher Weg zu entkommen, aber er hat auch seine Schattenseiten. Entscheidet man sich für ihn, so bleibt noch immer die Frage: wie?

Kündigung als Schau

Kündigung ist ein an sich harmloser Akt, egal, wie rechtmäßig empört die Person, die kündigt, auch sein mag. Die Harmlosigkeit wird durch eine Reihe von Konventionen garantiert, die wenige der Kündigungswilligen zu brechen bereit sind. Wenn der gut sozialisierte Aufmüpfige kündigt, so verläßt er das Unternehmen auf Zehenspitzen, und an die Medien geht die Erklärung:»Mit Bedauern sehen wir uns gezwungen, die Kündigung von ... zu akzeptieren.« Solche Pro-forma-Erklärungen lassen aufmerksame Ohren hellhörig werden, aber in der Regel wird das Ritual gewohnheitsmäßig hingenommen. Eingerahmt von blumigen Reden verläßt der Dissident unter Lächeln und gegenseitigen Respektsbeteuerungen die Arena. Die letzte offizielle Pflicht des Scheidenden besteht darin, den Mund zu halten; die Regeln verlangen, daß denjenigen das letzte Wort zusteht, die zurückbleiben.

Der Zweck dieser Konvention ist ein rein institutioneller. Rücktritt ist zwar gewöhnlich ein Ausdruck von Disharmonie und echten Problemen; ohne ein ehrliches Nachspiel jedoch bleibt er eine leere Geste. Das Unternehmen folgert – meist richtig –, daß der schallgedämpfte Aufrührer bald in Vergessenheit geraten wird, und verfolgt, nachdem der Störenfried verabschiedet ist, weiterhin seinen eingefahrenen Kurs, fürderhin nur dem prüfenden, aber ungeübten Blick der Öffentlichkeit ausgesetzt.

Zusammenhalt ist das Resultat eines allgemeinen Wertekodexes, einer gewissen Einstellung oder Überzeugung, die man gewöhnlich unter dem Begriff »Unternehmenskultur« zusammenfaßt. Jene, die sie nicht unterstützen, sind per Definition marginalisierte Außenseiter oder Abweichler. Ironischerweise dient dieser alles beherrschende Begriff der Harmonie den Unternehmen herzlich wenig, führt doch Einstimmigkeit und Gleichförmigkeit ziemlich schnell zur Stagnation, und die wiederum begünstigt Veränderungen auf nicht-evolutionärem Weg. Die Tatsache, daß der Abweichler, der die Dinge anders sieht, das starke, möglicherweise einzige Verbindungsglied zu einem geeigneteren Paradigma sein könnte, trägt seitens des Unternehmens nicht im geringsten zu dessen Wertschätzung bei. Die meisten Unternehmen riskieren eher zu veralten, als Nonkonformisten Raum zu geben.

Dies trifft besonders dann zu, wenn es um eine bedeutende Sache geht oder wichtige Personen eine entschiedene oder persönliche Stellung bezogen haben. Wenn es um Krieg oder Frieden, Leben oder Tod, Wachstum oder Stagnation, Kampf oder Rückzug, Reform oder Status quo geht, wird Widerspruch typischerweise als besonders bedrohlich angesehen. Da, wo es eigentlich am nötigsten wäre, die Konsequenzen eines breiten Spektrums von Alternativen in Betracht zu ziehen, scheint die öffentliche Demonstration eines gemeinsamen Konsens plötzlich ungemein wichtig, auch wenn sie auf Kosten menschlichen Lebens geht.

Widerspruch und Abwanderung

Einstimmigkeit, zumindest deren öffentliche Demonstration, wird im Unternehmenskontext so wichtig genommen, daß sie mitunter für einen Angestellten ein größeres Gewicht bekommt als sein persönliches Gewissen. Das klassische Dilemma entsteht, wenn jemand sich bezüglich einer bestimmten Verfahrensweise in Opposition zu seinem Vorgesetzten und seinen Kollegen befindet. Handelt es sich um eine wichtige Angelegenheit und bleibt der Opponent unnachgiebig, so weitet sich die Kluft.

- Widerspruch: Zunächst versucht der Opponent jeglichen Einfluß, den er hat, geltend zu machen, um die anderen für seine Position zu gewinnen. In seinem Klassiker *Abwanderung und Widerspruch (Exit, Voice and Loyalty)* nennt Albert O. Hirschman dies die »Möglichkeit zur Stellungnahme«. Sie läßt sich auf verschiedenste Art praktizieren, vom einfachen Meckern bis zur Kündigungsdrohung. Gewöhnlich bringt der Opponent seinen Unwillen in einer Reihe persönlicher Konfrontationen zum Ausdruck.
- Abwanderung: Gelingt dies nicht, was meist der Fall ist, muß er die Möglichkeit einer Kündigung in Betracht ziehen. Kündigung wird erst dann zu einer vernünftigen Alternative, wenn Argumente nicht greifen. Der Betreffende erkennt, daß stundenlange aufrichtige und geduldige Diskussionen zu nichts geführt haben, sein Einfluß schwindet und damit – so könnte man annehmen – auch seine Loyalität. Wenn er sich an diesem Punkt nicht entschließen kann, das Unternehmen zu verlassen, riskiert er, zu einer Art Eunuch zu werden, jemand, der keinen Einfluß hat und gegen seinen Willen eine Politik unterstützt, die seiner Urteilsfähigkeit und seinem persönlichen und professionellen Werteempfinden entgegensteht.

Es mag vielleicht deprimieren, aber Kündigung aufgrund persönlicher Prinzipien ist noch immer eine äußerst seltene Reaktion auf institutionelle Konflikte. Woher kommen diese allgemeine Abneigung zu kündigen und die Bereitschaft – falls zur Kündigung gezwungen –, einen »sanften Abgang« ohne Lärm und Geschrei oder öffentliche Stellungnahme zu wählen?

Extremer Druck und persönliche Rationalisierungen halten den Abtrünnigen in der Regel von einer Kündigung zugunsten einer Stellungnahme ab. Die meisten von uns würden es – statt zu kündigen – viel lieber sehen, wenn der Chef oder »die da oben« Vernunft annähmen. Kündigung bedeutet fast immer eine unangenehme Herausforderung und, was schlimmer ist: sie schmeckt nach Versagen – für die Erfolgsorientierten der schlimmste aller sozialen Defekte. Also reden wir uns ein, im Falle unseres Ausscheidens ginge es mit dem Unternehmen noch schneller bergab als bisher. Vielleicht ist das die verführerischste aller Rationalisierungen. In der Zwischenzeit werden wir noch tiefer in eine Unternehmenspolitik verstrickt, die wir eigentlich ablehnen, und es wird immer schwieriger, sich hinauszuwinden.

Auch für eine Kündigung ohne Lärm und Geschrei gibt es gute – meist egoistische – Gründe. Sich laut zu empören verbessert in der Regel nicht gerade den Marktwert einer Person; eine negative Aura umgibt den so offensichtlich verärgerten Abtrünnigen, während jemand, der seine Position aufgibt, vorgeblich, um sich persönlichen Geschäften, der Familie, einem Lehrauftrag oder der Forschung zuzuwenden, den Arbeitsmarkt ohne das Stigma einer schwarzen Wolke über dem Haupt betreten kann. Viele bevorzugen die Unauffälligkeit auch deshalb, weil sie wissen, daß Zeitthemen sich ändern; warum also die eigene Zukunft unterminieren, indem man lautstark einen unerwünschten Standpunkt hinausposaunt?

Wie egoistisch auch immer die Gründe für eine stille Kündigung sein mögen – in der Regel ist es die jeweilige Organisation, die den größeren Vorteil davon hat. Ein schicklicher Abgang kaschiert die unterschwelligen Disharmonien – das Unternehmen kann sein Gesicht wahren.

Weil ein diskreter Abgang nie zu Protesten führt, erspart er dem Scheidenden unter anderem die Schande, als Abweichler stigmatisiert zu werden. Dennoch: Ob »sanft« oder »hart«, Kündigung bleibt die Option, zu der man im Unternehmensalltag nur im äußersten Fall Zuflucht nimmt. Immerhin ist bemerkenswert, daß der Opponent, der sich so heftig gegen eine bestimmte Unternehmenspolitik gestellt hat, sich gegenüber der Öffentlichkeit für Stillschweigen entscheidet, obgleich ihm das privat nur Frustration einbringt.

Weshalb nur ist es vielen Menschen möglich, auf ein quasi unmoralisches Ziel hinzuarbeiten, ohne Mitverantwortung oder Mitschuld zu empfinden? Organisationen sind Systeme zunehmender Differenzierung und Spezialisierung, und die Moral einer Organisation besteht in der Moral abgeteilter Einzelhandlungen. Ein solches Umfeld verleitet zur Gleichgültigkeit und Flucht vor Verantwortung, es verführt zum sogenannten Tunnelblick, bei dem man sich ganz auf den Erfolg der jeweiligen Aufgabe konzentriert, wie fragwürdig oder unheimlich das Gesamtresultat all der gut ausgeführten Arbeiten auch sein mag.

Mit dem Mythos groß geworden

Die meisten Unternehmensführer steigen vor dem Hintergrund zentraler Mythen auf, von denen eine lautet: Einstimmigkeit ist immer wünschenswert. So falsch, ja nachgerade gefährlich dieses Vorurteil auch ist, seine Verbreitung wird davon nicht behindert. Sicher gibt es Zeiten, wo Diskretion notwendig ist. Selbstverständlich sollten Unternehmen und Organisationen nicht ständig in der Öffentlichkeit ihre Fehden austragen. Aber was gewinnen wir, wenn wir um jeden Preis ein emotionales Geben und Nehmen zwischen Kollegen unterbinden? Warum muß eine Person, die aufrichtig eine Meinungsverschiedenheit mit den Unternehmensleitern hat, zum Schweigen gebracht, domestiziert oder gar aus dem Unternehmen vertrieben werden, während man der Öffentlichkeit Einigkeit und Harmonie vorgaukelt?

Unsere Unfähigkeit, die Angst vor öffentlichem Gesichtsverlust zu überwinden, grenzt an Schizophrenie. Sie impliziert nicht nur, daß der Opponent auf jeden Fall schlecht sein muß, sondern auch, daß in unseren Unternehmen nur Heilige arbeiten, die zu vulgären und beleidigenden Taten niemals in der Lage sind.

Dabei sind unsere Unternehmen tatsächlich vulgär, schweißtreibend und plebejisch. Wenn sie überleben wollen, müssen sie eine Umgangsweise institutionalisieren, wo man einen Narren einen Narren nennen darf und sämtliche Motivationen und Handlungen gründlich auf die unvermeidlichen menschlichen Fehler und Mängel hin untersucht werden. In einer Demokratie wird man immer reichlich Gemeinheit, Langeweile und Korruption finden. Diese Eigenschaften haben kein Recht darauf, vor den unsanften Herausforderungen bewahrt zu werden, denen sie in der »echten« Welt ausgesetzt sind. Wenn banale Höflichkeit höher bewertet wird als Verläßlichkeit und Ehrlichkeit, dann finden wir uns bald in einer Orwellschen Welt, wo Sprachsymbole manipuliert werden, um eine falsche Realität zu schaffen.

Loyalität

Der Aufmüpfige gerät zunehmend in eine Situation, die wir gemeinhin als Loyalitätskonflikt bezeichnen. Tatsächlich machen ihm jedoch viel subtilere persönliche und organisationsspezifische Faktoren zu schaffen, wie tiefwurzelnde psychologische Abhängigkeiten, Autoritätsprobleme, Ehrgeiz, Gruppenzwang und die Angst, als Außenseiter abgestempelt zu werden, dem der Einblick nach innen verwehrt ist. Dazu kommt der Mythos, Gentlemen regelten ihre Unstimmigkeiten freundschaftlich und in aller Stille, sowie die Angst, als unloyal zu gelten, weil man angeblich dem »Feind« in die Hände arbeitet, und sehr häufig die verführerische Hoffnung von Shakespeares Prospero: daß die eigenen »vernünftigen« Bemühungen eine Verschlechterung der Lage verhindern könnten.

Oft unterwirft sich unser eigenes Loyalitätsgefühl dem Kodex der Betriebsgemeinschaft, in der die meisten von uns ihre gesamte Karriere verbringen. Mehr als 90 Prozent der arbeitenden Bevölkerung Nordamerikas sind in offiziellen Organisationen tätig. Position, Status, das Gefühl von Kompetenz und Erfolg werden in unserer Kultur hauptsächlich durch die Zugehörigkeit zu einem Unternehmen vermittelt. Der Beruf bestimmt zu einem Großteil den Wert eines Menschen. »Mein Sohn, der Doktor« ist nicht nur die Pointe vieler jüdischer Witze, sondern verdeutlicht einen bezeichnenden Aspekt unserer Kultur: Die Identifikation mit einem bestimmten

Beruf oder einer Organisation ist so etwas wie der Paß zum Selbstwertgefühl, zur Identität schlechthin. Man ist, was man tut, und diese Tätigkeit findet in unserer Gesellschaft innerhalb großer, komplexer, bürokratischer Strukturen statt. Wenn jemand seine Arbeitsstelle aufgibt, besonders wenn es unter Protest geschieht, so läuft er Gefahr, wie eine Beckettsche Figur im Niemandsland zu enden, ohne Rolle, ohne Aufgabe, ohne jede Ausstattung.

Tatsächlich würden ein paar Kündigungen mehr dem individuellen Gewissen in unserem Land nicht schaden. Ich halte es für wichtig, daß jeder Entscheidungsträger, in welcher Organisation auch immer, seine Meinung offen vertritt. Und wenn wir es unerträglich finden, unsere Führungsrollen aufrechtzuerhalten, und wenn wir uns kontinuierlich im Zwist mit unseren Arbeitgebern befinden, dann, glaube ich, müssen wir kündigen und dürfen dabei kein Blatt vor den Mund nehmen.

Führung ohne Bodenhaftung

Zuviel Distanz reduziert Menschenführung
zu einem rein mechanischen Akt.

Als in den frühen siebziger Jahren die Pentagon-Akten trotz der Einwände der Regierung veröffentlicht wurden, erschrak ich über die Täuschungsmanöver, die Intrigen und die moralische Abgestumpftheit unserer Führungspersönlichkeiten. Was mich aber zutiefst erschütterte, war die unglaubliche Anmaßung und Selbstüberschätzung dieser Männer im Weißen Haus und im Pentagon. Obgleich Tausende von Meilen von Vietnam entfernt, maßten sie sich an, über Leben und Tod zu entscheiden, mit den modernsten Technologien zu operieren, dabei spieltheoretische Modelle anzuwenden, die derart abstrakt waren, daß sie sich reihenweise in einem freudlosen, quasi parthenogetischen Akt gegenseitig erzeugten. Dabei hatte keiner dieser Männer jemals das göttliche Geschenk einer Geburt oder den Geruch von verbranntem Fleisch erlebt.

Mechanische Handlungen

Mir kam der Vergleich mit Pornographie in den Sinn, weil die ebenso von der Realität, das heißt von der unmittelbaren Erfahrung, abgelöst ist. Die Schauspieler in Pornofilmen sind keine echten Menschen, die einen Liebesakt vollziehen, sondern mechanische Verlängerungen ihrer Sexualorgane, bar jeglicher Persönlichkeit oder sozialen Eigenart. Ein Filmkritiker fand, daß es bei so vielen Kolben und Ventilen wohl mehr um Ingenieurwesen ginge als um

Liebe. Sex ohne Liebe – entrückt, distanziert, kalkuliert, nachempfunden. Der Kriegsraum des Pentagon ist der Realität ebenso entrückt wie das »Kampfgebiet« in der Bostoner Innenstadt, das girlandengeschmückte Viertel der Pornoläden, dem echten Sex.

Die Pentagon-Akten demonstrieren, wie intensiv sich Verteidigungsminister Robert S. McNamara mit sämtlichen Einzelheiten der Kriegsplanung beschäftigte, wenn auch nur in Form von Listen, Zahlen und Kostenvoranschlägen. Solche Abstrakta dienen dazu, vom Eigentlichen abzulenken, und vermitteln die Illusion moralischer Neutralität. Gegen Ende seiner Amtszeit stellte McNamara die militärische und politische Notwendigkeit des Einsatzes weiterer 206 000 Soldaten in Indochina dann auch nicht mehr in Frage, obgleich er wußte, daß dieser Krieg nicht gewonnen werden konnte, und konzentrierte sich statt dessen verbissen auf die Logistik der Truppenüberführung. Was wir hier sehen, ist Administration in ihrer reinsten Form. McNamaras Frau berichtet, daß ihr Mann, der seine letzten Amtstage damit verbrachte, Effizienz und Effektivität Genüge zu tun, nachts heftig mit den Zähnen knirschte, während er sich wie verrückt in seinem Bett herumwälzte.

Der Nazi-Baumeister Albert Speer abstrahierte von den Versprechen der Hitler-»Technokratie« bis zu dem Punkt, wo diese Versprechen zu einem Schutzschild gegen jegliche Reflexion über die menschlichen und sozialen Konsequenzen seines Tuns wurden. Die ständigen Herausforderungen, die Fristen, die tägliche Routine im »Dritten Reich« – wie auch im Verteidigungsministerium und jeder anderen Großbürokratie – entwickelten eine Eigendynamik, wo es nur noch darum ging, Aufgaben zu bewältigen und Probleme zu lösen.

Ist es die Natur solch großangelegter Organisationen, die einen im Grunde ethischen Menschen wie McNamara dazu bringt, ohne ein spontanes Gefühl persönlicher Verantwortung oder Schuld auf ein unmoralisches Ziel hinzuarbeiten?

Als ich noch Präsident der Universität von Cincinnati war, wurden an einem schönen Frühlingstag im Jahre 1979 zwei herrliche Bäume im ersten Stadium ihrer Blüte gefällt, um für die Autos auf dem Campus mehr Platz zum Wenden zu schaffen. Alle waren außer sich. Die Studenten stürmten in mein Büro, um mir davon zu berichten. Einige weinten hysterisch. Ich ging hinüber zu dem kleinen Grasfleck, wo ein Mann mit einer Handsäge dabei war, die Äste zu stutzen und sie zu ordentlichen Haufen aufzuschichten. Eine Gruppe von etwa 200 Studenten und andere Fakultätsmitglieder standen um ihn herum. Als ich den Kreis durchbrach, um mit dem Mann zu sprechen, raunte er mir zu: »Mann, bin ich froh, daß Sie kommen. Die lynchen mich gleich.« Wie sich herausstellte, war er kein Angestellter der Universität, sondern für einen örtlichen Vertragsunternehmer tätig. Ich habe niemals herausgefunden, wer für die Vernichtung der Bäume verantwortlich war: der Landschaftskünstler, der das neue Ambiente mit den gestutzten Pudelhecken entwarf, oder sein Boß; der Landschaftsarchitekt, der Planungsdirektor oder dessen Boß, der Hausverwalter, das Baukomitee oder der stellvertretende Direktor der Universität. Als ich sie zusammenrief, kamen 20 – alle unschuldig. So wie jeder von uns. Bürokratien sind einzigartige Apparate, mit deren Hilfe wir uns jeder Verantwortung und Schuld entledigen können. Und immer agieren sie weitab von Hörsälen, Schlachtfeldern, Menschen und Liebe. So etwas nenne ich Pornographie.

Leider gibt es keine einfachen Lösungen oder Alternativen für diesen gigantischen Mechanismus, der von unser aller Leben Besitz ergriffen hat. Eine Untersuchung des Amtes für Bevölkerungsstatistik ergab, daß 1980 weniger als zwei Prozent der amerikanischen Bevölkerung selbständig tätig waren. Alle anderen arbeiteten in großen Unternehmen. Erfreulicherweise sind mittlerweile etwa 15 Prozent selbständig. Anfang des Jahrhunderts war das Verhältnis umgekehrt. Es wäre zu einfach und auch zu unrealistisch, hier von »small is beautiful« zu sprechen, wie wir es in den Siebzigern gelernt haben. Ein kleiner Rahmen kann nur dann hilfreich sein, wenn er uns vor der episodenhaften, unzusammenhängenden Erfahrung bewahrt, die so viele unserer Leiter und Administratoren charakterisiert. Gewöhnlich gelingt dies jedoch nicht, weil diese zunehmend Produkte der Gigantomanie sind.

Das Problem verringert sich auch dadurch nicht, daß eine Führungsperson Nähe oder persönliche Beziehungen zu ihren Angestellten vortäuscht, wie Jimmy Carter, der im Weißen Haus stets Jeans und Strickjacke trug.

Ich halte es für sehr wichtig, Erfahrungen zu sammeln, die unsere bisherigen Erfahrungen und Erkenntnisse transzendieren, und zwar direkt – nicht aus zweiter Hand. Hinzukommen müssen Kontinuität und Zielorientiertheit.

Einer pornographischen Führungsperson erscheinen die Ereignisse in der Welt wie bewegliche Fragmente. Die langfristige Perspektive wird durch Kurzsichtigkeit ersetzt.

Viele Manager werden gewahr, daß sie den Kontakt mit der echten Welt verloren haben. Position, Geld und Status haben sie vom wirklichen Geschehen innerhalb der Organisationen isoliert. Unsere Führungskräfte müssen sich wieder mit der Welt vertraut machen und in Gesellschaft anderer Erfahrungen sammeln. Sie müssen die Hand ausstrecken, um Kontakt mit den Menschen zu bekommen, die sie angeblich führen, und sie müssen – zumindest gelegentlich – riskieren, einen Fehler zu machen, statt einfach nichts zu tun. Bis es soweit ist, wird man sie weiterhin nur wie durch ein Spiegelglasfenster vernehmen – distanziert, isoliert, dem komplexen Leben der Mitmenschen weit entrückt.

Besinnt euch auf Tugenden

Wir Menschen haben den Mond betreten, wir haben eine Sonde, die uns Telephotos vom Jupiter sendet, 600 Millionen Meilen weit in den Weltraum geschickt. Wir haben Seuchen und Ignoranz besiegt und einer bemerkenswerten Zahl von Menschen zu einem Lebensstandard verholfen, der nach mittelalterlichen Maßstäben als wahrhaft königlich bezeichnet werden darf. Einige von uns haben erstaunliche Kunstwerke geschaffen, die andere inspirieren und belehren. Wir haben uns – so scheint es – in einem Maße entwickelt, das unsere Vorfahren sich nicht einmal vorstellen konnten. Aber wahrscheinlich hätten sie sich auch unsere Dummheit nicht vorstellen können: die lasterhafte Verschwendung unserer Ressourcen, die noch immer andauernde Verherrlichung des Krieges als Mittel zur Regelung von Meinungsverschiedenheiten, und daß wir Milliarden ausgeben für Waffen, die wir angeblich niemals benutzen wollen; unsere Unfähigkeit, Kinder zu erziehen und für unsere Armen, Kranken und Alten zu sorgen; unsere Abhängigkeit von Drogen und – was vielleicht das Schlimmste ist – unsere Gleichgültigkeit uns selbst gegenüber.

Es liegt in der Natur der Amerikaner, zu hoffen. André Maurois hat einmal gesagt, wir seien »mit einem Wort: Optimisten«. Offensichtlich muß ich ein Optimist sein, sonst hätte ich nicht mein Leben damit verbracht, nach Möglichkeiten zur besseren Nutzung menschlicher Qualitäten zu suchen. In gewisser Hinsicht ist jeder von uns ein Geizhals, der seine vielfältigen Ressourcen lieber hortet, statt sie zur Verfügung zu stellen. Sogar ein Genie benutzt, wenn es hoch kommt, lediglich 80 Prozent seines Potentials; bei einigen von uns kommen davon nicht mehr als 50 Prozent zum Einsatz. Und heute, in unseren elenden, schnellebigen Zeiten, scheinen wir kaum geneigt, an unsere besten Qualitäten überhaupt zu rühren.

Ich spreche von Integrität, Hingabe, Großmut, Bescheidenheit, Offenheit und Kreativität – eben die Grundeigenschaften jeder guten Führungspersönlichkeit. Unsere Unwilligkeit, bei uns selbst diese Qualitäten anzuzapfen, ist zu einem großen Teil für die bestehende Knappheit an Führungskräften verantwortlich.

Mit Integrität meine ich den Standard moralischer und intellektueller Redlichkeit, auf der unser Verhalten basiert. Ohne Integrität verraten wir uns selbst und andere und entwerten alle unsere Unternehmungen. Es ist die Qualität, deren Abwesenheit wir zur Zeit am schmerzlichsten empfinden, aber die Integrität der Nation kann nur wiederhergestellt werden, wenn es jedem von uns gelingt, die eigene zu festigen. Durch ihr bloßes Beispiel erwecken integre Menschen in uns die Hoffnung, daß wir als Volk uns über den gegenwärtigen Zynismus und die Verwahrlosung zu erheben imstande sind. Wie Aristoteles in seiner *Ethik* es ausdrückt: »Wollt ihr etwas über Tu-

gend erfahren, dann beobachtet das Tun tugendhafter Menschen.«
Integrität beginnt – ebenso wie Nächstenliebe – bei jedem daheim.
Nur wenn jeder einzelne sich seiner Integrität versichert, kann sie
der Nation wiedergegeben werden.

Unter Hingabe verstehe ich den leidenschaftlichen Glauben an
einen Menschen oder eine Sache. Solch intensive und anhaltende
Bindung und Verpflichtung ist sowohl die Basis großer Kunstwerke,
wissenschaftlicher Entdeckungen, Forschungsunternehmungen als
auch die eines gelungenen Lebens. Sie ist das, was Ehen, Unternehmen und Regierungen zum Erfolg verhilft. Tatsächlich macht erst
die absolute Hingabe für einen Menschen oder eine Sache uns
menschlicher.

Wir können kein befriedigendes Leben führen, wenn wir uns
nicht vorbehaltlos an etwas hingeben, das außerhalb von uns selbst
ist. Engagierte Bürger schreiben nicht einfach nur Briefe an ihre
Repräsentanten im Kongreß, sie engagieren sich an der Basis und
arbeiten aktiv für ihre Sache. Ebenso bedauern sie nicht nur die
schlimme Lage der Obdachlosen, sondern tun, was sie können, um
deren Lage zu verbessern. Engagiert Tätige – ob sie nun Versicherungen verkaufen, Romane schreiben oder Unternehmen führen –
arbeiten nicht nur besser, sie haben Freude an ihrer Arbeit.

Mit Edelmut oder Großmut meine ich »die Noblesse des Her-
zens und des Geistes, Großzügigkeit im Vergeben, Erhabenheit über
Rachsucht oder Groll«. Während der Bürgerkrieg tobte und das
Schicksal der Union praktisch in den Händen Abraham Lincolns
lag, sprach der Präsident im Hause von General George McClellan
vor. Nachdem er festgestellt hatte, daß dieser ausgegangen war, wartete er eine Stunde lang mit seinem Sekretär, John Hay. Als McClellan schließlich nach Hause kam und man ihm mitteilte, Lincoln
warte auf ihn, ließ er ausrichten, er habe sich für den Abend zurück-
gezogen. Lincoln verließ das Haus, während Hay vor Ärger über
McClellans Unverschämtheit förmlich schäumte. Lincoln aber
sagte nur: »Ich würde sogar McClellans Stallknecht sein, wenn er
uns den Sieg bringt.« Das nenne ich wahre Bescheidenheit. Sie ist
verwandt mit Demut. Bescheidene und demütige Menschen erkennt

man an ihrer Selbstbeherrschung. Sie wissen, wer sie sind, besitzen ein gesundes Selbstbewußtsein und sind stolzer auf ihre Taten als auf das, was sie selbst darstellen. Sie nehmen Komplimente mit einer Prise Salz und intelligente Kritik ohne Groll. Solche Menschen lernen aus ihren Fehlern und sehen souverän über die Fehler anderer hinweg. Sie sind ebenso charmante Gewinner wie Verlierer. Der Tennisstar John McEnroe ist weder bescheiden noch demütig. Albert Schweitzer und Einstein waren es. Leider haben wir heute bei weitem mehr McEnroes als Schweitzers und Einsteins; Selbstbeherrschung nimmt ab, während Selbstüberschätzung zunimmt. Wahre Führungspersönlichkeiten erweisen sich als ebenso bescheiden wie demütig.

Offenheit bedeutet für mich die Bereitschaft, neue Dinge auszuprobieren, neue Ideen aufzunehmen, wie bizarr sie auch scheinen mögen; Toleranz für Doppelsinn und Vieldeutigkeit; Veränderungen zu begrüßen, Vorurteile, Befangenheiten und Stereotypen abzulegen. Ein Mensch mit einem freien Geist wertet andere nicht nach ihrer Hautfarbe oder ihrer Religion oder ihrem Beruf und beurteilt Ideen nicht nach ihrer Herkunft. Er hat praktisch jede Speise oder jedes Getränk zumindest einmal probiert, einschließlich Schlangenfleisch, liest unbekannte Schriftsteller, hört sich die CDs seiner Kinder an und interessiert sich für die exzentrischen Darbietungen moderner Performance-Künstler. Diese Offenheit macht ihn vielleicht noch nicht zu einem kritischen Menschen, aber sie inspiriert ihn zu Kreativität und Abenteuer.

Leider sieht es so aus, als verkümmerte unsere Kreativität immer mehr. Ich finde das überaus traurig. Jedes Kind unter zehn Jahren ist nicht nur kreativ, sondern originell, während es den meisten Erwachsenen nicht nur an Kreativität mangelt, sondern auch an Individualität. Stellen sie sich morgens vor ein beliebiges Bürogebäude in der Stadt und zählen sie die Männer, die etwas anderes tragen als einen dunklen Anzug mit der vorschriftsmäßigen Power-Krawatte, deren bevorzugte Farbe momentan Gelb ist. Diese Menschen verdienen sehr viel Geld, häufig tragen sie große Verantwortung, und doch fehlt ihnen entweder die Kreativität oder der Mut, Anzüge zu wählen, die sich von all den anderen unterscheiden. Bedauerlicherweise sind ihr Intellekt und ihre Persönlichkeit meist ebenso konventionell wie ihre Kleidung.

Kreativität ist eine Eigenschaft, die jedem von uns in die Wiege gelegt wurde; aber fast jedem gelingt es, sie irgendwie loszuwerden. Wir sind nicht in der Lage, die Welt um uns herum wirklich wahrzunehmen. Vielleicht bemerken wir eine Blume, aber uns entgeht das Wunder, das sie beherbergt. Wir sind unfähig, ihre überaus komplizierte Struktur zu erkennen, ihre vollkommene Harmonie, ihre verblüffende Farbe. Um unsere Kreativität wiederzuerlangen, müssen wir unsere Fähigkeit zu staunen zurückgewinnen, wir müssen unsere Vorurteile durchbrechen und alles immer wieder neu und unbefangen betrachten – so, wie wir es als Kinder taten. Das bedeutet, das Bekannte uns fremd und das Fremde uns bekannt werden zu lassen.

Je mehr unsere Arbeit uns zu Spezialisten macht, um so mehr müssen wir danach trachten, Generalisten in anderen Bereichen zu bleiben oder zu werden. Um nicht einseitig zu werden, müssen wir die Verwobenheit von Wissenschaft, Ästhetik und Ethik erkennen. Schließlich sind alle menschlichen Bestrebungen miteinander verknüpft. Aber trotz des großen damit verbundenen Risikos fahren wir fort, diesen Zusammenhang zu ignorieren.

Der Chirurg, der Geschäftsführer, der Leiter der Finanzabteilung, der Broker – sie alle müssen mehr über das Ganze in Erfahrung bringen, wenn sie einen Teilbereich wirklich verstehen wollen. Heutzutage können Roboter und Computer praktisch fast alles tun, wozu bislang nur Menschen in der Lage waren. Aber sie können nicht kreativ sein, das heißt, sie können nicht grundsätzlich »für sich selbst denken«. Einstein hat einmal gesagt: »Das Unbegreiflichste am Universum ist seine Begreifbarkeit.« Kreative Menschen versuchen, soviel wie möglich davon zu begreifen. Sie stellen Verbindungen her und suchen dem großen Ganzen, dessen Teil sie sind, irgendwie gerecht zu werden.

Integrität, Hingabe, Bescheidenheit, Menschlichkeit, Offenheit und Kreativität – oder prägnanter: Vision und Tugend –, diese

Eigenschaften schlummern in uns allen, wie verrostet oder verschüttet sie auch sein mögen. Jeder, der die Absicht hat, uns aus dem Sumpf, in dem wir stecken, herauszuziehen, muß beides üben.

Moral, wie sie gerade paßt

Manchmal hat es den Anschein, als gäbe es in Amerika keine Unschuldigen mehr. Oliver North gab vor, ein Patriot zu sein, aber sein Patriotismus endete bei seinem häuslichen Sicherheitssystem und einem Nummernkonto bei einer Schweizer Bank. Teenager verschieben Drogen auf den Straßen von Los Angeles. Selbsternannte Männer Gottes beschwören sonntags die Zehn Gebote und brechen sie an den übrigen sechs Tagen der Woche. Unternehmensspionage ist unsere neueste Wachstumsindustrie, und Wall Street ähnelt mehr und mehr einer Abteilung von Sing-Sing.

Nachdem man den kriminellen Wall-Street-Broker Boesky überführt hatte, interviewte ein Fernsehteam junge Börsenmakler in einer Wall-Street-Bar. Jeder von ihnen äußerte sich bewundernd über Boesky und voller Verachtung über die Börsenaufsichtsbehörde. Wenige Tage zuvor hatte man ein paar von ihrer eigenen Clique erwischt, als sie Spiele spielten, die sogar für Wall-Street-Standards ein wenig zu schnell und zu dreist waren. Es gab keinerlei Bedauern für die jungen Kollegen, die sich derart blamiert hatten. Gewinnen ist nicht alles, es ist das einzige, was überhaupt zählt. Nur Verlierer lassen sich erwischen.

Nach einer weiteren Runde von Verhaftungen auf der Wall Street behauptete ein Investmentbanker gegenüber der *New York Times*, der Anblick seiner Kollegen in Handschellen hätte »jedermann gottesfürchtig gemacht«. Solch späte Einsichten sind sicherlich Normalitäten für Schwerverbrecher in weißen Hemden, wie wir bereits im Verlauf von Watergate beobachten konnten. Warum auch nicht? Fast jeder würde lieber einen Heiligenschein tragen als Handschellen. Aber wie die Enthüllungen über Jim und Tammy Bakker und ihren PTL-(Praise the Lord)Club gezeigt haben, ist die Kirche auch nicht heiliger als Wall Street, aber mindestens ebenso profitabel.

Oliver Norths Demonstration des Profitpatriotismus, das »drekkige Dutzend« von Wall Street und das hochgradig weltliche Abenteuer der Bakkers sind Beweise einer sozialen Krise von enormem Ausmaß.

In dieser äußerst materialistischen Nation besteht die vorherrschende Moral im besten Falle aus Pragmatismus und im schlimmsten schlichtweg aus Verlogenheit. Was gehen uns Gott, das Land oder sonstwer an? Jeder ist sich selbst der Nächste! Das Wohl der Allgemeinheit und das öffentliche Interesse ist dem absoluten Selbstinteresse gewichen. Der alte unternehmerische Geist, den Ronald Reagan so glühend verehrte, läuft Amok, das Land gerät aus den Fugen.

Ted Turner kauft MGM und schlachtet sie aus. General Electric verschlingt RCA, während die Fluggesellschaften sich gegenseitig auffressen. Fernsehprediger quetschen enorme Summen aus den Gläubigen, und die Wall-Street-Händler und Washington-Patrioten verhökern ihre Dienste dem Höchstbietenden. Die Reichen werden reicher, die Armen ärmer, derweil das nationale Defizit sich immer mehr vergrößert. Wie der Dichter William Butler Yeats zu einer anderen Zeit an einem anderen Ort einmal sagte: »The center is not holding.«

Es ist höchste Zeit, dem moralischen Defizit in der westlichen Welt entgegenzuwirken, oder wir werden in einem Scherbenhaufen enden. Moral und Gewissen sind uns nicht freigestellt, sie sind der Kitt, der die Gesellschaft zusammenhält, und diejenige Qualität, die uns von Kannibalen unterscheidet. Ohne Gewissen und Moral werden auch Talent und Macht nicht weiterhelfen.

Teil II

Was macht eine Führungspersönlichkeit aus?

Um im einundzwanzigsten Jahrhundert zu überleben, benötigen wir keine weiteren Manager, sondern eine neue Generation von Führungskräften. Diese Unterscheidung ist wichtig. Führungspersönlichkeiten erfassen Zusammenhänge, erfassen die Gesamtsituation, die sich manchmal gegen uns verschworen zu haben scheint und die uns – ließen wir es zu – unausbleiblich ersticken würde. Manager unterwerfen sich den Gegebenheiten. Aber es gibt noch andere wichtige Unterschiede:

- Manager verwalten – Führungskräfte führen Neuerungen ein
- Manager sind Kopien – Führungskräfte Originale
- Manager bewahren – Führungskräfte entwickeln
- Manager verlassen sich auf Kontrolle – Führungskräfte setzen auf Vertrauen
- Manager haben eine begrenzte Sichtweite – Führungskräfte eine Langzeitperspektive
- Manager fragen »wie« und »wann« – Führungskräfte fragen »was« und »warum«
- der Blick eines Managers ist auf die Zahlen unter dem Strich fixiert; der der Führungskraft auf den Horizont
- Manager akzeptieren den Status quo – Führungskräfte kämpfen dagegen an
- Manager sind die klassischen braven Soldaten – Führungskräfte sind eigene Persönlichkeiten
- Manager führen die Dinge richtig aus – Führungskräfte tun das Richtige

Bei der Zurückeroberung Burmas von den Japanern – eine der epischen Operationen des Zweiten Weltkriegs – führte Field Marshal Sir William Slim von 1943 bis 1945 die 14. britische Armee. Er kannte den Unterschied zwischen Managern und Führern, als er sagte:

Manager sind notwendig, Führungskräfte essentiell. Führungsvermögen entsteht aus dem Zusammenwirken von Persönlichkeit und Vision. Management wird vom Kopf bestimmt, dabei geht es um Kalkulation, Statistik, Methoden, Zeitpläne und Routine.

Jahrelang habe ich immer wieder mit Führungspersönlichkeiten, unter anderen mit Jim Burke bei Johnson & Johnson, John Sculley bei Apple, dem Fernsehproduzenten Norman Lear und nahezu 100 anderen Männern und Frauen gesprochen – einige von ihnen berühmt, andere nicht. Im Laufe meiner Untersuchungen lernte ich auch etwas über den gegenwärtigen Führungstypus und über die Art der Führung, die wir in Zukunft benötigen. Obwohl es Führungspersönlichkeiten jeder Größe, jeden Formats und unterschiedlichster Wesensart gibt – kleine, große, adrette, nachlässige, junge, alte, männliche oder weibliche –, so zeichneten sich doch alle, mit denen ich sprach, durch mindestens zwei gemeinsame Merkmale aus: eine übergreifende Vision und das Anliegen, andere zu leiten.

Führungspersönlichkeiten haben eine fest umrissene Vorstellung von ihren persönlichen und professionellen Zielen und die Kraft, auch angesichts von Rückschlägen oder gar Versagen daran festzuhalten. Sie wissen, wohin sie gehen und warum.

Mr. Wright is Wrong

Die Geschichte von Mr. Tinker und Mr. Wright
illustriert den Unterschied zwischen einem visionären
Leader und einem pflichtbewußten Manager.

Sie handelt von der Übernahme von RCA durch General Electric, die sich mit einem Wal vergleichen läßt, der einen seiner Artgenossen verschlingt. Jahrelang hatte GE großartige Erfolge verzeichnet; auch RCA hatte eine beeindruckende Entwicklung hinter sich und war, dank seiner allseits präsenten Tochtergesellschaft NBC, noch bekannter und einflußreicher als GE.

Nur wenige Jahre zuvor hatte NBC noch das Jammerbild eines Fernsehsenders abgegeben. Dennoch gewann es 1985/86 den Kampf um die Einschaltquoten und konnte diese imponierende Leistung 1986/87 wiederholen. Wie war das möglich? Nun, NBC war das seltene Kunststück gelungen, substantielle Produktinnovation und Produktverbesserung miteinander zu verbinden. Statt an die niederen Instinkte der Zuschauer zu appellieren, konfrontierte es sie mit einer neuartigen Programmgestaltung, die geradezu begeistert aufgenommen wurde.

Der wichtigste »Architekt« dieser erstaunlichen Renaissance war Grant Tinker, der das Unternehmen verließ, kurz nachdem GE es übernommen hatte. Ironischerweise schien sein Nachfolger Robert Wright – ein langjähriger GE-Mitarbeiter – besessen von der Idee, den Vogel zu rupfen. Kurz nach der Übernahme bat er jede Abteilung innerhalb des Networks um Vorschläge für eine fünfprozentige Kostenreduktion – ein Standardverfahren bei GE, dessen Vorsitzender, Jack Welch, den Spitznamen »Neutronen-Jack« verpaßt bekam: Wenn er ein Unternehmen einer »Schlankheitskur«

unterzogen hat, bleibt zwar das Gebäude stehen, die Mitarbeiter jedoch sind in der Regel verschwunden.

Unglücklicherweise erwies sich das, was für GE eine übliche Vorgehensweise war, als äußerst fatal für den Vogel (NBC). In den vergangenen Jahren haben die Fernsehanstalten viele Zuschauer an die aggressiveren unabhängigen Fernsehsender, das Kabelfernsehen und den Videomarkt verloren. Die Werbeeinahmen sind geschrumpft oder schlichtweg im Keller. Wright befürchtete ein starkes Absinken der Gewinne, wenn die Einnahmen nicht steigen und die schleichende Inflation, verbunden mit solch eingebauten Kostensteigerungen wie vertragsgebundenen Gehaltserhöhungen, zunimmt. Gegenüber der *New York Times* äußerte er: »Von meinem Standpunkt aus haben wir keine andere Wahl, als der gleichen Zukunft entgegenzublicken, die sich vor ABC und CBS auftut. Ohne eine Verbesserung der Werbeeinnahmen werden wir, auch bei moderater Inflation, nicht in der Lage sein, unsere Situation zu verbessern. Unser Unternehmen muß das begreifen, damit wir in fünf Jahren wieder erfolgreich sein können.«

Falsch, Mr. Wright. Erstens war es Tinkers Zukunftsperspektive, die NBC zu einer Renaissance verhalf, während ABC und CBS Anteile verloren. Zweitens: Eine erfolgreiche Fernsehanstalt ist, wie jedes andere Unternehmen, nur so erfolgreich wie ihr Produkt. Das einzige Produkt einer Fernsehanstalt sind ihre Programme, und bei NBC sind 50 Prozent der 2000 Westküsten-Angestellten unmittelbar in die Entwicklung dieser Programme involviert. So gesehen ist eine generelle Reduzierung von fünf Prozent nicht nur dumm, sondern geradezu blind. Wenn schon eine Budgetveränderung, dann dergestalt, daß man die Programmabteilung dazu hätte ermuntern sollen, ihr Budget um mindestens fünf Prozent zu steigern.

Angesichts der deprimierenden Zuschauerquoten und der armseligen Werbeeinnahmen hatte sich Tinker in das Idealbild eines Unternehmers verwandelt. Zunächst erkannte er, daß gute Mitarbeiter das wichtigste Kapital darstellen, und ermutigte die Kreativsten der Branche, mit ihren Ideen zu NBC zu kommen. Auch hat er verstanden, daß der Schlüssel zu Reichtum Innovation heißt. In

Zusammenarbeit mit NBCs Chefprogrammgestalter Brandon Tartikoff präsentierte er uns eine neue Art der Programmgestaltung –
eine Polizeiserie ohne Autojagden, eine weitere Polizeiserie, bei der
Ästhetik und der Sound ebenso wichtig sind wie die guten und die
bösen Jungs und ihre Ballermänner; und schließlich Sitcoms über
einen Alkoholiker-Barmann, vier lebenslustige reife Damen und
eine schwarze Mittelschichtsfamilie. *Hill Street Blues, Miami Vice,
Cheers, Golden Girls* und *The Cosby Show.* Diese und andere NBC-
Innovationen, wie *St. Elsewhere,* wo die Ärzte und Krankenschwe-
stern ebenso verletzlich sind wie ihre Patienten, und *L.A. Law,* eine
Serie, bei der die Anwälte ebenso in Bedrängnis geraten wie ihre
Klienten, avancierten zu zeitgenössischer Fernsehunterhaltung –
hervorragend inszeniert und gespielt, anspruchsvoll, innovativ und
manchmal kontrovers.

Mit Ausnahme der *Cosby Show* war keine dieser Serien ein so-
fortiger Hit, dennoch hielten Tinker und Tartikoff in bester unter-
nehmerischer Tradition an ihnen fest. Tinker orientierte sich nicht
an den Zuschauern, er führte sie und veränderte sie gemeinsam mit
NBC selbst.

Auf der anderen Seite sehen wir Wright, der, als er sich bei seiner
Übernahme mit wachsenden Zuschauerquoten und hochfliegenden
Werbeeinnahmen konfrontiert sah, sich als Paradebeispiel eines
pflichtbewußten Managers entpuppte. Unfähig, über die Zahlen
unter dem Strich hinauszublicken, setzte er seinen ganzen Ehrgeiz in
die Kostensenkung statt in die Produktverbesserung. Er scheute
Innovation und stellte vorsichtiges Management über kreatives
Unternehmertum. Gleich nach seiner Übernahme verwarf Wright
den mutigen unternehmerischen Ansatz und wählte statt dessen die
Rolle des reflexiven Managers. Er schien regelrecht darauf erpicht,
aus dem Führer einen Lakaien zu machen. ABC and CBS reduzier-
ten, also mußte NBC es auch tun.

»GE und Bob Wright hätten versagt, wenn wir gewartet hätten, bis NBC stolpert, und dann erst versucht hätten, es zu reparie-
ren«, verteidigte Wright seine sonderbare Vorgehensweise. Selbstverständlich wäre der einzige Weg, NBC profitabel zu erhalten, die

Fortsetzung innovativer Programmgestalltung gewesen. Nicht zurückschneiden – blühen lassen! sollte die Parole heißen. Statt lediglich Zahlen herumzuschieben, hätte Wright besser daran getan, die talentierten Programmgestalter, Produzenten, Drehbuchschreiber und Schauspieler, die Tinker und Tartikoff angeworben hatten, zu ermutigen und anzuspornen. Aber er deklarierte: »Kosten und Profitabilität sind nicht notwendigerweise miteinander verbunden. Es gibt keine Garantie für Marktanteile und keine Garantie, sie zu behalten. Das Geschäft ist durch ungreifbare Faktoren bestimmt: Zuschauergeschmack, Wettbewerb und die Beziehungen zu den Tochtergesellschaften. Es gibt keine Klarheit darüber, wo man sich hinbewegt.«

Tatsächlich hatte Tinker genau gewußt, in welche Richtung er ging. Er wußte, wenn er den Zuschauern weiterhin Sendungen präsentierte, die wirklich neu und ungewöhnlich und darüber hinaus künstlerisch überaus ansprechend sind, würde er sie nicht nur interessieren, sondern auch bei der Stange halten.

Der »Mangel an Klarheit«, den Wright im Hinblick auf NBCs Richtung konstatierte, ist durch ihn selbst erst ausgelöst worden. Nicht nur entließ er in NBCs bestem Jahr 150 Angestellte und schlug weiteren 150 eine vorzeitige Pensionierung vor – er forderte die Abteilungsleiter auf, die Budgets um fünf Prozent zu kürzen. Zu allem Überfluß schalt er die Verwaltungsleute für ihr übervorsichtiges »Belt-and-Suspenders«-Management (obgleich er selbst der typische B-and-S-Mann war) und schlug vor, NBC solle ein von Angestelltenspenden getragenes »politisches Aktionskomitee« gründen.

Es sieht fast so aus, als sei der GE-Mann Wright darauf versessen gewesen, NBC den Hahn zuzudrehen. In Wahrheit ging es jedoch einzig und allein um eine Vorführung für nur einen Zuschauer – seinen Chef Jack Welch, dessen Platz er einnehmen wollte. Hier sei angemerkt, daß nur zwei NBC-Geschäftsführer ihren Posten freiwillig verlassen haben. Einer davon war Robert Sarnoff, der Sohn des Unternehmensgründers. Der andere war Tinker.

Ein Wall-Street-Analyst äußerte sich voller Anerkennung über

Wright: »Er versucht, bei NBC wieder die echte Welt ins Sichtfeld zu rücken.« Weder Wright noch der Analyst verstanden, daß Tinker derjenige war, der die »echte Welt« bei NBC einbrachte, als er entschied, daß mit der Einstellung der besten und kreativsten Leute, denen er Geld und Spielraum gewährte, die Fernsehanstalt florieren würde. Er hatte recht. Die Einnahmen von NBC stiegen während seiner Amtszeit um das Zehnfache. Das Fernsehen erlebte eine Revolution. Die NBC-Sendungen wurden hoch gelobt, gewannen zahllose Preise und ebenso viele Zuschauer.

Zugegebenermaßen war Tinker ein schwer zu übertreffendes Vorbild, aber er war der einzige, der begriff, was Humankapital in der »echten Welt« bedeutete. Manager wie Wright, die ihr halbes Leben damit verbringen, Zahlen zu wälzen, haben diese Botschaft noch immer nicht empfangen. Aber bis die Tinkers die Wrights zahlenmäßig überholen, wird Amerika wohl dazu verdammt sein, weiterhin auf dem unbeständigen Weltmarkt hinterherzuhinken.

Führungsmethoden für die Zukunft

Die Führungskräfte von heute haben eine
anspruchsvolle, aber dankbare Rolle, bedenkt man
die vielfältigen Interessen aller Aktionäre,
die zu berücksichtigen sind.

Eines meiner Lieblingszitate stammt von E. B. White: »Jeden Morgen wache ich mit dem festen Vorsatz auf, die Welt zu verändern und dabei jede Menge Spaß zu haben. Ich muß zugeben, daß das die Tagesplanung mitunter etwas schwierig gestaltet.«

Jede Führungspersönlichkeit von heute vernimmt wohl einen ähnlich herausfordernden Weckruf. Ich würde jedoch eine wichtige Fußnote hinzufügen: Die ehrenwerte Mission des Leiters darf nicht dazu mißbraucht werden, jedes Mittel zu rechtfertigen. Merke: In der Führungsarena zählt Charakter.

Ich sage das nicht so nebenbei. Meine Überzeugung, daß Führungsqualität auf Charakter basiert, ist das Ergebnis jahrelanger Studien und Interviews über und mit Führungspersönlichkeiten, Menschen aus deren Umgebung, ihren direkten Vorgesetzten und Mitgliedern des Vorstands ihrer jeweiligen Unternehmen.

1980 entschloß ich mich, mit vielen Menschen in Führungspositionen zu sprechen. Ich wollte keine Zielgruppenforschung im herkömmlichen Sinne betreiben, sondern durch Tiefeninterviews und Beobachtungen herausfinden, wie die Dinge aus der Nähe aussehen, wobei ich einige Zeit im jeweiligen Unternehmen verbringen wollte, um die Unternehmenskultur hautnah kennenzulernen. Ich interviewte ungefähr 150 leitende Angestellte und zahlreiche Topführungskräfte, angefangen bei den Fortune-500-Unternehmen bis hin zu belegschaftseigenen Unternehmen. Im sozialen Bereich sprach ich mit Politikern, Bürgermeistern, Universitätsdirektoren – wohl der breitesten Palette von Menschen, die man sich vorstellen kann. Meine Arbeit war der eines Reporters nicht unähnlich: Ich hörte den Menschen zu, sog die Informationen ein, um dann zu versuchen, aus dem jeweils Gehörten und Gesehenen einen Sinn zu destillieren.

Am meisten interessierten mich die Ähnlichkeiten. Ich besaß die Naivität, zu glauben, daß ich, nachdem ich eine Anzahl exemplarischer Führungspersönlichkeiten befragt hätte, bestimmte Qualitäten und Charakteristika würde identifizieren können, die allen erfolgreichen Führungspersönlichkeiten eigen seien. Inspiriert vom ersten Satz eines der großen Romane der Weltliteratur – *Anna Karenina*: »Alle glücklichen Familien ähneln sich. Alle unglücklichen Familien sind auf ihre Art besonders«, wollte ich wissen, ob auch alle erfolgreichen Führer sich ähnelten. Neben den offensichtlichen Unterschieden wie Größe und Gestalt, Ausdrucksfähigkeit, vorhandenem oder fehlendem Charisma mußte es etwas Bestimmtes geben, das ihre Führungsfähigkeit ausmachte.

Zwei Ansätze

Bei meiner Arbeit wurde ich von zwei Hypothesen geleitet. Zunächst behaupte ich: Führungsfähigkeit basiert auf Charakter. Das Wort Charakter hat seinen Ursprung im Griechischen, »das Eingeprägte«, und meint das, was wir als Menschen sind und was uns geformt hat. Ich bin der Ansicht, daß Charakter etwas ist, was sich fortwährend entwickelt. Entgegen der Auffassung mancher Freudianer glaube ich nicht, daß er mit sechs Jahren abgeschlossen ist. Ich glaube, wir lernen und wachsen ständig. Folglich ist der Prozeß der die Entwicklung einer Führungspersönlichkeit vorantreibt, der gleiche wie der, den wir auf dem Wege zu persönlicher Integrität durchlaufen. Ich sehe daher eine echte Verbindung zwischen dem, was man braucht, um eine Führungsperson zu sein, und dem Prozeß der Persönlichkeitsbildung. Hätte das Buch *On Becoming a Person* von Carl Rogers diesen Titel nicht schon gehabt, bevor ich mein letztes Buch *Führungskräfte* herausbrachte, so hätte ich ihn damals gewählt.

Betrachten wir die typischen Kriterien, nach denen die meisten Organisationen ihre Führungskräfte und Manager einsetzen und nutzen, so stellen wir fest, daß es in der Regel folgende sind: technische Kompetenz oder kaufmännische Fähigkeiten, Kenntnis des jeweiligen Unternehmensbereichs, Fähigkeit zur Menschenführung, konzeptionelle Fähigkeiten (die Fähigkeit, Dinge miteinander zu verknüpfen), Menschenkenntnis (u. a. die Fähigkeit, die besten Mitarbeiter anzuwerben), Urteilsfähigkeit (die Fähigkeit, kluge Entscheidungen auch angesichts schwieriger Umstände zu fällen) und Charakter.

Die beiden letzteren – Urteilsfähigkeit und Charakter – lassen sich nur schwer vermitteln: Wie wir wissen, sind diese Eigenschaften erlernt, es ist jedoch äußerst schwierig, herauszubekommen, wie sie sich formen.

Niemals habe ich erlebt, daß eine Person wegen ihres Mangels an technischer Kompetenz als Versager abgestempelt wurde, aber ich war oft Zeuge, wie Menschen wegen ihres Mangels an Charakter und Urteilsfähigkeit aus der Bahn geworfen wurden.

Um eine Organisation wettbewerbsfähig zu halten, müssen Führungskräfte ein soziales Umfeld schaffen, in dem intellektuelles Potential wachsen kann. Ich bin der Meinung, daß ein erfolgreiches Unternehmen folgende strukturellen Eigenschaften vorweisen sollte: Schnelligkeit, Zielorientiertheit, Flexibilität, Freundlichkeit und eine angenehme Arbeitsatmosphäre. Fast jeder Unternehmensentwurf funktioniert, wenn die Menschen Freude an ihrer Arbeit haben. Deshalb mache ich mir weniger Sorgen um die Struktur als darum, wie Führungskräfte ihre Leute motivieren.

So wichtig intellektuelles Kapital auch sein mag, es läßt sich nur schwer messen. Vor einiger Zeit brachte die *New York Times* in ihrem Wirtschaftsteil einen begeisterten Leitartikel über IBMs Übernahme von Lotus – eine 3,5-Milliarden-Dollar-Akquisition. Besonders ein Absatz fesselte mein Interesse: »Vielleicht der erstaunlichste Aspekt von IBMs Übernahme ist, daß es ein Unternehmen gekauft hat, dessen Hauptwert nicht seine Maschinen oder Grundstücke sind, sondern der unbeständigste Aktivposten – die Mitarbeiter.«

Da sehen Sie es: IBM kauft Intelligenz. Es kauft phantastische Menschen. Wenn ich mich umsehe und mit leitenden Angestellten von großen oder kleinen Unternehmen spreche, dann bekomme ich oft zu hören: »Meine größte Herausforderung besteht darin, das geistige Potential meiner Mitarbeiter anzuzapfen.«

Ich gebe zu: Menschenführung ist eine sehr persönliche Sache. Bestimmte Führungspersönlichkeiten haben eine größere Begabung, intellektuelles Kapital zu bilden, als andere. Um es einfach auszudrücken: Peitschen und Ketten haben heute keine Wirkung mehr. Wir müssen gründlich darüber nachdenken, welche Qualitäten einer Führungspersönlichkeit zum Erfolg verhelfen, während wir auf das nächste Jahrtausend zusteuern.

Vier Dinge, die die Menschen haben wollen

Was wird von Führungskräften erwartet? Ich habe herausgefunden, daß für die Unternehmen von morgen vier Eigenschaften außerordentlich wichtig sind.

1. Ziel, Richtung oder Bedeutung
2. Vertrauen
3. Optimismus
4. Handeln und Ergebnisse

1. Ziel, Richtung oder Bedeutung. Ich kann nicht genug betonen, wie wichtig Entschlossenheit für das Erreichen eines Zieles ist, Entschlossenheit, die von Überzeugung, Leidenschaft, vielleicht sogar einer schrägen Wahrnehmung der Realität, die sich auf eine ganz besondere Sicht der Dinge konzentriert, getragen wird. Eine Führungsperson muß diese Eigenschaften auf verschiedenste Art und Weise zum Ausdruck bringen. So sagte beispielsweise Michael Eisner einmal zu mir: »Wissen Sie, bei Disney haben wir eigentlich keine einheitliche Sicht der Dinge, aber wir haben eine klare Vorstellung dessen, was die Disney-Kultur ausmacht.« Dann bemerkte er noch: »Wir holen gern Leute mit starken Visionen zu Disney. Es ist irgendwie unheimlich. Jeden Freitag, wenn wir unser Direktorenmeeting abhalten, bei dem Millionen-Dollar-Entscheidungen über die nächsten Zeichentrickfilme gefällt werden, erlebe ich ausnahmslos, daß die Person mit dem überzeugtesten Standpunkt sich auch durchsetzen kann.« Ich finde diese Aussage sehr bemerkenswert.

Max DePree, der mittlerweile pensionierte Vorsitzende von Herman Miller, äußert sich folgendermaßen: »Die erste Aufgabe einer Führungsperson besteht darin, die Realität zu definieren.« Auch so muß man Zielsetzung betrachten. Ohne eine gerade Linie, die die Zielsetzung unterstreicht, wird sich ein Unternehmen bald in Unannehmlichkeiten befinden, denn das Gegenteil von Zielsetzung ist zielloses Umhertreiben. Allerdings muß dieses Ziel sowohl Bedeutung als auch Resonanz haben, sonst wird es andere niemals mitreißen können.

Meine liebste Assoziation beim Thema »Bedeutung« ist eine köstliche Peanuts-Episode mit Lucy und Schroeder. Lucy blickt Schroeder, der Klavier spielt, versonnen an und fragt ihn, ob er wisse, was Liebe sei. Schroeder springt auf, nimmt eine militärische Haltung ein und spult ab: »Liebe. Substantiv. Anziehung oder Zugehörigkeit in bezug auf eine Person oder Personen.« Er setzt sich und spielt weiter Klavier. Lucy macht ein vorwurfsvolles Gesicht: »Auf dem Papier ist er großartig«, stellt sie resigniert fest.

Alle Propaganda in bezug auf Unternehmensziele krankt genau an diesem Problem.

2. Vertrauen. Führungspersönlichkeiten erzeugen Vertrauen und bewahren es. Ich brauche Ihnen nicht zu sagen, wie schwierig das heutzutage ist. Wir leben in einer Welt der Versuchungen, unser menschlicher Zusammenhalt ist verlorengegangen. Ein Kind, das während der Depressionszeit aufwuchs, sagte sich: »Wenn ich wirklich hart arbeite, werde ich erfolgreich sein. Ich muß nichts weiter tun, als geduldig einen Fuß vor den nächsten zu setzen, einen Job zu bekommen und ihn zu behalten.« Heute ist das nicht mehr so einfach.

Vertrauen ist der Kitt des sozialen Zusammenhalts. Ohne Vertrauen kann er leicht verlorengehen, und es ist schwer, ihn wiederherzustellen.

Um anderen Menschen zu vertrauen, uns auf sie zu verlassen, brauchen wir Beweise für deren Kompetenz. Vor einiger Zeit interviewte ich den Hollywood-Produzenten Sidney Pollack. Er führt mit solch einer Sicherheit Regie und ist so hoch angesehen, daß praktisch jeder mit ihm zusammenarbeiten möchte. Nie gibt er jemandem das Gefühl, fehl am Platz zu sein oder etwas Falsches zu tun. Er strahlt die Kompetenz aus, die uns Vertrauen einflößt.

Ein weiterer Aspekt von Vertrauen ist Offenheit. Ich kann die Wichtigkeit von Offenheit nicht genug betonen, sogar wenn sie sich in Form von Widerspruch ausdrückt.

Eine der besten Möglichkeiten, Vertrauen aufzubauen, ist, gut zuzuhören. Spürt ein Mensch, daß wir ihm wirklich zuhören, dann entsteht die ergiebigste menschliche Interaktion. Gutes Zuhören bedeutet nicht, einer Meinung mit dem Sprecher zu sein, aber es zeigt, daß wir versuchen, uns in den anderen einzufühlen und ihn zu verstehen.

3. Optimismus. Fast alle Führungspersonen wiegen sich in dem Glauben, sie dürften, wenn sie ihre Ziele verfolgen, automatisch auf ein glückliches Resultat zählen. So etwas nenne ich eine verquere Wahrnehmung der Realität. Im Gymnasium habe ich gelernt, ein Kriterium geistiger Gesundheit sei, die Realität genau zu erkennen. Ich habe jedoch den Eindruck, daß viele Führungskräfte glauben, die Welt einfach umkrempeln zu können.

Fast alle Führungspersönlichkeiten, die ich kennenlernte, sind so etwas wie Lieferanten von Hoffnung. Ihr Optimismus fasziniert mich, weil er so dynamisch und ansteckend ist. Ich glaube auch nicht, daß sich diese Qualität – falls nicht vorhanden – vortäuschen läßt.

Eine wunderbare Anekdote über Ronald Reagan stammt von

Richard Wirthlin, der sieben Jahre lang Reagans Meinungsforscher war. Eine der Stärken des ehemaligen Präsidenten war seine Fähigkeit, den mitunter dringend notwendigen Optimismus auf die große Masse zu übertragen. Wirthlin erzählt, wie Reagans Beliebtheitsskala 1982, als Amerika sich noch mitten in der Rezession befand, rapide auf 32 Prozent sank. Nur wenige Monate zuvor, kurz nach dem fehlgeschlagenen Attentat, hatte die Skala stolze 90 Prozent angezeigt.

Als Wirthlin Reagan im Büro des Präsidenten aufsuchte, fragte dieser: »Na, wie sieht's aus?« »Nicht gut«, antwortete Wirthlin wahrheitsgetreu. »Wie meinen Sie das?« erkundigte sich Reagan. Wirthlin erklärte: »32 Prozent – so schlimm hat es noch für keinen Präsidenten im zweiten Amtsjahr ausgesehen.« Reagan lächelte: »Machen Sie sich keine Sorgen, Dick, ich gehe einfach nach draußen und versuche, noch einmal angeschossen zu werden.«

4. Handeln und Ergebnisse. Eine weitere, guten Führungskräften eigene Qualität ist ihre Vorliebe für Taten. Damit meine ich die Fähigkeit, Ziel und Vision in Aktivität umzusetzen. Es reicht nicht aus, eine große Vision zu haben, an die man glaubt, sie muß sich auch in irgendeinem Produkt manifestieren. Die meisten Führungspersönlichkeiten sind pragmatische Träumer oder praktische Idealisten. Täglich stürmen sie vor, um zum Tor zu gelangen, als folgten sie dem Spruch des Eishockeyspielers und Philosophen Wayne Gretzky: »100 Prozent der Bälle, die man nicht abfeuert, gehen daneben.«

Wie bildet man Führungskräfte aus?

In jeder Organisation ist es die Aufgabe eines jeden,
Führungspersönlichkeiten zu formen.

Weil wir hauptsächlich durch Beobachtung lernen, beobachten wir
selbstverständlich auch, wie Erfolg oder Versagen innerhalb eines
Betriebs definiert werden. Als gute Beobachter versuchen wir uns
nach diesen Definitionen zu modellieren. Wie also entwickeln Unternehmen ihre Führungskräfte? Sie tun es ständig, gewöhnlich
unbewußt, ungeachtet ihrer spezifischen Definition von Führungsfähigkeit und ohne Rücksicht auf die »heißen« Leute im Unternehmen. Hier einige einfache Richtlinien für das Formen von Führungspersönlichkeiten:

- Identifizieren Sie zunächst diejenigen Mitarbeiter, die sich möglicherweise als Führungskräfte eignen. Identifizieren sie auch diejenigen, die sich als Geburtshelfer und Lehrer von Führungspersönlichkeiten eignen. Als ich das Auswahlkomitee für unseren neuen
Rektor an der University of Southern California leitete, hielten
wir Ausschau nach jemandem, aus dessen Mitarbeiterstab möglichst viele spätere Universitätsrektoren hervorgegangen waren.
Leider werden solche Menschen in den seltensten Fällen belohnt.
Also finden Sie heraus, wie gut diese Lehrer sind, und belohnen
Sie sie.

- Achten Sie darauf, daß die Organisation erkennt, welche Erfahrungen zur Entwicklung einer Führungskraft beitragen. Es gibt
zum Beispiel das Rezept, eine bestimmte Person an die Spitze

einer wichtigen Arbeitsgruppe mit einer hochsignifikanten Problemstellung zu setzen, deren Bewältigung in einem bestimmten Zeitrahmen für das Unternehmen überaus wichtig ist. Das Projekt, bei dem der Führungsanwärter eine Mannschaft aus Mitgliedern verschiedener Abteilungen führt, sollte vom Topmanagement überwacht werden.

Unternehmen, die äußerst erfolgreich im Kreieren von Führungspersönlichkeiten sind, betonen die Wichtigkeit übergreifender Erfahrungen. So gibt es – um ein Beispiel zu nennen – nicht eine einzige Führungskraft bei ARCO oder bei Johnson & Johnson, einer riesigen pharmazeutischen Gesellschaft, die nicht in jeder einzelnen Abteilung des Unternehmens gearbeitet hätte. Sie alle mußten sich gründliche Kenntnisse über das gesamte Unternehmen aneignen, wie Planung, Personalführung, den Umgang mit Computern, juristische Grundlagen und Marktforschung. Sie mußten Erfahrungen sammeln, alles mögliche ausprobieren, sich in der Subkultur auskennen. Kurz: Sie mußten überall gewesen sein, bevor sie nach oben gelangten.

- Je mehr Chefs jemand gehabt hat, desto besser. Menschen lernen von schlechten wie von guten Vorgesetzten. Das meiste lernen sie von solchen mit extremen Eigenschaften, sei es ein Menschenfressertyp oder ein Genialer. Unternehmen sollten eine Art Menüplan für Erfahrungen aufstellen und herausbekommen, in welchen Stadien einer Karriere bestimmte Erfahrungen am produktivsten sind. Neue Mitarbeiter übernehmen gern herausfordernde Tätigkeiten; gewöhnlich schiebt man ihnen jedoch langweilige Arbeiten zu. Ich denke, daß in mittleren Karrierejahren andere Entwicklungserfahrungen nötig sind (zum Beispiel ein fortgeschrittenes Management-Programm an einer Universität) und für den Seniorkarrieristen wiederum andere.

- Ermutigen Sie Führungskräfte, auf Mitarbeiter zu verzichten, die in ihrem Bereich Hervorragendes leisten, und ihnen zu erlauben, ihre Erfahrungen zu erweitern. Schulung und persönliche Betreuung könnte ein Teil davon sein. Überhaupt sollte Betreuung durch einen Mentor zu einem festverankerten Bestandteil der Karriere werden und nicht nur Zufallserscheinung bleiben.

Eine erfolgreiche Führungskraft strebt nicht notwendigerweise eine Führungsposition an. Die meisten der Non-Profit-Unternehmensleiter oder Führungspersonen aus der »Bewegung«, mit denen ich sprach – wie Gloria Steinem, Betty Friedan und andere –, hatten ursprünglich nicht die Absicht, eine »Machtposition« zu erlangen. Ihr Anliegen war es, durch Worte zu überzeugen. Die Tochter des ehemaligen kalifornischen Gouverneurs, Kathleen Brown, sagte einmal, der Unterschied zwischen Frauen und Männern bestehe darin, daß Frauen versuchten, Macht zu erlangen, um ein Problem zur Sprache zu bringen, während Männer ein Problem in Angriff nähmen, weil sie Macht erlangen wollten. Obwohl ich diese Beobachtung sehr interessant finde, muß ich doch einräumen, daß die meisten Menschen, die ich bei meinen Interviews kennenlernte, das Bedürfnis hatten, sich selbst einzubringen – ihr Innerstes nach außen zu kehren –, statt sich nur beweisen zu wollen.

So schwierig es auch angesichts des augenblicklichen Wall-Street-Klimas scheinen mag – Führungskräfte in Unternehmen müssen langfristige Perspektiven entwickeln. Wenn ich mir erfolgreiche Unternehmen anschaue, so stelle ich fest, daß sie fast sämtlich langfristige Strategien verfolgen. Möglicherweise gibt es einige Schlappen, aber grundsätzlich bin ich der Meinung, daß Langzeitperspektive die grundlegende Voraussetzung zum Erfolg darstellt.

Denke ich an die Unternehmen von heute, so gibt es zwei Dinge, die ich für deren Überleben als unbedingt notwendig erachte.

Erstens: Um in den kommenden angespannten Jahren erfolgreich zu sein, müssen die Unternehmen erkennen, daß ihr Wettbewerbsvorteil duch ihre Mitarbeiter erreicht wird, und dies durch ihr Handeln untermauern.

Zweitens: Postbürokratische Organisationen werden eine interaktive Führung brauchen, die gesunde Konflikte provoziert, an übergreifender Ausbildung und Training interessiert ist, Mitarbeiter, die gute Führungsfähigkeiten besitzen, belohnt und diejenigen fördert, die ihr Ego hintanstellen, um das Talent anderer zum Erblühen zu bringen. All diese Maßnahmen können uns helfen, eine neue Form des Führens durchzusetzen. Gelingt uns das, dann hat unser Land vielleicht eine Chance.

Eigenschaften großer Führungs-persönlichkeiten

Erfolgreiche Führungskräfte besitzen Gemein-
samkeiten: Sie haben eine gute Selbsteinschätzung,
fordern Aufmerksamkeit ab, verstehen es,
Sinn zu vermitteln und Vertrauen zu erwecken.

Als ich für mein Buch *Führungskräfte* recherchierte, reiste ich im ganzen Land umher und sprach mit 90 der erfolgreichsten Führungspersönlichkeiten der Nation, von denen 60 in Unternehmen und 30 im öffentlichen Bereich tätig waren.

Die Gruppe der 60 Geschäftsführer in Unternehmen unterschied sich nicht sonderlich von dem Profil anderer Topführungskräfte in Amerika. Ihr Durchschnittsalter betrug 55 Jahre. Die meisten waren männlichen Geschlechts und weiß, dazu kamen sechs Schwarze und sechs Frauen. Was mich überraschte: Sämtliche Unternehmensführer waren noch immer in erster Ehe verheiratet. Nicht nur das: Sie schienen geradezu begeistert von dieser Institution. Beispiele dafür sind Bill Kieschnick, Vorsitzender und Geschäftsführer bei ARCO, und der verstorbene Ray Kroc von McDonald's.

Die Führungspersönlichkeiten aus dem öffentlichen Bereich waren u. a. Harold Williams, damals im Vorstand bei SEC; Neil Armstrong, ein echter amerikanischer Held, den ich an der Universität von Cincinnati traf; drei gewählte Staatsvertreter, zwei Orchesterdirigenten und zwei berühmte Sporttrainer.

Wenn ich irgend etwas aus dieser Forschungsarbeit gelernt habe, dann dies: Als Motor, der die Arbeitenden antreibt und für Erfolg oder Mißerfolg eines Unternehmens verantwortlich ist, erweist sich ausschließlich die jeweilige Führung. Auch wenn Unternehmenskultur und Strategien sich ändern, der Schlüssel zum Erfolg ist und bleibt die Qualität der Führungskräfte.

Führungspersönlichkeiten tun das Richtige, Manager versuchen, etwas richtig zu tun. Beide Rollen sind wichtig, aber sie unterscheiden sich deutlich voneinander. Ich habe oft Menschen in hohen Positionen erlebt, die das Richtige richtig machten.

Vier Eigenschaften großer Führungspersönlichkeiten

Geht man von meiner Definition aus, dann ist eines der Schlüsselprobleme amerikanischer Unternehmen und Organisationen, daß sie übermäßig gemanagt und zuwenig geführt werden. Zum Teil liegen die Ursachen wohl in der Struktur unserer Managementschulen: Wir bringen den Menschen bei, wie man ein guter Techniker oder ein guter Angestellter wird, aber wir bereiten sie nicht darauf vor, andere zu führen.

Mein erstes Ziel war, als Kontrast zu den »guten Managern« Menschen mit Führungsqualitäten zu finden – echte Leitende, die unsere Kultur beeinflussen, soziale Architekten, die Werte schaffen und sie bewahren.

Ich suchte bei diesen Führungskräften Gemeinsamkeiten zu entdecken, eine Aufgabe, die viel gründlichere Untersuchung erforderte, als ich erwartet hatte. Eine Weile glaubte ich viel mehr Unterschiede als Ähnlichkeiten zu finden. Einige von ihnen legten Wert auf ihr Äußeres, andere nicht. Es gibt Führungspersonen, die sich gut artikulieren können, und andere, die eher wortkarg sind, ein paar John Waynes, aber auch genau den entgegengesetzten Typ. Erstaunlicherweise fand ich unter ihnen nur wenige Stereotypen.

Trotz der Unterschiede konnte ich immerhin vier Kompetenzbereiche ausmachen, die sämtliche der 90 untersuchten Personen teilten: Aufmerksamkeit, Sinnvermittlung, Erwecken von Vertrauen und Selbstmanagement.

1. Aufmerksamkeit. Eine der offensichtlichsten Eigenschaften dieser Führungspersonen ist ihre Fähigkeit, andere auf sich zu konzentrieren, nicht nur, weil sie eine Vision, einen Traum oder bestimmte Absichten haben, sondern weil ihre außergewöhnliche Hingabe an die jeweilige Sache andere Menschen für sie gewinnt. Eine dieser Führungspersonen wurde als jemand beschrieben, der bei andern geradezu das Bedürfnis auslöst, sich ihm anzuschließen. Er versteht es, sie in seine Vision einzubeziehen.

Solch charismatischen Führungspersönlichkeiten gelingt es oft, ihren Anhängern eine völlig neue Ebene der Erfahrung zu erschließen. Die folgende Anekdote mag helfen, dies zu verdeutlichen: An eine der Personen, für die ich mich im Zusammenhang mit meiner Untersuchung äußerst stark interessierte, konnte ich einfach nicht herankommen – er weigerte sich schlichtweg, meine Briefe und Anrufe zu beantworten. Dieser Mann war Leon Fleischer, ein ehemaliges Wunderkind, aus dem ein berühmter Pianist, Dirigent und Musikwissenschaftler wurde. Fleischer war die einzige Person, die sich einem Interview immer wieder verweigerte, bis ich endlich aufgab. Einige Jahre später hielt ich mich in Aspen (Colorado) auf, wo Fleischer gerade das Aspen Music Festival leitete. Wieder versuchte ich, ihn zu einem Gespräch zu bewegen – abermals ohne Erfolg.

Eines schönen Tages begegnete ich in der City von Aspen zwei jungen Cellisten, die schwitzend ihre Instrumente schleppten. Ich bot ihnen an, sie in meinem Jeep zum Musikzelt mitzunehmen. Während der Fahrt versuchte ich etwas über Fleischer herauszubekommen. »Ich sage Ihnen, warum er so klasse ist«, meinte der eine. »Er verschwendet niemals unsere Zeit.«

Schließlich erklärte Fleischer sich bereit, nicht nur mit mir zu sprechen, er ließ mich auch bei den Proben zuschauen. Seine Art zu arbeiten läßt sich tatsächlich in dem Satz »Er verschwendet unsere Zeit nicht« zusammenfassen. Während Fleischer mit seinem Orchester arbeitete, verstand er es jederzeit, den anderen seine jeweilige Auffassung derart deutlich zu vermitteln, daß eine intensive Verbindung zwischen ihm und den Musikern zustande kam.

2. Sinnvermittlung. Um ihre Träume und Vorstellungen anderen zugänglich zu machen, sie dafür zu begeistern, müssen Führungspersonen ihre Ideen angemessen vermitteln. Begeisterung und Kommunikation sollten einander ergänzen. Führungskräfte müssen ihre Vorstellungen regelrecht greifbar machen können. Denn wie verlokkend eine Vision auch sein mag, so bedarf es dazu dennoch einer Metapher, eines Wortes oder Modells, das sie anderen nahebringt. Je weitgespannter und komplexer eine Organisation, um so wichtiger diese Fähigkeit. Gute Führungskräfte vermitteln so ihre Ideen den verschiedenen Ebenen eines Unternehmens, ungeachtet der Störmanöver spezieller Interessengruppen und Widersacher.

Als ich noch Universitätsprofessor war, traf ich mich gelegentlich mit Verwaltungsangestellten der Universität, um gemeinsam mit ihnen Ideen auszubrüten, von deren Bedeutung wir durchaus überzeugt waren. Dann taten wir das einzig Richtige: Wir delegierten. Aber wenn das Produkt oder die neuen Richtlinien endlich herauskamen, war die ursprüngliche Idee oft kaum noch zu erkennen.

Dieser Vorgang wiederholte sich so häufig, daß ich ihm den Namen Pinocchio-Effekt gab. (Ich bin sicher, Geppetto hatte keine Ahnung, wie Pinocchio aussehen würde, wenn er ihn fertig geschnitzt hatte.) Der Pinocchio-Effekt überrascht uns immer wieder. Aber weil wir nicht richtig kommunizieren, ähneln die Resultate nur selten unseren Erwartungen.

Wir lesen und hören so viel über Information, daß wir dazu neigen, die Wichtigkeit von Sinn und Bedeutung zu übersehen. Aber je mehr eine Gesellschaft oder Organisation mit Fakten und Bildern überflutet wird, um so größer der Hunger nach Sinnhaftigkeit. Deshalb ist es wichtig, daß Führungskräfte die Fähigkeit haben, ihren Vorstellungen durch das Einbeziehen von Konzepten und Anekdoten einen allgemeinverständlichen Sinn zu verleihen.

Selbstverständlich sind die Führungskräfte in der von mir untersuchten Gruppe bei weitem nicht alle wortgewandt. Dennoch gelingt es ihnen auf unterschiedlichste Weise, andere von ihren Zielen zu überzeugen.

Die Fähigkeit, Aufmerksamkeit zu gewinnen und Bedeutung zu

vermitteln, muß sozusagen aus dem Bauch kommen. Es reicht nicht, das richtige Schlagwort zu kennen, irgendeine originelle Technik zu beherrschen oder einen PR-Menschen damit zu beauftragen, Reden zu schreiben. Sehen Sie sich Frank Dale, den ehemaligen Herausgeber des mittlerweile eingestellten *Herald Examiner*, einer Los-Angeles-Mittagszeitung, an. Dales Bestreben war, seiner Rivalin, der Morgenzeitung *Los Angeles Times*, möglichst viele Marktanteile abzuluchsen. Kurz nach Aufnahme seiner Tätigkeit beim *Herald Examiner* startete er eine Kampagne mit Postern, die den Wettlauf der beiden Zeitungen zum Thema hatten. Die Botschaft: Der *Herald Examiner* wird die *Times* überholen.

Ich interviewte Dale in seinem Büro. Als er sich an seinen Schreibtisch setzte und wie in einem Flugzeug einen Sicherheitsgurt anlegte, konnte ich ein Lächeln nicht unterdrücken. Er tat dies, um mich und alle anderen daran zu erinnern, mit welchen Risiken seine Zeitung konfrontiert war. Er drückte diese Botschaft mit seiner ganzen Person aus. Sie können sich vorstellen, wie man auf den Gängen der Redaktion lästerte. Gleichzeitig vergaß aber niemand, was Dale zu vermitteln versuchte.

3. Erwecken von Vertrauen. Vertrauen ist für alle Unternehmen überaus wichtig, und der wichtigste Aspekt von Vertrauen ist Verläßlichkeit. Wenn ich mit Vorstandsmitgliedern, Führungskräften und Angestellten sprach, bekam ich immer wieder Formulierungen zu hören wie: »Sie ist geradeheraus«, »… eine in sich geschlossene Persönlichkeit«, »Ob man ihn nun mag oder nicht, man weiß immer, warum er etwas tut und wofür er steht.«

Bei einer Pressekonferenz, die Papst Johannes Paul II. gab, als er Amerika besuchte, fragte ihn ein Reporter, wie er die beträchtlichen Ausgaben für den Bau eines Swimming-pools in der päpstlichen Sommerresidenz vertreten könne. »Ich schwimme gern«, antwortete der oberste Kirchenherr, ohne zu zögern. »Nächste Frage, bitte.« Der Papst brachte keine Rationalisierungen oder medizinischen Gründe vor und behauptete auch nicht, das Geld aus einer privaten Quelle erhalten zu haben.

Eine neuere Studie belegt, daß die Menschen bevorzugt einer Person folgen, auf die sie sich verlassen können, auch wenn sie mit deren Ansichten nicht einverstanden sind.

Margaret Thatchers Wiederwahl in Großbritannien ist ein weiteres hervorragendes Beispiel für die Bedeutung von Verläßlichkeit und Integrität. Als sie die Wahlen 1979 gewann, prophezeiten politische Beobachter, die »eiserne Lady« werde in die bisherige Politik der Labour Party zurückfallen. Das tat sie nicht. Statt dessen erschien (als Parodie auf Christopher Frys Theaterstück) ein Artikel in der *London Times* mit der Überschrift »The Lady is not for Returning«. Mrs. Thatcher kehrte nicht zur alten Politik zurück: Sie blieb auf ihrem Kurs, sicher und mit sich einig.

4. Selbstmanagement. Eine weitere Voraussetzung des Führens ist das Formen der eigenen Persönlichkeit, das heißt die Kenntnis der eigenen Qualitäten und deren erfolgreiche Weiterentwicklung. Ohne Selbstmanagement bewirkt Managertätigkeit unter Umständen mehr Schaden als Nutzen. Ebenso wie inkompetente Ärzte machen inkompetente Manager den Menschen das Leben schwer und rauben ihnen ihre Vitalität. Herzanfälle und nervöse Zusammenbrüche sind bekannte Managerkrankheiten, schlimmer noch: Viele Manager sind »Überträger«, die ihre Angestellten ebenfalls krankmachen.

Echte Führungspersönlichkeiten kennen sich selbst; sie kennen ihre Stärken und bauen sie aus.

Die Führungspersonen in meiner Gruppe schienen mit dem Begriff des Versagens nicht viel anfangen zu können. Was Sie oder ich möglicherweise als Versagen bezeichnen würden, nannten sie schlicht »Fehler«. Ich habe während meiner Interviews Synonyme für den Begriff »Versagen« gesammelt und mehr als 20 gefunden: zum Beispiel Versehen, falscher Start, etwas vermasseln oder verpatzen, danebenschießen, vermurksen, stolpern.

Ein Vorstandsmitglied gestand, sein besonderer Kniff auf dem Weg zur Führungskraft sei seine Fähigkeit gewesen, in möglichst kurzer Frist möglichst viele Fehler zu machen, um sie dann zu überwinden. Ein anderer Interviewpartner meinte, Fehler zu machen sei lediglich »eine andere Art, Dinge zu tun«. Diese Führungspersonen lernen aus Fehlern und nutzen sie als Trittbrett zur nächsten Erfahrung.

Als ich Harold Williams, den Vorsitzenden der Getty Foundation, bat, mir diejenige Erfahrung zu nennen, die ihn als Führungspersönlichkeit am meisten geprägt hat, nannte er seine Schlappe bei der Wahl zum Nachfolger Norton Simons. Als es passierte, sei er außer sich vor Wut gewesen und habe nach Begründungen verlangt, die er jedoch sämtlich als idiotisch abtat. Schließlich gestand ihm ein Freund, daß einige der Gründe tatsächlich Hand und Fuß hätten und Williams nicht drumherum käme, sich in bestimmten Aspekten zu ändern. Er tat es und wurde eineinhalb Jahre später zum Vorsitzenden gewählt.

Oder nehmen wir Ray Meyer von der DePaul-Universität, dessen Team schließlich, nachdem es 29 Heimspiele gewonnen hatte, eines verlor. Ich rief ihn an, um zu fragen, wie es ihm gehe: »Großartig«, antwortete er.« Jetzt können wir uns endlich aufs Gewinnen konzentrieren und nicht auf das Nichtverlieren.«

Broadway-Produzent Harold Prince hat die Gewohnheit, Pressekonferenzen zur Ankündigung seines nächsten Stücks am Morgen nach der Premiere einer Show einzuberufen, deren Kritiken er absichtlich noch nicht gelesen hat. Und die Frauenrechtlerin Susan B. Anthony behauptet schlicht: »Versagen ist einfach nicht möglich.«

Selbstverantwortung als Effekt guten Führungsstils

Besitzt eine Organisation gute Führungskräfte, so spürt man das überall. Es drückt sich in Tempo und Energie der Arbeit aus und fördert die Eigenverantwortlichkeit der Belegschaft. Selbstverantwortung ist der kollektive Effekt guter Führung und läßt sich innerhalb einer Organisation oder eines Unternehmens hauptsächlich an vier Symptomen feststellen:

- Die Mitarbeiter verhalten sich selbstbewußt. Jeder einzelne hat das Gefühl, am Erfolg des Unternehmens beteiligt zu sein.
- Die Mitarbeiter sind lernbegierig und kompetent. Führungspersönlichkeiten schätzen Lernwilligkeit und Können – die Mitarbeiter ebenso.
- Die Mitarbeiter sind Teil einer Gemeinschaft. Wo gute Führung waltet, da gibt es ein Team, eine Familie, eine Einheit.
- Die Arbeit wird als interessant und anregend empfunden. Die Mitarbeiter haben Spaß bei ihrer Tätigkeit.

Der folgende Abschnitt ist ein Zitat aus einem persönlichen Gespräch mit David Berltew. Seine Worte fassen die Essenz dieses Kapitels zusammen.

Ich glaube, daß das Fehlen zweier Konzepte innerhalb moderner Organisationen hauptsächlich für die Entfremdung und den Verlust von Sinn und Bedeutung verantwortlich ist, die so viele Menschen in ihrem Arbeitsalltag erleben. Das eine ist das Konzept der Qualität. Die moderne Industriegesellschaft orientiert sich nicht an Qualität, sondern an Quantität, indem sie mehr Waren und Dienstleistungen für jeden schafft. Quantität wird mit Geld gemessen, schließlich sind wir eine geldorientierte Gesellschaft. Qualität wird oft überhaupt nicht gemessen, aber wir würdigen sie intuitiv. Unsere Reaktion auf Qualität ist eine Empfindung. Dieses Gefühl für Qualität ist eng verknüpft mit unserer Erfahrung von Sinn, Schönheit und Werten in unserem Leben. Eng verbunden mit diesem Konzept der Qualität ist das des Engagements, ja sogar der Liebe zur Arbeit. Dieses Engagement wird durch Qualität hervorgerufen und ist die Kraft, die hochproduktiven Systemen Energie gibt. Wenn wir unsere Arbeit lieben, müssen wir nicht durch Hoffnungen auf Belohnung oder Angst vor Bestrafung angetrieben werden. Wir können Systeme schaffen, die uns die Arbeit erleichtern, statt uns mit Überwachung und Kontrolle von Leuten aufzuhalten, die gegen das System ankämpfen oder es ausbeuten wollen.

Merkmale dynamischer Führung

Dynamische Führungskräfte besitzen einige herausra-
gende Persönlichkeitsmerkmale, die ihnen Kraft und
Begeisterung verschaffen, die zum Erfolg führen.

Bei meinen Interviews, die ich gemeinsam mit Burt Nanus mit leitenden Angestellten und begabten Unternehmern führte, die in Amerika Dinge ins Rollen gebracht haben, konnten wir vier essentielle
Tauglichkeitskriterien identifizieren, die sämtliche Führungspersönlichkeiten besitzen sollten:

1. Selbsterkenntnis. Es gibt keinen größeren Lehrmeister als Verantwortung – besonders in jungen Jahren. Verantwortung befähigt
einen Menschen, durch eine Reihe verschiedenster Spiegelungen
sich selbst kennenzulernen. Sämtliche der 90 Personen, die wir im
Zusammenhang mit unserem Buch *Führungskräfte* untersuchten,
schienen über eine ausgezeichnete Selbsterkenntnis zu verfügen,
d. h., sie wußten um ihre Begabung und wie und wo sie sich am besten entfalten ließ. Zu ihren Erkenntnissen waren sie auf sehr unterschiedliche Art gekommen. Lassen Sie mich ein Beispiel nennen: Bei
der Chase Manhattan Bank entdeckte ich, daß viele der Angestellten
auf höchster Ebene bereits einen Auftrag an irgendeinem exotischen
Ort im Ausland erfüllt hatten. Die meisten von ihnen hatten eine
Zeitlang in Übersee gearbeitet.

Ich betrachte es als etwas sehr Positives, Gewohnheiten umzu-
stülpen, den alten Glauben und alte Vorstellungen in Frage stellen zu
müssen, sich selbst als Fremden in einer fremden Welt zu erleben.
Dabei lernt man nicht nur die andere Kultur besser zu verstehen,
sondern auch die eigene – und vielleicht sich selbst.

Um solche Erfahrungen zu machen, muß man aber vielleicht gar nicht unbedingt in ein fernes Land reisen. Ich begreife dieses »ferne Land« mehr als Metapher. Es gibt verschiedene Orte und Positionen innerhalb der meisten Unternehmen, die das gleiche bewirken können, einem Mitarbeiter den sogenannten Tritt ans Schienbein verpassen und ihn dazu bringen, alte Ansichten und Gewohnheiten über Bord zu werfen und sich mit sich selbst auseinanderzusetzen.

2. Offen sein für Feedback. Erfolgreiche Führungskräfte suchen sich vielfältige Quellen, aus denen sie Feedback in bezug auf ihr Verhalten und ihr Auftreten schöpfen. Eine der besten Quellen für ein solches Feedback ist ein Lebensgefährte oder eine Lebensgefährtin. Von den 40 Führungspersönlichkeiten der Fortune-500-Unternehmen, die ich untersuchte, waren alle – bis auf zwei – noch immer mit ihrem ersten Ehepartner verheiratet und äußerten sich enthusiastisch über die Institution Ehe.

Hier zeigt sich wieder die Notwendigkeit einer beständigen Beziehung zu einem Menschen, dem wir absolut vertrauen, jemandem, der uns einen Spiegel vorhält. Ich halte jegliche Quelle positiven Feedbacks für äußerst wichtig. Wir sollten versuchen, uns ihm zu öffnen und es in unser persönliches Wachstum einzubeziehen.

3. Eifer beim Lernen. Ich habe die Erfahrung gemacht, daß erfolgreiche Führungspersönlichkeiten in der Regel großartige Zuhörer und Fragensteller sind. Spricht man mit ihnen über ihre Arbeit, ihren Job, ihr Unternehmen, so reagieren sie begeistert und interessiert. Sie kennen ihre Qualitäten und trachten danach, sie zu entwickeln. Sie sind daran interessiert, sich ständig zu verbessern.

Fast alle Führungspersönlichkeiten, die ich kennenlernte, sind außergewöhnlich hungrig nach neuen Erkenntnissen und haben eine grundsätzlich positive Haltung gegenüber Veränderung. Aber die Erfahrung hat sie gelehrt, daß Veränderung nur dann positiv sein kann, wenn man sich Feedback aussetzt, permanent die Augen offenhält und eifrig Informationenen sammelt. Schließlich wollen sie nicht von Unvorhergesehenem überrascht werden.

4. Neugier und Risikobereitschaft. Die meisten Führungspersönlichkeiten sind abenteuerlustig, risikofreudig und – unglaublich neugierig. Es ist, als gingen sie mit hochgezogenen Augenbrauen durchs Leben. Sie haben keine Angst vor Risiken: Ständig geraten sie in Situationen, deren Gefahren ihnen erst später bewußt werden. Einer beschrieb sich selbst als eine Art Donald Duck, der durch Minenfelder läuft, die hinter ihm explodieren, ohne zu realisieren, in welche Situation er sich bringt. Ein anderer, Norman Lear, zitierte Longfellow, der das Leben mit einer Reise vergleicht. Nicht das Ziel ist das wichtigste für ihn, sondern die Reise selbst.

Ich bin sicher, daß solche Führungspersönlichkeiten eine lange Karriere vor sich haben. Ihrer Neugier, ihre nie endende Faszination für neue Gedanken und Ideen, macht sie zu außergewöhnlichen Menschen und hält sie jung.

5. Konzentration bei der Arbeit. Unter den Führungspersönlichkeiten, mit denen ich sprach, befand sich auch der Gründer und Leiter eines sehr großen und bekannten Unternehmens. Trotz seiner offensichtlichen Erfolge fand ich ihn zunächst irgendwie flach, farblos und wenig wortgewandt. Als ich ihn jedoch besser kennenlernte, entdeckte ich seine unwiderstehliche Hartnäckigkeit. Während einer normalen Unterhaltung in sozialem Rahmen fiel diese Eigenschaft nicht weiter auf, aber genau diese Hartnäckigkeit war es, die ihn zu einer erfolgreichen Führungspersönlichkeit machte. Er überraschte mich damit außerordentlich, ebenso wie mich andere Menschen überraschten, die innerhalb eines gesellschaftlichen Umfelds nicht besonders charmant und gewandt wirkten. Erst als ich Gelegenheit hatte, sie bei der Arbeit zu beobachten, stellte ich fest, wie sehr sie sich konzentrierten, und zwar in einem Maße, das ich nie für möglich gehalten hätte. Ihre »Unbeholfenheit« in anderen Situationen des Lebens war lediglich die Kehrseite ihres Genies.

Es gibt Führungspersönlichkeiten, die vielleicht wenig persönliche Ausstrahlung besitzen, sich jedoch auf ihre Arbeit in einer fast beängstigenden Art und Weise konzentrieren können. Sie sind auf ihr Unternehmen, ihre Ziele, ihre Mission regelrecht fixiert. Bei oberflächlichem Hinsehen hätte ich diese Menschen niemals für derart erfolgreich gehalten, in ihrer eigenen Welt jedoch und im Umgang mit ihren Mitarbeitern waren sie außerordentlich leistungsfähig.

6. Aus Widrigkeiten lernen. Von den großen Führungspersönlichkeiten, denen ich begegnete, haben fast alle irgendwann in ihrem Leben eine Krise oder einen schweren Rückschlag erlitten. Viele, die ich kennenlernte, hatten ein Mißgeschick oder eine Niederlage überwunden, einige hatten mit chronischen Krankheiten zu kämpfen, drei von ihnen waren als Waisen aufgewachsen.

John Wooden, der legendäre Trainer der Universität von Kalifornien in Los Angeles, äußert sich überaus dankbar für die Situationen, in denen er durch Versagen lernen konnte, weil sie – so meint er – ihm zu künftigem Erfolg verhalfen. Der Spruch, den er vorbrachte, hieß wörtlich: »Fit sein für gemeinsame Aktion.« Er war bestrebt, sein Team auf zukünftige Herausforderungen vorzubereiten. Ihm ging es nicht nur darum, eine gute Saison zu erleben oder mehrere Spiele nacheinander zu gewinnen – vielleicht sogar Champion zu werden: Seine Spieler sollten aus beidem – Erfolg und Mißerfolg – lernen und sich so für künftige Einsätze stark machen. Für Wooden besteht darin das Hauptmerkmal eines erfolgreichen Teams.

7. Tradition und Veränderung ins Gleichgewicht bringen. Erfolgreiche Führungskräfte lernen, wie man Tradition und Veränderung ausbalanciert. Für mich selbst war dies außerordentlich schwierig. Während meiner Amtszeit als Rektor der Universität von Cincinnati befand ich mich in einem sehr konservativen, traditionsbewußten Klima. Da ich mich jedoch zu Beginn nicht genügend mit diesen Gegebenheiten und deren historischen Hintergründen befaßt hatte, agierte ich viel zu schnell und machte eine Menge Fehler.

Alfred North Whitehead hat einmal gesagt, eine erfolgreiche Führungspersönlichkeit müsse sowohl an der Tradition festhalten als auch an der Notwendigkeit zur Veränderung. Meine Fixierung auf Verbesserung und Veränderung und die Vernachlässigung der

Prinzipien von Stabilität und Tradition brachten mich in enorme Schwierigkeiten.

Wäre ich jedoch zu sehr durch Konventionen gebunden gewesen, so hätte ich vielleicht einiges nicht gewagt, was sich letztendlich als außerordentlich erfolgreich erwies. Die Schwierigkeit besteht also darin, sich der Tradition bewußt zu sein, ohne sich von ihr Fallen stellen zu lassen.

8. Offener Führungsstil. Als Universitätsrektor praktizierte ich einen relativ offenen Kommunikationsstil. Mein Wunsch war es, das Rektoratsbüro zu einer Art Mini-Universität umzugestalten und allen, die lernen wollten, jederzeit Zutritt zu gewähren. Ich versuchte sogar, es den Trainern gleichzutun, die ein großes Spiel im Hinblick auf Fehler und Erfolge analysieren. Ich wollte über alles, was wir als Verwaltungsteam taten, gemeinsam mit den Studenten reflektieren, auch wenn es bedeutete, mich und die anderen durch Kritik verunsichern zu lassen.

An einem Nachmittag in der Woche öffnete ich mein Büro für alle. Die Campusmitglieder sollten – ohne Terminvereinbarung – einfach hereinspazieren. An manchen Nachmittagen hielten sich bis zu 30 Personen dort auf, saßen herum und hörten zu, wie ich Fragen von Studenten, Universitätsangestellten, Ehemaligen und Eltern beantwortete – manchmal bis zehn Uhr abends! Es entstand ein offenes Forum, wo sich jeder darüber informieren konnte, was in der Universität vor sich ging. Schließlich bat ich auch sämtliche Vorstandsmitglieder, diesen Veranstaltungen beizuwohnen, weil sie es waren, die letztendlich Veränderungen bewirken konnten.

9. Vernünftiger Umgang mit vorhandenen Systemen. Früher oder später erkennt jede Führungsperson, daß sie nicht jedes Problem bewältigen kann, sondern sich sehr stark aufs Personal verlassen und mit dem Verwaltungsapparat arbeiten muß.

Es gab eine Zeit, da glaubte ich, fast alles persönlich regeln zu können. Es dauerte nicht lange, bis ich feststellte, daß dies nicht möglich war, ohne meine Kollegen zu übergehen. Wenn es zum Bei-

spiel ein Problem mit der medizinischen Fakultät gab, so konnte ich
es nicht direkt angehen, ohne die Würde und das Mitspracherecht
des Dekanats zu verletzen. Ich folgte deshalb der Regel: Kommunikation: ja – Entscheidung: nein.

Ein weiterer Gewinn des offenen Forums: Die Leute erkannten,
daß der Rektor nicht der einzige war, der etwas bewirkte – für diejenigen, die dazu neigten, das Universitätsoberhaupt als charismatische Figur zu sehen, die alle Probleme zu lösen vermag, eine wichtige
Erfahrung. Einmal in das Forum einbezogen, begannen sie den sy-
stematischen Aspekt aller Entscheidungen zu begreifen.

10. Als Vorbild und Lehrmeister dienen. Viele Führungspersönlichkeiten sind stolz auf ihre Rolle als Mentoren oder Vorbilder. Auch
für mich bedeutete es die größte Bestätigung, daß zehn meiner Mitarbeiter an der Universität – zwei Frauen und acht Männer – später
selbst außerordentlich erfolgreiche Universitäts- oder Collegeleiter
wurden, die meisten von ihnen an renommierteren Universitäten als
die in Cincinnati. Für mich war das ein Triumph, den ich darauf
zurückführe, daß ich die gesamte Periode meiner Amtszeit als Lernprozeß gestaltete. Wahrscheinlich war ich sogar etwas übertrieben
darauf bedacht, mich zu einer guten Führungspersönlichkeit zu entwickeln. Ich nutzte die Erfahrung didaktisch – »ich drehte mir
meine eigene«, sozusagen. Die ganze Zeit über erfand ich meine
Rolle immer wieder neu. Währenddessen lernten alle, besonders
diejenigen, die direkt mit mir zusammenarbeiteten, was man tun
und was man besser lassen sollte.

Kreative Führung

Führungspersönlichkeiten schaffen Visionen,
Vertrauen, Sinn und eine gesunde Arbeitsatmosphäre –
falls sie die Bürokratie überleben.

Beim Führen geht es um Innovation und Neueinführung, beim Management um Reproduktion und das Verwalten des Status quo. Gute Führung ist kreativ, anpassungsfähig und beweglich; sie hält den Blick auf den Horizont gerichtet statt auf die Zahlen unter dem Strich. Eine Führungspersönlichkeit tut das Richtige: Sie verfolgt einen Traum, ein Ziel, einen Weg.

Joseph Campbell stellt fest, daß viele Menschen ihr Leben damit verbringen, eine Leiter hochzuklettern, um – sobald sie oben angekommen sind – zu erkennen, daß sie sich auf der falschen Seite der Wand befinden. Die meisten Organisationen, die rote Zahlen schreiben, sind überverwaltet und schlecht geführt. Ihre Manager arbeiten sich – engagiert und effizient – an den falschen Dingen ab. Sie klettern auf der falschen Seite die Wand hoch.

Management hat mit Effizienz zu tun, Führen mit Effektivität. Beim Management dreht sich alles um das »Wie«, beim Führen geht es um das »Was« und »Warum«. Manager beschäftigen sich mit Systemen, Vorgehensweisen, Strukturen und Kontrolle, Führungskäfte sind um Menschen und um Vertrauen bemüht.

Sechs Dinge, die eine Führungspersönlichkeit leisten muß

Unter den vielen Dingen, durch die sich die Kreativität einer Führungspersönlichkeit erweist, sind folgende sechs von äußerster Wichtigkeit.

1. Eine überzeugende Vision schaffen. Wenn Sie Menschen führen wollen, müssen Sie fähig sein, sie zunächst von Ihrer Vision zu überzeugen, um diese dann in eine bestimmte Tätigkeit umzusetzen. Führungspersönlichkeiten inspirieren ihre Mitarbeiter und lassen sie dann eigenverantwortlich handeln, sie ziehen sie an, statt sie anzutreiben. Auf diese Art bringen sie Menschen dazu, sich mit der Aufgabe und dem Ziel zu identifizieren. Belohnung oder Bestrafung sind in diesem Zusammenhang überflüssig. Als ich dies einmal bei einem Vortrag bei AT&T äußerte, zeigte mir eine der Zuhörerinnen, die eine gehörlose Tochter hatte und deshalb die amerikanische Gebärdensprache beherrschte, das Zeichen für »managen«. Sie streckte die Hand aus, als versuchte sie ein Pferd mit dem Zügel zu bändigen. »Und dies ist das Zeichen für ›Führen‹«, erklärte sie. Sie kreuzte die Arme vor der Brust und bewegte sie hin und her, in der Art, wie man ein Baby wiegt. Ich war von dieser Darstellung sehr beeindruckt.

2. Ein Klima von Vertrauen herstellen. Als nächstes müssen Sie lernen, wie man Vertrauen gewinnt und erhält. Sie müssen Ihre Mitarbeiter dafür belohnen, daß sie Ihnen widersprechen, Sie müssen Neuerungen begrüßen und Fehler tolerieren. Entlassen Sie niemanden, weil er etwas verpatzt hat. Aber denken Sie immer daran: Vertrauenswürdigkeit läßt sich nicht durch bestimmte Techniken erlernen, sie muß durch den Charakter einer Führungsperson ausgelöst werden.

Um Vertrauen zu schaffen, benötigen Sie drei Eigenschaften:

- *Kompetenz.* Ihre Gefolgsleute müssen Vertrauen zu Ihrer Befähigung gewinnen.

  Einer meiner Interviewpartner war der Filmregisseur Sidney Pollack, mit dem fast jeder Filmschaffende arbeiten möchte, weil sein Ruf, hervorragende Filme zu machen, durch eine Reihe von Oscars belegt ist. Er gilt darum allgemein als absolut kompetent in seinem Metier.

- *Integrität.* Persönliche Stimmigkeit ist eine weitere Voraussetzung für Führungsfähigkeit. Zwischen Ihren Worten und Handlungen muß Übereinstimmung herrschen, die sich aus Ihrem innersten Wollen und Streben – Ihrer Vision – herleitet. Im allgemeinen folgen die Menschen lieber demjenigen, auf den sie sich verlassen können – auch wenn sie dessen Ansichten unter Umständen nicht teilen –, als jemandem, mit dem sie zwar einer Meinung sind, der jedoch seinen Standpunkt häufig wechselt.

- *Beständigkeit.* Die Menschen brauchen das Gefühl, daß der, dem sie folgen, auf ihrer Seite ist und zu ihnen steht.

Verkörpert eine Führungskraft Integrität und Beständigkeit, so wird es ihr nicht schwerfallen, Vertrauen zu gewinnen und zu erhalten.

3. Sinn vermitteln. Sie beginnen mit einer Vision. Sie bauen Vertrauen auf. Sie schaffen Orientierung. Eine Führungskraft kann Sinn vermitteln, indem sie eine Atmosphäre bewirkt, in der die Mitarbeiter ständig an ihr gemeinsames Bestreben bzw. die Mission erinnert werden, die das Unternehmen verfolgt. Eine gute Führungsperson formt das Verhalten, das ein Unternehmen seinen Zielen näherbringt. In Osteuropa verstehen es die neuen Machthaber ausgezeichnet, Sehnsüchte und Ziele ihrer Mitmenschen in Worte zu kleiden. Ob es sich um einen Bühnenautor in Tschechien handelt, um den ehemaligen Journalisten, der jetzt Ministerpräsident von Polen ist, oder den derzeitigen Ministerpräsidenten von Rumänien – einen Dichter: Alle haben sie die Gabe, Sprache auf wunderbare Art und Weise einzusetzen. Diese Fähigkeit ist überaus wichtig, um das Interesse der Gefolgsleute lebendig zu halten. Worte sind mächtig. Sorgen Sie dafür, daß Ihre Worte durch eine Idee oder ein Konzept Beweiskraft und Bedeutung bekommen.

4. Aus einem Fehlschlag einen Erfolg machen. Erfolgreiche Leader beurteilen und behandeln »Versagen« anders als allgemein üblich. Für die meisten Menschen impliziert das Wort »Versagen« etwas Fatales, Endgültiges. Führungspersönlichkeiten hingegen begrüßen Fehler oder Mißgeschicke geradezu. Sogenanntes Versagen wird von ihnen lediglich als »Fehler« oder »Ausrutscher«, als »Versehen« oder

»Verirrung«, »Patzer« oder »falsche Herangehensweise« bezeichnet.

Die meisten Menschen, die ich interviewte, legten es regelrecht auf Fehler an, weil sie der Ansicht waren, daß jemand, der keine Fehler macht, sich nicht genug anstrengt. Der Fernsehproduzent Norman Lear sagte zu mir: »Wo immer ich stolpere, liegt der Schatz begraben.« Und Katherine Graham, die Herausgeberin der *Washington Post*, meinte: »Für mich ist ein Fehler einfach eine andere Art, Dinge zu tun.«

Ganz gleich, welchen Lebensweg die Führungspersönlichkeiten, die ich traf, auch hinter sich hatten oder welcher Institution sie angehörten, sie alle betrachteten Fehlschläge, private Dramen oder Zustände absoluter Verzweiflung als eine Voraussetzung für persönliches Wachstum. Es sieht fast so aus, als ob in dem Augenblick, wo das Schwert sie durchbohrte, jene Unverwüstlichkeit in ihnen entstand, die Führungspersönlichkeiten auszeichnet.

Erfolglose Menschen lernen in der Regel nicht aus ihren Fehlern. Sie machen den lieben Gott oder andere dafür verantwortlich – niemals sich selbst. Alle erfolgreichen Führungspersönlichkeiten, die ich traf, setzen Lernprozesse in Gang, indem sie ihren Gefolgsleuten klarmachen, daß so etwas wie Versagen einfach nicht existiert. Fehler vermitteln Feedback und signalisieren uns, was wir als nächstes tun müssen.

5. Ein gesundes Arbeitsklima schaffen, wo Selbstverantwortung gefordert wird. In den Vereinigten Staaten haben wir ein grundsätzlich ambivalentes Verhältnis zur Autorität, dafür verehren wir unsere einsamen Helden um so mehr und pflegen den Mythos von Outlaws oder Cowboys à la John Wayne oder Gary Cooper. Die Verherrlichung des Individuums ist tief verwurzelt in unserer Kultur. Unsere Nation wurde von Pionieren gegründet, die zum großen Teil in ihren Herkunftsländern unterdrückt worden waren – Autoritäten sind uns daher immer suspekt gewesen. Hinzu kommen die Enttäuschungen über Führungsfiguren in der jüngeren Geschichte. Tatsächlich verursachen viele Manager mehr Schaden als Nutzen. Denken Sie einmal an Ihre eigenen Erfahrungen am Arbeitsplatz. Haben Sie nicht auch schon für jemanden gearbeitet, der Sie ohne Grund nervös machte, Sie gar zur Weißglut trieb? Weil viele Führungskräfte keine eindeutigen Botschaften vermitteln und man nie weiß, was sie gerade im Schilde führen, entsteht unnötiger Streß und Energieverlust. Manche Führungskräfte reagieren ihre Unsicherheit an den Mitarbeitern ab und machen so die Zusammenarbeit unmöglich.

Effektive Führerung stärkt die Arbeitskraft. Ein kraftvolles Arbeitsteam zeichnet sich durch eine überaus starke Einsatzbereitschaft aus. Durch den kollektiven Lernprozeß entwickeln die Mitarbeiter ein Gefühl menschlicher Zusammengehörigkeit, das auch von den Kollegen, die sich persönlich nicht nahestehen, geteilt wird. Sie fühlen sich kompetent und erachten ihre Arbeit als sinnvoll. Dabei ist die Gewißheit, wichtig zu sein und ernstgenommen zu werden, von äußerster Bedeutung.

Gute Führungskräfte vermitteln ihren Mitarbeitern den Eindruck, sich im Zentrum des Geschehens zu befinden und nicht bloß an der Peripherie. Jeder einzelne ist sich seines Beitrags zum Erfolg des Unternehmens bewußt. Die Mitarbeiter sind ausgeglichen, sie empfinden sich als wichtig, was wiederum ihrer Arbeit Sinn verleiht.

Über all diese Aspekte hinaus muß eine gute Führungskraft in der Lage sein, ihren Mitarbeitern auch Spaß an der Arbeit zu vermitteln – sie sollten sich auf die Arbeit freuen, einen »Kick« durch sie bekommen. Um mit Noël Coward zu sprechen: »Arbeit sollte mehr Spaß machen als Spaß.«

6. Flache Hierarchien und flexible Organisationsformen entwickeln.
Bürokratische Systeme bringen keine Führungspersönlichkeiten hervor, sondern Manager und Bürokraten. Sie produzieren übergenaue Pedanten, die Zylinder tragen statt Sombreros. Bürokratien können sich nur in stabilen Zeiten halten, in Zeiten von Veränderung und Umwälzung hingegen erweisen sie sich in der Regel als außerordentlich uneffektiv. In einer turbulenten Welt wie der unseren verwandelt sich die Umgebung für die Verwaltung in eine unko-

ordinierte, ständig im Fluß befindliche Angelegenheit. Zu solchen Zeiten scheint die Bürokratie besonders unbrauchbar, da sie lediglich die Lektionen von gestern wiederholt. Darüber hinaus haben Bürokratien die Tendenz, echte Führerschaft zu unterbinden, da Führungspersönlichkeiten Systeme aus dem Gleichgewicht bringen, Unordnung und Instabilität verursachen, möglicherweise sogar Chaos. Kurz: Sie ändern genau das System, auf dem Bürokratie basiert.

Gesundheitswesen und Telekommunikation sind Industriezweige, die im Laufe des jetzigen Faustrecht-Jahrzehnts in Mitleidenschaft gezogen werden. Das Gesundheitswesen leidet unter immensem technologischem Druck und unter Regulierungsproblemen. Eine sich verändernde Demographie, Herausforderungen, die die Umwelt an uns stellt – all das betrifft die Bereiche Telekommunikation und Gesundheitswesen mehr als jeden anderen Wirtschaftssektor.

Heutzutage beurteilt man Unternehmen nach ihrer Fähigkeit, im Rahmen einer sogenannten Echtzeitwelt zu operieren. Veränderungen im Management stellen eine ultimative Herausforderung für Führungskräfte dar. Wir brauchen starke Führungspersönlichkeiten in Unternehmen und Organisationen, die auf einem Netzwerk oder einem Modell flacher Hierarchien fußen, deren Schlüsselbegriffe Anerkennung, Erneuerung und Selbstverantwortung sind. Organisationen, die noch immer an bürokratischen Systemen mit den Schlüsselbegriffen Kontrolle, Ordnung und Berechenbarkeit festhalten, werden das Rennen nicht durchstehen. Viele haben bereits aufgegeben; fast die Hälfte der Fortune-500-Unternehmen zwischen 1979 und 1989 existiert nicht mehr, weil es ihnen an Flexibilität und Anpassungsfähigkeit mangelte. In diesem Jahrzehnt brauchen wir mehr Führung und weniger Bürokratie. Entweder wir verändern uns, oder wir werden untergehen.

Drei Wege,
kreative Führung zu unterminieren

In Organisationen jeglicher Größe und jeglichen Typs haben wir es fertiggebracht, kreative Führung zu vernichten, und zwar so:

Den Schwerpunkt auf Management statt auf Pioniergeist legen. Viele amerikanische Unternehmen sind gut gemanagt und schlecht geführt. Manager mögen Routineaufgaben gut bewältigen, aber sie machen sich nicht die Mühe zu fragen, ob dies oder jenes überhaupt getan werden muß. Routinearbeit erstickt Kreativität und Veränderungswillen. Weil sie jedoch besser von der Hand geht, gibt es einen unbewußten Antrieb, uns derart in sie zu verstricken, daß wir die wirklich wichtigen Fragen aus dem Blickfeld verlieren.

Bestehen auf Harmonie und Schein-Einigkeit. Der Zusammenhalt innerhalb der meisten Organisationen basiert auf einem allgemeinverbindlichen Wertesystem. Jeder, der die bestehende Unternehmenskultur nicht anerkennt, wird zum Außenseiter abgestempelt. Dabei führt Einmütigkeit und Gleichförmigkeit unweigerlich zu Stagnation, während die Person, die die Dinge aus einem anderen Blickwinkel betrachtet, womöglich das ausschlaggebende Glied zu Veränderung und Neuorientierung sein könnte. Jede Führungskraft braucht wie König Lear mindestens einen Hofnarren, um das, was heilig ist, in Frage zu stellen und die Ankunft einer kosmischen Verschiebung anzukündigen.

Destruktive Talente belohnen. Unsere Einstellung gegenüber Führungspersönlichkeiten ist von Leuten wie Gary Hart, Ivan F. Boesky und Oliver North verdorben worden. Diese drei haben zwei wichtige Voraussetzungen echter Führungsfähigkeit: Ehrgeiz und Expertentum; aber sie lassen eine dritte, äußerst wichtige, vermissen: persönliche Integrität.

Drei Fähigkeiten,
nach denen man Ausschau halten sollte

Um die Barrieren zu guter Führerschaft zu durchbrechen, müssen
Unternehmen nach Führungskräften Ausschau halten, die drei seltene Qualitäten aufweisen:

Die Fähigkeit, eine Vision zu formulieren. Führungskräfte müssen
eine bezwingende Vision erschaffen, die den Mitarbeitern neue
Erfahrungswelten eröffnet, und sie dann verwirklichen. Der ehemalige Hauptgeschäftsführer der Scandinavian Airlines Systems gilt in
diesem Punkt als absolut vorbildlich. Seine Vision war, SAS zu einer
der wenigen Fluglinien zu machen, die das Jahr 2000 überleben
würden. Um das zu erreichen, entwarf er zwei Ziele: erstens sollte
SAS in 100 verschiedenen Aspekten ein Prozent besser sein als seine
Mitwettbewerber; zweitens wollte er eine Marktnische schaffen,
wobei er sich auf die Geschäftsreisenden konzentrierte. Um das zu
erreichen, brach er aus dem herkömmlichen pyramidalen Organisa-
tionsschema aus und stellte kleine autonome Arbeitsgruppen
zusammen. Er entwickelte Profitbeteiligungspläne und forderte die
Gruppen auf, jede einzelne Interaktion mit dem Kunden zu einem
bedeutungsvollen »Augenblick der Wahrheit« werden zu lassen.

Die Fähigkeit, Fehler zu bejahen. Kein Fehler passiert ohne Grund.
Fehler und Versagen fordern immer eine Erklärung. Mehr noch, die
Fähigkeit, Fehler zu bejahen, ist notwendiger Bestandteil einer Ar-
beitssituation, bei der Risikobereitschaft eine der Voraussetzungen
ist. Der erfolgreiche Filmregisseur Sidney Pollack vermittelt seinen
Leuten, daß der einzige Fehler darin bestehe, nichts zu tun.

Die Fähigkeit zu konstruktiver Kritik. Echte Führungspersönlichkeiten wissen, wie wichtig es ist, jemanden um sich zu haben, der ihnen
die Wahrheit sagt. Solcherart Mitarbeiter – er nannte sie »Contrari-
ans« – ermutigte Lee Iacocca ausdrücklich dazu. Meine zuvor
bereits erwähnte Entdeckung, daß viele Führungskräfte noch immer

mit ihrem ersten Partner verheiratet waren, bezeugt vielleicht, daß der Ehepartner bzw. die -partnerin die einzige Person ist, der wir völlig vertrauen können. Die Kritik, die wir durch ihn oder sie erfahren, ist insofern reflektiv, als sie uns erlaubt, mehr über uns selbst und über den anderen herauszufinden. Plato hatte wie gewöhnlich recht, als er sagte: »Alles Lernen ist im Grunde eine Form von Wiedererlangung und Reflexion.«

Drei Fragen, die man stellen sollte

Die Effektivität einer Führungskraft läßt sich anhand folgender drei Fragen messen:

Fühlen Ihre Mitarbeiter sich wichtig? Bei guter Führung haben sie das Gefühl, etwas Bedeutendes zu leisten.

Wird die Arbeit als interessant und anregend empfunden? Führungspersönlichkeiten drängen nicht, sie »ziehen« ihre Mitarbeiter zu einem Ziel hin, indem sie die Arbeit zu einer Herausforderung machen, die nicht nur Anregung, sondern auch Spaß mit sich bringt. Solch ein Führungsstil befeuert die Mitarbeiter und motiviert sie, indem sie sich mit den Zielen ihres Leiters identifizieren. Auf lange Sicht ist diese Vorgehensweise bei weitem effektiver als Lenkung durch Zwang.

Verkörpert die Führungsperson die ethischen Werte des Unternehmens? Wenn das ethische Verhalten einer Führungskraft deutlich von den inoffiziellen Normen eines Unternehmens abweicht, muß es zwangsläufig zu Schwierigkeiten kommen. Widersprüchliche Botschaften in bezug auf ethische Werte sind schlichtweg destruktiv. Gandhi hat einmal gesagt: »Wir selbst müssen die Veränderung sein, die wir für die Welt wollen.« Der Status quo wird uns nicht helfen, weiterzukommen – soviel kann ich Ihnen garantieren.

Führungspersönlichkeiten
erfinden sich selbst

Wir selbst sind das Rohmaterial, aus dem
wir uns erfinden und formen müssen, während wir
vorwärtsschreiten.

Führungspersönlichkeiten haben unterschiedliches Aussehen und unterschiedliche Persönlichkeitsmerkmale – klein, groß, adrett, schlampig, jung, alt, männlich und weiblich. Nichtsdestoweniger scheinen sie einige, wenn nicht gar sämtliche der folgenden fünf Eigenschaften zu teilen:

Vision. Die erste grundsätzliche Voraussetzung für gute Führerschaft ist eine übergreifende Vision. Die Führungskraft muß eine festumrissene Vorstellung von ihren professionellen und persönlichen Zielen haben – und die Kraft, auch angesichts von Rückschlägen oder Versagen daran festzuhalten. Wenn wir nicht wissen, wohin wir wollen und warum, dann ist es uns unmöglich, diese Ziele zu erreichen.

Leidenschaft. Die zweite wichtige Zutat für erfolgreiches Führen ist Leidenschaft. Ich meine damit die grundlegende Begeisterung für die Versprechen des Lebens, verbunden mit der besonderen Passion für eine bestimmte Berufung, einen Beruf oder eine Aufgabe. Eine gute Führungskraft liebt ihre Arbeit und arbeitet für das, was sie liebt. Tolstoi sagt, Hoffnungen seien die Tagträume der wachen Menschen. Wenn wir keine Hoffnung haben, können wir nicht überleben, geschweige denn uns weiterentwickeln. Die Führungspersönlichkeit, die Leidenschaft in uns zu wecken vermag, schenkt uns gleichzeitig Hoffnung.

Integrität. Eine weitere wichtige Voraussetzung für erfolgreiche Menschenführung ist Integrität. Ich möchte diesem Begriff drei Qualitäten zuordnen: Selbsterkenntnis, Aufrichtigkeit und Reife.

Selbsterkenntnis. »Erkenne dich selbst« lautet eine Inschrift des Apollotempels in Delphi. Von jeher war dies eine der schwierigsten Aufgaben, denen wir uns gegenübersehen. Bis wir uns nicht mit all unseren Stärken und Schwächen erkannt haben und nicht wissen, was wir wollen und warum, können wir nur im oberflächlichsten Sinne des Wortes erfolgreich sein. Führungspersönlichkeiten belügen sich niemals selbst, sie kennen ihre Mängel, aber auch ihre Vorzüge, und diese wenden sie unmittelbar an. Sie sind Ihr eigenes Rohmaterial. Wenn Sie wissen, woraus Sie gemacht sind und was Sie daraus machen wollen, dann können Sie damit beginnen, sich selbst zu erfinden.

Aufrichtigkeit. Aufrichtigkeit ist der Schlüssel zur Selbsterkenntnis. Aufrichtigkeit basiert auf Ehrlichkeit des Denkens und des Handelns, dem Festhalten an Prinzipien und einer fundamentalen geistigen Gesundheit. Ein Architekt, der eine Bauhaus-Glaskonstruktion mit einer viktorianischen Kuppel entwirft, besitzt keinerlei professionelle Integrität, ebensowenig wie eine Person, die von ihren Prinzipien abweicht, nur um zu gefallen.

Reife. Eine Führungsperson muß Reife besitzen, denn Führen bedeutet nicht nur, einen Weg zu zeigen oder Befehle zu erteilen. Für den Reifungsprozeß sind vielfältige Erfahrungen und Lernprozesse notwendig. Zuerst müssen wir lernen, uns einer Sache völlig hinzugeben und die Fähigkeit entwickeln, mit anderen zu arbeiten und von ihnen zu lernen. Wir müssen uns um Ehrlichkeit bemühen und Servilität vermeiden. Wenn wir diese Fähigkeiten in uns gefestigt haben, sind wir auch in der Lage, sie in anderen zu fördern.

Vertrauen. Integrität ist die Basis von Vertrauen, das nicht so sehr ein Bestandteil des Führens ist als vielmehr dessen Produkt. Es ist eine Qualität, die man nicht erlernen kann, man muß sie sich im

Umgang mit Mitarbeitern und Gefolgsleuten verdienen. Ohne Vertrauen kann Führung nicht funktionieren.

Neugier und Mut. Zwei weitere Aspekte des Führens sind Neugier und Mut. Führungspersönlichkeiten sind geistig rege, sie möchten soviel wie möglich lernen, sie sind bereit, Risiken einzugehen und zu experimentieren. Eine Führungspersönlichkeit hat keine Versagensängste, sie begrüßt Fehler, weil sie weiß, daß sie den Lernprozeß vorantreiben.

Mikrowellenhelden oder McLeaders

Ich habe Ihnen die wichtigsten Voraussetzungen des Führens genannt. Ich bin jedoch nicht der Ansicht, daß es sich dabei um Merkmale handelt, die uns in die Wiege gelegt werden oder sich nicht verändern lassen. Im Blick auf zahllose entthronte Könige und unfähige Erben großer Reichtümer wird uns bestätigt, daß wahre Führungspersönlichkeiten nicht geboren werden, sondern gemacht, gewöhnlich selbstgemacht. Führungskräfte erfinden sich selbst. Sie sind auch nicht in einem Wochenendseminar machbar, wie viele Vertreter jener Führungstheorie behaupten, von der ich gern als Mikrowellentheorie spreche: Schieben Sie Herrn Müller oder Meier hinein, und heraus kommt McLeader in nur sechzig Sekunden.

Millionen Dollar werden jährlich an solche Möchtegernleader verschwendet; viele Großunternehmen bieten Führungskurse an. Leider ändert es nichts daran, daß Amerika seine Vormachtstellung auf dem Weltmarkt verloren hat. Ich würde behaupten, daß sich mehr Führungspersönlichkeiten durch Zufall, bestimmte Umstände oder schieren Mut oder Willen herausgebildet haben als durch sämtliche Führungskurse zusammen.

Führungskurse können bestimmte Fertigkeiten vermitteln, aber sie können uns nicht die Fähigkeit zu Vision oder Charakter lehren – und das versuchen sie ja auch gar nicht. Charakter und Vision sind – wie ich noch einmal betonen möchte – ein Bestandteil der Selbsterfindung einer Person.

Was ich über Führungskräfte sage, trifft mehr oder weniger auf uns alle zu: Wir selbst sind unser eigenes Rohmaterial. Nur wenn wir wissen, woraus wir gemacht sind und was wir daraus machen möchten, beginnen wir wirklich zu leben.

Der Fernsehproduzent Norman Lear drückte es so aus: »Einerseits sind wir eine Gesellschaft, die stolz auf ihren Individualismus ist, andererseits tolerieren wir echte Individualität gar nicht. Wir möchten die Gesellschaft homogenisieren.«

Vorteile der Selbsterfindung für Frauen und Männer

Die Vorteile, ja sogar die Notwendigkeit von Selbsterfindung wird durch eine Reihe von Studien belegt. Männer mittleren Alters, die einen Herzanfall erlitten haben, tendieren dazu, ihre Karriere an den Nagel zu hängen und andere Wege einzuschlagen. Mit ihrer eigenen Vergänglichkeit konfrontiert, realisieren sie, daß ihre bisherige Tätigkeit nicht ihren wirklichen Wünschen und Bedürfnissen entsprach.

Eine weitere Studie beweist, daß der Grad der Zufriedenheit bei Männern über fünfzig davon abhängt, inwieweit sie ihre Jugendträume verwirklichen konnten. Dabei geht es nicht so sehr um deren Erfüllung als um kontinuierliches Festhalten daran. Das bedeutet, daß die spirituelle Dimension einer kreativen Anstrengung sich aus dem aufrichtigen Kampf um deren Verwirklichung ergibt.

Selbstverständlich gibt es auch Belege dafür, daß Frauen ebenfalls glücklicher sind, wenn sie sich verwirklichen können, statt die Rolle zu akzeptieren, die ihnen gesellschaftlich aufgezwungen wird. Die Psychologin Sonya Friedman bemerkt: »Seien wir doch ehrlich: Die unglücklichsten Frauen sind die verheirateten, die ihr ganzes Leben lang nur Hausfrauen gewesen sind. Alleinstehende Frauen sind immer glücklicher gewesen. Immer. Und es gibt nicht eine einzige Untersuchung, die dies widerlegen konnte!« Nicht zu heiraten ist historisch gesehen für Frauen die einzige Möglichkeit gewesen, sich selbst zu verwirklichen. Die Dichterin Emily Dickinson, die das Leben einer Einsiedlerin führte und niemals heiratete, begrüßte einmal einen der seltenen Besucher ihrer Enklave mit den Worten: »Hier wohnt die Freiheit!«

Glücklicherweise haben die veränderten Zeiten auch Veränderungen in den Geschlechterbeziehungen hervorgebracht. Viele der Frauen, mit denen ich sprach, haben es geschafft – trotz Ehe –, einen unabhängigen Status zu erlangen und ihren eigenen Bedürfnissen zu leben, so wie die Autorin Sonya Friedman selbst.

Genießen Sie die Reise

Norman Lear würde hier einwenden, das Ziel sei es nicht wert, erreicht zu werden, wenn man den Weg dorthin nicht genießen könnte. »Sie müssen Erfolg als etwas ständig im Wachstum Begriffenes sehen«, rät er. »Der Weg zu einem wirklich großen Erfolg ist ziemlich weit. Man muß das Leben als eine Herausforderung betrachten, bei der man versucht, von Moment zu Moment erfolgreich zu sein. Sieht man es so, dann wird man erkennen, daß das meiste davon erfolgreich verläuft. Ergreifen Sie auch die kleinste Gelegenheit. Ewig auf die große Chance zu warten ist ein schlechter Handel. So etwas kommt nicht öfter als einmal in einer viel zu langen Zeit vor.«

Sich selbst zu kleinen Erfolgen zu gratulieren und kleine Schritte zu machen ist eine gute Methode, jeden Augenblick des Lebens intensiv zu erfahren. Auch das gehört zur Selbstverwirklichung und zum Kreieren des eigenen Schicksals. Also müssen Sie, um eine Führungspersönlichkeit zu werden, Ihr eigenes Leben gestalten. Sie werden sehen, es ist die lohnendste Aufgabe, die Sie je übernommen haben.

Der Leader gibt die Richtung vor

Charismatisch oder nicht – Führungspersönlichkeiten
sind in der Lage, ihre Mitarbeiter auf den Pfad der
Veränderung zu führen.

Was genau macht eine Führungspersönlichkeit aus? Einige würden behaupten, es sei ihr Charisma – man hat es oder man hat es nicht. Allerdings gibt es genügend Führungskräfte, die man nicht unbedingt als besonders charismatisch bezeichnen würde, die es aber dennoch schaffen, Vertrauen und Loyalität bei ihren Mitarbeitern zu erzeugen. Es ist die Fähigkeit, Menschen auf ihre Seite zu ziehen, durch die sie in ihren Unternehmen Veränderungen bewirken und Zukunftsvisionen verwirklichen.

Wie tun sie das? Frage ich sie, so nennen sie mir menschliche Qualitäten, wie Einfühlungsvermögen, Vertrauen, gegenseitigen Respekt und Mut.

Einfühlungsvermögen mag – ebenso wie Charisma – eine Qualität sein, die Menschen entweder besitzen oder nicht. Der Walt-Disney-Produzent Marty Kaplan gesteht: »Ich habe Führungspersönlichkeiten gekannt, die keine dieser Qualitäten besaßen, und doch waren sie ganz oben; aber diejenigen, die sie hatten, haben mich stärker berührt und inspiriert.«

Barbara Corday, eine ehemalige Managerin bei CBS, sieht Einfühlungsvermögen als eine spezifische Eigenschaft weiblicher Führungskräfte:

Ich glaube, Frauen gehen mit Macht anders um als Männer. Ich möchte die Art von Macht haben, die mein Unternehmen und meine Angestellten gut arbeiten läßt. Als Mütter, Töchter und Ehefrauen sind wir immer so etwas wie Betreuer gewesen, und diese Rolle behalten wir bei, wenn wir im Geschäftsleben Karriere machen. Ich bin sehr stolz darauf, daß ich nicht nur sämtliche Leute kenne, die für mich arbeiten, sondern auch die Namen ihrer Ehemänner bzw. Ehefrauen und Kinder. Meine Mitarbeiter wissen das zu schätzen und verhalten sich mir und ihrer Arbeit gegenüber loyal und verantwortungsbewußt.

Auch viele männliche Führungskräfte halten Einfühlungsvermögen für sehr wichtig. Eine ehemalige Führungskraft von Lucky Stores, die sich mittlerweile im Ruhestand befindet, sagt:

Ich glaube, die Leute finden es toll, wenn ihre Chefs nicht nur registrieren, daß sie da sind, sondern ganz genau wissen, was sie tun – wo eine Partnerschaft existiert, bei der man gemeinsam versucht, die Sache am Laufen zu halten. Geht irgend etwas schief, dann versuchen wir, es wieder hinzubiegen, statt zu schauen, ob wir jemanden dafür zur Verantwortung ziehen können.

Einfühlungsvermögen ist nicht die einzige Eigenschaft, mit der man Menschen auf seine Seite zieht. Roger Gould, Gründer und Vorsitzender von Interactive Health Systems, einem computerunterstützten Therapieprogramm, erklärt, wie er Führung übernahm, ohne Kontrolle auszuüben:

Ich bin immer so etwas wie ein einsamer Wolf gewesen. Als ich jedoch Chef der ambulanten Versorgung beim Medical Center der University of California wurde, entwickelte ich eine Art Führung auf Konsens-Basis. Die Tatsache, daß ich der Boß war, bedeutete nicht, daß ich die alleinige Verantwortung tragen konnte oder wollte. Jeder hatte mit den gleichen Schwierigkeiten zu kämpfen, deshalb mußten wir als Gruppe für alles die Verantwortung teilen.

Der Filmregisseur Sidney Pollack beschreibt das Bedürfnis, seine Leute hinter sich zu wissen, folgendermaßen:

Ich denke, bis zu einem bestimmten Punkt kann man einen Führungsstil, der auf Angst und Einschüchterung basiert, durchziehen, so schrecklich das auch klingen mag. Das Problem ist jedoch, daß man diese Art Gehorsam stets nur mit dem bitteren Beigeschmack von Groll und Unwillen erreichen kann. Um es mit einem Natureffekt zu vergleichen: Sie können sich vielleicht in einem gewissen Medium bewegen, aber nicht ohne einen gehörigen Sog zu erzeugen und einen beträchtlichen Rückstau.

Wie man Vertrauen gewinnt

Gloria Steinem, Journalistin und Feministin, findet, in unterschiedlichen Bereichen gebe es verschiedene Strategien, Menschen zu überzeugen. Die eine nennt sie Führung innerhalb einer Bewegung, die andere Führung in einem Unternehmen:

Führung innerhalb einer Bewegung erfordert Überzeugungskraft, keine Befehle. Es gibt keine etablierten Führungspositionen. Der Erfolg hängt davon ab, ob jemand mit Worten so viel Begeisterung und Anregung zu vermitteln vermag, den Zusammenhalt zu gewährleisten.

Auch Betty Friedan, die Mitbegründerin der National Organisation for Women, befürwortet die Idee des Führens durch Überzeugung statt aufgrund von Machtpositionen.

Ich habe niemals für Macht innerhalb eines Unternehmens gekämpft. Um im Umgang mit Menschen Autorität auszustrahlen, muß ich nicht Direktorin oder Vorstandsmitglied sein. Kürzlich hielt ich eine Rede an einer Universität, wo der Anteil der Frauen in der gesamten Fakultät nur zwei Prozent betrug. »Ich muß wohl an einem Ort gelandet sein, der aus irgendeinem Grund einen Anachronismus darstellt«, stellte ich verwundert fest. Ich las den Anwesenden die Statistik vor: »Ich bin überrascht, daß Sie noch kein größeres Verfahren am Hals haben.« Man konnte die Spannung im Raum fühlen. »Tatsächlich befinden Sie sich in einer sehr angreifbaren Position, denn Sie beziehen über 50 Prozent ihrer Gelder aus öffentlichen Töpfen. Ich möchte Sie nur warnen. Sehen Sie sich vor!« Dann fuhr ich mit meinem Vortrag fort. Irgend etwas passierte in dem Raum. Ich glaube, man muß nicht Vorsitzende irgendeiner Organisation sein, um so etwas zu bewirken.

Frances Hesselbein, die ehemalige Direktorin bei den Pfadfinderinnen, die heute Vorsitzende der Peter-Drucker-Stiftung ist, erklärt:

Wir managen nicht, weil wir großartige Manager sein wollen, wir tun es, um unsere Sache voranzutreiben. Ich glaube nicht an Stars. Ich glaube, es ist wichtig, Menschen dabei zu helfen, ihre Stärken zu entdecken und sie dann von der Leine zu lassen, damit sie sie anwenden können.

Wie Betty Friedan, so überzeugt auch Frances Hesselbein kraft ihrer Sprache. Sie hat gelernt, wie man Führung übernehmen kann, ohne

Kontrolle auszuüben, und daß sie ihre Angestellten und Volontäre motivieren muß, statt sie zu bevormunden.

In *Die Kunst des Führens* beschreibt Max DePree, der frühere Vorsitzende von Herman Miller, die seiner Meinung nach beste Art, mit Menschen umzugehen:

Die besten Leute, die in einem Unternehmen oder in einer Organisation arbeiten, sind wie Freiwillige. Da sie wahrscheinlich überall gute Jobs bekommen würden, wählen sie ihren Arbeitsplatz nach anderen Kriterien als Bezahlung oder Status. Wichtiger ist ihnen das gemeinsame Engagement in bezug auf bestimmte Ideen oder ein bestimmtes Anliegen, auf Werte, Ziele und Verwaltungsabläufe. In diesem Zusammenhang sind Begriffe wie Liebe, Wärme und persönliche Chemie äußerst wichtig.

Das Bedürfnis nach gegenseitigem Respekt

Führungspersönlichkeiten meistern ihre Aufgabe. Was immer sie tun – sie tun es außergewöhnlich gut und effizient. Aber sie bemühen sich auch um ein ungezwungenes Verhältnis zu ihren Untergebenen innerhalb des Betriebs. Die Kunst, ihre Mitarbeiter zu elektrisieren, beruht – über die Kenntnis der persönlichen Ziele und Interessen hinaus – auf dem Wissen um deren Wünsche und Nöte, im Verein mit einer klaren Vorstellung ihrer gemeinsamen Mission.

»Ihre Mitarbeiter müssen überzeugt davon sein, daß Sie wissen, was sie tun«, sagt Don Ritchey. »Und auch Sie müssen darauf vertrauen, daß Ihre Mitarbeiter genau wissen, was sie tun, und ihnen vermitteln, daß Sie sich auf sie verlassen.«

Eine der größten Herausforderungen, denen sich Führungspersönlichkeiten heute gegenübersehen, ist eine regelrechte Epidemie innerbetrieblicher Eigenmächtigkeiten. Wenn irgend etwas das Vertrauen der Untergebenen schwächt, so ist es das Gefühl, »denen da oben« mangele es an Integrität, das heißt, ihnen fehle ein solider Ehrenkodex.

Bei der unbeständigen Wirtschaftslage von heute müssen Führungspersönlichkeiten eine klare und kontinuierliche Linie verfolgen. »Ich setze voraus, daß die meisten Menschen das Bedürfnis nach Ethik haben«, meint Ritchey. Hier handelt es sich sozusagen um eine goldene philosophische Regel. Wenn Sie also ein Klima schaffen, in dem Ihre Mitarbeiter merken, daß Sie es ernst meinen, dann wird niemand sich zu irgendwelchen eigennützigen Schritten veranlaßt sehen, denn niemand wird genötigt, sich zwar moralisch zu verhalten, andererseits aber ein Soll zu erfüllen, das nicht ohne Tricks zu machen ist. Es hilft, wenn eine Führungsperson gegen unethisches Verhalten ausgesprochen hart vorgeht.

Pioniergeist

Wenn es Ihnen gelingt, durch Vertrauen und Einfühlungsvermögen zu motivieren und zu inspirieren, dann tragen Sie zu einem Betriebsklima bei, worin Mitarbeiter die notwendige Ellbogenfreiheit haben, das Richtige zu tun und sich selbst dabei zu entwickeln. Erfolgreiche Führungskräfte glauben an Veränderung, sowohl bei Menschen als auch innerhalb von Unternehmen. Sie erachten sie als ebenso wichtig wie Wachstum und Fortschritt. Leider dienen die Veränderungen in der Welt nur allzuhäufig als Alibi. »Umstände außerhalb unseres Einflußbereichs« ist eine Phrase, die in Unternehmen nur allzugern vorgeschoben wird.

Manchmal müssen Führungspersönlichkeiten feststellen, daß die Kultur ihres Unternehmens selbst Veränderungen behindert, weil es, wie oben schon angesprochen, sich auf seine Selbsterhaltung beschränkt, statt neue Herausforderungen anzunehmen.

»Mein ehemaliger Boß bei PepsiCo und der jetzige Vorsitzende von IBM waren während des Zweiten Weltkriegs beide Piloten«, berichtet der frühere Apple-Vorsitzende John Sculley. »Heute ist ein Kampfpilot nicht mehr Vorbild moderner Führungskräfte. Von der neuen Generation wird eine größere intellektuelle Regsamkeit verlangt. Außerhalb des Rahmens, in dem wir uns als Führungskräfte und Manager verändern müssen, verändert sich die Welt. Sie wird mehr ideenintensiv, mehr informationsintensiv sein, deshalb müssen die, die nach oben gelangen wollen, sich für neue Ideen und Informationen begeistern können.«

Es wäre gut, wenn unsere Führungskräfte dieser quecksilbrigen Welt mit freudiger Erwartung entgegengingen. Sie sollten nicht nur auf den Weg achten, sondern auch um die Ecke blicken und Veränderungen nicht als Hindernis, sondern als eine willkommene Möglichkeit ansehen.

Eine der schwierigsten Lektionen, die ein Skianfänger lernen muß, ist, sich bei der Abfahrt vom Hang wegzulehnen. Die natürliche Reaktion wäre, so nahe am Hang zu bleiben wie möglich, weil man sich so sicherer fühlt. Dabei ist man nur dann in der Lage, die eigenen Bewegungen zu kontrollieren, wenn man sich hinauslehnt und nicht länger von der Beschaffenheit des Hangs abhängig ist.

Der Neuling in einem Unternehmen tut das gleiche: Er schmiegt sich so nahe wie möglich an die Standards des Unternehmens und unterwirft diesem seine eigene Identität. Eine Führungspersönlichkeit hingegen lehnt sich hinaus, bestimmt ihren eigenen Kurs mit klarem Blick auf das Ziel.

Kompetenz, Tugend und Visionen

Die Fähigkeit, die Mitarbeiter zu begeistern, basiert für eine Führungskraft auf einem festen Begriff von der eigenen Position sowie einem Verständnis für die Wünsche und Bedürfnisse der Mitarbeiter mitsamt einer verbindlichen Vorstellung von der gemeinsamen Mission.

Bei solchen Führungspersönlichkeiten befinden sich Kompetenz, Vision und Tugendhaftigkeit in einer nahezu perfekten Balance. Kompetenz ohne Vision und Tugend erzeugt Technokraten, Tugend ohne Vision und Wissen bringt Ideologen hervor, während Vision ohne Tugend und Wissen Demagogen schafft.

Wie Peter Drucker betont, ist der wichtigste Aspekt von Führung das Formen einer menschlichen Gemeinschaft, die zusammengehalten wird durch die Arbeit an einem gemeinsamen Ziel. Unternehmen und ihre Führungskräfte haben zwangsläufig mit der Natur des Menschen zu tun, deshalb sind Werte, Hingabe, Überzeugung, ja sogar Leidenschaft grundlegende Elemente jeder Organisation. Und weil Führungskräfte mit Menschen umgehen, nicht mit Dingen, ist Führung ohne diese Attribute in jedem Fall inhuman und schädlich. Das Verfolgen einer klaren Linie ist besonders in dem heutigen instabilen Klima unerläßlich. Führungskräfte müssen Unsicherheiten erkennen und effektiv auf die Gegenwart reagieren, während sie gleichzeitig in die Zukunft blicken, um auf sie vorbereitet zu sein. Das bedeutet ständiges Erklären, Erweitern und – wenn nötig – sogar Überarbeiten der Unternehmensziele. Die Ziele sind keine Endziele, vielmehr Mittel zum Zweck der Gestaltung unserer Zukunft.

Gute Mitarbeiter ermöglichen gute Führungskräfte

Wahrscheinlich ist es unvermeidlich, daß eine so Star-besessene Gesellschaft wie unsere, wenn sie den Erfolg eines Unternehmens analysiert, ihr Augenmerk auf die Führungskräfte richtet. Als langjähriger Schüler und Lehrer von Managementmethoden unterliege ich selbst der Tendenz, mir die Männer oder Frauen in den oberen Etagen eines Unternehmens anzusehen, wenn ich nach Erklärungen für dessen Gesundheit und Erfolg suche. Aber je länger ich Führungskräfte studiere, um so mehr bin ich überzeugt von der meist unterschätzten Wichtigkeit tüchtiger Mitarbeiter.

Was aber macht einen guten Mitarbeiter aus? Die einzige wirklich wichtige Eigenschaft könnte die Bereitschaft zu Offenheit und Ehrlichkeit sein. In einer zunehmend komplexen Welt werden Führungskräfte immer mehr auf die Informationen ihrer Untergebenen angewiesen sein, ob sie ihnen nun angenehm sind oder nicht. Angestellte, die kein Blatt vor den Mund nehmen, und Führungskräfte, die diesen Leuten Gehör schenken, bilden eine unschlagbare Kombination.

Der Filmmogul Samuel Goldwyn scheint die richtige Einschätzung hinsichtlich der Wichtigkeit »effektiver Widerrede« – wie ich es nenne – zu haben. Nach einer Reihe von Flops rief Goldwyn seine Mitarbeiter zusammen und verkündete ihnen: »Ich möchte, daß ihr mir ganz genau sagt, was mit MGM nicht in Ordnung ist, selbst wenn es euch den Job kosten sollte.« Obwohl Goldwyn persönlich noch nicht reif für den Verzicht auf die ego-stärkende Anwesenheit von Jasagern war, stellte er doch auf die ihm eigene genial-verschrobene Art den vordringlichen Bedarf seiner Firma nach einem offenen und ehrlichen Mitarbeiterstab in Rechnung.

Wie Portfolios, so profitieren auch Unternehmen von Facettenreichtum. Erfolgreiche Führungskräfte widerstehen der Versuchung, sich mit Leuten zu umgeben, die so aussehen und sich so anhören wie sie selbst. (Ich nenne das den Doppelgängereffekt.) Statt dessen halten sie Ausschau nach Mitarbeitern unterschiedlichster Beschaffenheit und ermutigen sie zu Offenheit, ja sogar Widerspruch. Weil sie sich der Fallstricke institutioneller Gleichförmigkeit bewußt sind, gehen manche Führungskräfte sogar so weit, Meinungsverschiedenheit in den Entscheidungsprozeß einzubeziehen.

Organisationen, die zu intelligentem Widerspruch ermutigen, erreichen mehr als nur eine bessere kollegiale Atmosphäre. Sie treffen auch bessere Entscheidungen. In einer neueren Studie fand die Psychologin Rebecca A. Henry heraus, daß Gruppen in der Regel sicherer in ihrer Einschätzung der Verkaufs- und Finanzentwicklung sind als einzelne Individuen. Je größer die ursprüngliche Meinungsverschiedenheit unter den Gruppenmitgliedern, um so akkurater die Resultate.

»Bei mehr Meinungsunterschieden werden die Mitarbeiter gezwungen, ein größeres Spektrum an Möglichkeiten in Erwägung zu ziehen«, resümiert Rebecca Henry.

Ebenso wie gute Führungskräfte wissen auch gute Untergebene um die Wichtigkeit ehrlicher Meinungsäußerung. Mehr noch: Sie praktizieren sie. Als Nikita Chruschtschow vor dreißig Jahren nach Amerika kam, gab er eine Pressekonferenz für die Reporter des Washington Press Club. Die erste Frage, die man ihm stellte, lautete:

»Heute haben wir über die schreckliche Diktatur Ihres Vorgängers Stalin gesprochen. Während seiner Amtszeit waren Sie einer seiner engsten Kollegen und Berater. Was genau haben Sie in dieser Zeit getan?« Chruschtschows Gesicht lief rot an. »Wer hat das gefragt?« brüllte er. Keine Antwort. »Wer hat das gefragt?« wiederholte er. Noch immer Schweigen. »Sehen Sie, genau das habe ich getan«, sagte Chruschtschow.

Sogar in Demokratien, wo die einzige Angst die vor einem Kündigungsschreiben ist, fällt es zuweilen schwer, den Ansichten des Chefs zu widersprechen.

Vor ein paar Jahren befragte TV-Moderator John Chancellor ehemalige Präsidentenberater nach ihren Reaktionen auf die absolut idiotischen Ideen, die die mächtigsten Männer auf Erden mitunter vorbrachten. Einige der Berater gestanden, sie hätten geschwiegen. Ted Sorenson enthüllte, daß er John F. Kennedy gelegentlich zur Besinnung bringen konnte mit der Bemerkung: »Diese Idee könnte von Nixon stammen.«

Für Quietismus, wie in einem gottesfürchtigeren Zeitalter die Sünde des Schweigens genannt wurde, müssen Unternehmen und ihre Führungskräfte manchmal einen hohen Preis zahlen. Der ehemalige Präsident Ronald Reagan litt viel mehr unter seinen sogenannten Freunden, die ihn vor unangenehmen Wahrheiten verschonten, als unter seinen angeblichen Feinden.

In ihren Memoiren mit dem Titel *My Turn* erinnert sich Nancy Reagan, wie sie den damaligen Vizepräsidenten George Bush schalt, wenn er nicht dem Präsidenten, sondern ihr gegenüber seine Bedenken hinsichtlich des Stabschefs des Weißen Hauses, Donald Regan, vorbrachte. »Mir wäre es lieber, Sie würden darüber mit meinem Mann sprechen«, forderte die First Lady ihn auf. »Ich möchte nicht die einzige sein, die ihm das sagt.« Worauf Bush erwiderte: »Aber Nancy, das ist doch nicht meine Aufgabe.« »Aber ja, genau das ist Ihre Aufgabe«, entgegnete die First Lady.

Nancy Reagan hatte recht. Die Pflicht eines guten Gefolgsmannes ist es, seinen Rat oder seine Ansicht dem obersten Vorgesetzten mitzuteilen. Schweigen – nicht Widerspruch – ist die einzige Antwort, die Führungskräfte nicht akzeptieren sollten. Die Geschichte hält Dutzende warnender Beispiele zu diesem Thema bereit, wobei das lebendigste wohl der Bericht über die Ermordung Thomas von Beckets ist. »Will mich denn niemand von diesem aufdringlichen Priester befreien?« polterte Henry II. nach seiner Kraftprobe mit dem ehemaligen Freund.

Die vier Ritter, die Becket daraufhin in seiner Kirche ermordeten, sind die exakte Antithese guter Gefolgsleute, die sie eigentlich sein wollten. Auch auf das Risiko hin, als respektlos zu gelten, wäre die richtige Antwort auf Henrys Frage die gewesen, die ihm selbst und seiner Regierung am besten gedient hätte, nämlich: »Laßt uns zuerst darüber reden.«

Ebenso wie die heutigen Untergebenen, die unter Eid beschwören, nur das getan zu haben, wovon sie annahmen, es sei im Interesse ihres Chefs, machten sich die Ritter einer bemerkenswerten Dreistigkeit schuldig. Henry versagte darin, seinen Gefühlen klaren Ausdruck zu verleihen, und schuf eine Atmosphäre, in der seine Untergebenen lieber töteten, als ihm zu widersprechen. Die Ritter versagten, weil sie den Fall nicht klärten – auch gegen des Königs Diktum.

Erfolgreiche Führungspersönlichkeiten regen zum Widerspruch an und belohnen ihn. Sie begreifen, daß, trotz eines spontanen Mißbehagens, solch reflektiver Widerspruch ihre künftige Entscheidungsfähigkeit erhöht.

Der Gewinn für eine Führungskraft, deren Mitarbeiter ihre Meinung kundtun, geht weit über das Salben seines angeknacksten Egos hinaus. Aber was ist für den guten Mitarbeiter drin? Er wird, wenn er sagt, was er wirklich denkt, tatsächlich mitunter seinen Job aufs Spiel setzen müssen. Bedenken Sie jedoch den Preis für das Stillschweigen! Welcher Job ist die enormen Kosten einer psychotherapeutischen Behandlung wert, die schließlich notwendig wird, folgt man einem autoritären Führer, der nur Hörigkeit belohnt?

Welche Ironie aber tritt letztlich darin zutage, daß ein Mitarbeiter, der sagt, was er denkt, genau die Initiative zeigt, die wirkliche Führungspersönlichkeiten auszeichnet.

Harmonie um jeden Preis?

Wir brauchen neue Gesichter und neue Töne
zur Erneuerung unserer Unternehmen und zur Wieder-
erlangung unserer Vormachtstellung auf
dem Weltmarkt. Es sieht jedoch so aus, als könnten
wir sie nirgendwo finden.

Funktionieren Unternehmen in diesen unruhigen Zeiten besser, wenn Übereinstimmung und Harmonie herrschen, oder sind Auseinandersetzungen und Meinungsverschiedenheiten eher unerläßlich?

Ich halte ein Übermaß an Harmonie immer für bedenklich und in der Regel für falsch. Zwei der erfolgreichsten Führungspersönlichkeiten in Amerika, Jim Burke bei Johnson & Johnson und Andrew Grove bei Intel, schwören auf etwas, das sie »kreative Konfrontation« mit ihren Kollegen nennen. Nicht nur ermutigen sie zum Widerspruch in ihren Führungsreihen, sie fordern sogar dazu auf. Und sie umgeben sich mit Menschen, die klug genug sind, die Wahrheit zu erkennen, und unabhängig genug, sie zu vertreten.

Wenn Firmen in der wirklichen Welt funktionieren wollen, müssen sie auch in der wirklichen Welt leben und arbeiten, das heißt, sie dürfen sich nicht isolieren oder verbarrikadieren oder sich mit Menschen umgeben, die ihnen möglichst gleichen.

Ebenso wie sie Widerspruch, Zwist und unangenehme Wahrheiten von ihren Kollegen erwarten, machen sie sich auch selbst auf, um Antworten zu finden. Sie verbringen beträchtliche Zeit mit Feldstudien, schauen, wie ihre Entwürfe umgesetzt werden, unterhalten sich mit ihren Mitarbeitern und deren Kunden. Der große deutsche Komponist und Dirigent Gustav Mahler bestand darauf, daß jeder wichtige Musiker im Orchester wenigstens einmal die Woche im Publikum sitzen sollte, um einen Eindruck vom Ganzen zu bekommen. Erfolgreiche Führungskräfte, egal wie hoch sie aufsteigen, bleiben immer wissensdurstig und neugierig. Sie lesen, sehen sich um, stellen Fragen, knüpfen Verbindungen, immer im Bewußtsein, daß ihr Unternehmen Teil eines größeren Ganzen ist. Sie sind von Natur aus rastlos, nie zufrieden. Obgleich ihnen die Unmöglichkeit völliger Perfektion bewußt ist, sind sie überzeugt davon, jedes Produkt ließe sich verbessern und jede Methode verfeinern. Sie haben erkannt, daß die Welt nicht statisch ist, sondern dynamisch und sich in ständigem Fluß befindet. Sie fühlen sich der Veränderung verpflichtet.

Erfolgreiche Führungskräfte haben eindeutige Prioritäten: Die Zufriedenstellung der Kunden steht an erster Stelle, während die Zahlen unter dem Strich das letzte sind, woran ihnen liegt. Kundenzufriedenheit ist ein Resultat guter Produkte und guter Dienstleistungen, und diese wiederum sind das Produkt talentierter und engagierter Mitarbeiter. Zufriedene Kunden, talentierte plus engagierte Mitarbeiter plus erstklassige Produkte und Dienstleistungen machen die Profitabilität eines Unternehmens aus. Aber auch wenn das Unternehmen erfolgreich läuft, bleiben Führungspersönlichkeiten weiterhin alert, damit ihnen keine politische oder wirtschaftliche Entwicklung entgeht. Unternehmen bleiben in dem Maße lebendig und unverblendet von ihrem Erfolg, wie die Personen an der Spitze wach und unverblendet bleiben.

Den Doppelgängereffekt abschaffen

Eines der erstaunlichsten Merkmale der sogenannten Weiße-Kragen-Kriminalität ist die Klischeehaftigkeit ihrer Konspiratoren. Sie gleichen einander in Haltung, Benehmen und Sprache wie Doppelgänger. Herbert A. Shepard – einer meiner Mentoren – war der erste, der mir dies ins Bewußtsein rief.

Dieses Doppelgängerphänomen kommt nicht von ungefähr. Installierte man eine versteckte Kamera im Hauptquartier irgendeiner großen bürokratischen Organisation des öffentlichen oder privaten Sektors, so würde sie diesen Effekt in endloser Wiederholung zeigen, denn Vorgesetzte suchen sich gerne Mitarbeiter aus, die aus dem gleichen Holz geschnitzt sind wie sie selbst. Schlimmer noch – wenn diese Kamera ihr Zoomobjektiv auf eines der In-Treffs in einem der wohlhabenderen Viertel irgendeiner Stadt oder eines Vororts in Amerika richten würde, sie könnte Dutzende dieser Lookalikes aufnehmen.

Viele Vorgesetzte neigen dazu, sich Assistenten auszusuchen, die nicht nur ihre Vorstellungen und Ideen teilen, sondern ihnen auch in Größe, Statur und Kleidung entsprechen. Tatsächlich wurden die Rekrutierer eines bekannten Unternehmens damit beauftragt, buchstäblich nach Mitarbeitern zu suchen, die »wie wir aussehen«.

Das Bedürfnis nach einem angemessenen und enggestrickten Managementteam ist äußerst menschlich und verständlich. Die schiere Größe einer Organisation macht es für die Leute an der Spitze fast unmöglich, ihre Informationen zu überprüfen, Probleme zu analysieren und sich zu entscheiden, mit wem sie ihre Zeit verbringen möchten. Sie müssen sich auf ihre Assistenten verlassen können, die sie in bestimmten Situationen vertreten. Deshalb ist es wichtig, daß diese ihnen im Geiste verwandt sind und von ähnlicher Persönlichkeitsstruktur. Assistenten sind die unvermeidlichen Produkte großer Unternehmen; sie sind unentbehrlich. Aber indem sie den Zugang zu ihren Chefs kontrollieren – das gilt für die Menschen wie für das Material, das zu ihnen durchdringt –, kontrollieren sie auch bis zu einem gewissen Grad ihre Chefs. Daraus ergeben sich zwei Probleme: Erstens: Bestimmte Dinge, die der Chef vielleicht wissen müßte, und bestimmte Leute, mit denen er sprechen sollte, werden ihm von übereifrigen Assistenten unterschlagen – entweder aus dem Bedürfnis heraus, ihn zu schützen, oder einfach aus Ignoranz. Zweitens: Die Assistenten üben in eben diesem Sinne mehr Autorität aus, als ihnen zusteht.

Was ein Vorgesetzter vor allem benötigt, ist die ganze Wahrheit.

Genau die aber ist es, die er von seinen Assistenten nicht erfahren wird, wenn sie aus dem gleichen Holz geschnitzt sind wie er. Pierre du Pont schrieb einmal:

Man kann nicht erwarten, zu erfahren, was passieren wird, aber man kann sich glücklich schätzen, wenn man erfährt, was passiert ist.

In den sechs Jahren als Direktor der Universität von Cincinnati war ich mit einem Team engagierter, ehrlicher und intelligenter Männer und Frauen gesegnet, mit denen ich gleichwohl endlose Kämpfe ausfocht, um die Wahrheit und nichts als die Wahrheit zu erfahren. Als ich schließlich das, was ich wissen wollte, aus ihnen herausbekam, hörte ich Erklärungen wie: »Ich wollte Sie damit nicht belästigen«; »Ich wollte Ihnen nicht vor anderen einen Fehler unterstellen«; »Ich wollte Ihnen das nicht aufhalsen« oder »Sie haben zwar einen Fehler gemacht, aber ich wollte mit Ihnen darüber nicht streiten«. Um einen alten Spruch zu paraphrasieren: »Wer braucht noch Feinde, wenn er solche Assistenten hat?«

Also müssen Führungskräfte auf höchster Ebene sich mit Mitarbeitern umgeben, die erstens die Wahrheit erkennen, wenn sie ihnen begegnen, und zweitens ihnen diese auch vermitteln, egal ob sie sie hören wollen oder nicht.

Zugang verschaffen

Vorgesetzte werden häufig daran gehindert, bestimmte Leute zu treffen, weil ihre Assistenten in ihrem Namen vorschnelle Entscheidungen fällen. Stellen Sie sich vor, was passiert wäre, wenn Albert Einstein in seinem Sweatshirt und den Slippern, die er gewöhnlich trug, im Weißen Haus aufgetaucht wäre, um Präsident Roosevelt zu sprechen, und dort einem Vorgänger Robert Haldemans, des obersten Zeremonienmeisters Nixons, begegnet wäre. Einstein wäre nicht nur der Zutritt verweigert worden, man hätte ihn höchstwahrscheinlich als »verdächtige Figur« verhaften lassen.

Um sicherzugehen, daß sie Zugang zu Menschen und Dingen

bekommen, mit denen sie sich auseinandersetzen müssen, sollten Unternehmensführer einige einfache Regeln befolgen:

- Wechseln Sie ihren wichtigsten Assistenten alle zwei Jahre, um Arroganz zu verhindern und ständige Offenheit zu garantieren.
- Stellen Sie sicher, daß alle Assistenten ausreichend über ihren generellen Zuständigkeitsbereich informiert sind, so daß sie beides – die Pflichten und die Grenzen – innerhalb einer Machtposition verstehen lernen.
- Vermeiden Sie den Doppelgängereffekt! So angenehm Loyalität und Geistesverwandtschaft auch sein mögen, sie reichen nicht aus. Assistenten sollten sich, was ihren Standpunkt und ihren persönlichen Hintergrund betrifft, so stark wie möglich von Ihnen unterscheiden.
- Lesen Sie mindestens eine Tageszeitung selbst, und verlassen Sie sich nicht ausschließlich auf die Zusammenfassungen ihrer Assistenten. Wenn Sie nur das erfahren, was Sie erfahren wollen, und nur das finden, was Sie finden wollen, dann werden Sie sich bald in einer mißlichen Lage finden.
- Verlassen Sie sich, was Informationen betrifft, nicht nur auf Ihre Vertrauten. Jeder, der ein Unternehmen führt, muß für dessen Mitglieder und die einzelnen Abteilungen erreichbar sein. Als einmal eine alte Frau an den römischen Kaiser Hadrian herantrat, schob er sie mit der Bemerkung zur Seite, er sei zu beschäftigt. »Dann bist du auch zu beschäftigt, um Kaiser zu sein«, rief sie ihm zu. Der Kaiser verharrte daraufhin nachdenklich und schenkte ihrem Anliegen Gehör.

Ein Unternehmensführer, der nur redet und niemals zuhört, wird bald nichts mehr zu sagen haben. E. M. Forster schreibt: »Sie müssen lediglich Verbindungen herstellen.« Genau das ist die vorrangigste Aufgabe jeder Führungskraft.

Übereifer, das Kaschieren von Information, Überheblichkeit und Halbwahrheiten Tausender gesichtsloser Doppelgänger in Hunderten von Organisationen – angefangen beim Weißen Haus bis in die hinterste Ecke irgendeines Gemischtwarenladens – sind die

Ursachen zahlloser Probleme. Die Wahrheit mag weh tun – getötet hat sie noch niemanden.

Eine andere Gattung der Doppelgänger sind die Yuppies, die alle gleich aussehen und sich auf die gleiche Art kleiden. Ihr Denken dreht sich hauptsächlich um Geld und darum, wie man noch mehr davon bekommt. Aus Eigennutz sind sie unfähig, gegenüber Menschen und Unternehmen kontinuierlich loyal zu sein, interessieren sich weder für Ehrlichkeit noch Wahrheit. Unfähig zu führen, nicht gewillt zu folgen, bleibt ihnen nur das Kopieren. Aber ihre Vorbilder sind ebenso unecht wie sie selbst und ebenso grob. Sie sind Hohlformen, leere Anzüge, Meister in der Kunst, ständig zu nehmen, ohne jemals zu geben. Vielleicht ist das der Grund, weshalb so viele von ihnen schließlich im Gefängnis landen. Die Anwesenheit dieser moralischen Zombies in unserer Mitte ist der offensichtlichste Beweis unseres Absturzes direkt in die Anarchie. Also lassen Sie uns zornig sein über den Zustand der Nation und endlich Verbindungen herstellen.

Wie man Kormorane einsetzt

Als Dr. Ralph Siu gefragt wurde, welche Weisheiten die östlichen Philosophen dem modernen Menschen vermitteln könnten, gab er eine Reihe von »Ratschlägen«. Einer davon lautete: »Beobachten Sie das Jagdverhalten eines Kormorans. Sie wissen doch, wie man Kormorane zum Fischen einsetzt. Bei dieser Technik sitzt ein Mann mit einem halben Dutzend Kormoranen, von denen jeder einen Ring um den Hals trägt, in einem Ruderboot. Erspäht der Vogel einen Fisch, so taucht er ins Wasser und fängt ihn mit seinem Schnabel. Der Ring verhindert das Verschlucken größerer Fische. Der Fischer nimmt dem Kormoran also den Fisch ab, worauf dieser nach einem weiteren Fisch taucht.

»Warum wurde von allen Tieren ausgerechnet der Kormoran ausgewählt, um für den Fischer zu schuften?« fragte Dr. Siu. »Wäre dieser Vogel nicht so gierig nach dem Fisch, so effizient beim Fangen und so gut zu trainieren, hätte die Gesellschaft dann eine Industrie geschaffen, um ihn auszubeuten? Oder wäre sonst der geniale Ring entworfen worden? Selbstverständlich nicht! Auf diese Weise«, schließt Dr. Siu, »bilden Gier, Talent und Lernfähigkeit die Basis für Ausbeutung. Unternehmen und Organisationen wurden dafür geschaffen, die Gesellschaft florieren zu lassen, nicht das Individuum. Deshalb fördert die Gesellschaft Gier, Talent und Lernfähigkeit in uns, um uns dann einen Ring um den Hals zu legen und uns zu Kormoranen zu machen.«

Wie können wir unsere Fähigkeiten entwickeln, zum Wachstum der Gesellschaft und ihren Institutionen beitragen, ohne zu Kormoranen zu werden, die ihre Arbeit tun, ohne je den eigentlichen Nutzen daraus zu ziehen?

Unsere Eltern, Schulen und andere Institutionen scheinen sich gegen uns verschworen zu haben, wenn sie die Berufskarriere als etwas ansehen, aus dem sich ungeahnte Konsequenzen für unser restliches Leben ergeben. Oder wenn sie eher die Tricks und Kniffe für eine erfolgreiche Laufbahn durchhecheln als das Warum.

Don Juan legte großen Wert darauf, Carlos Castaneda ausführlich über Beruf und Karriere zu unterrichten. Man müsse dem Pfad des Wissens folgen, der vom Herzen bestimmt sei, sagte er. Erst das ermögliche eine glückliche Reise – mithin die einzig richtige Art zu leben. Wir müssen gründlich über unseren Weg nachdenken, bevor wir ihn beschreiten, denn in dem Moment, wo ein Mensch entdeckt, daß sein Weg »kein Herz besitzt«, ist dieser schon dabei, ihn umzubringen.

An diesem Punkt haben die wenigsten von uns den Mut, ihren Pfad – wie tödlich er auch sein mag – hinter sich zu lassen, weil sie soviel in ihn investiert haben und schließlich erfolgreich vorankamen. Einen neuen Weg zu wählen erscheint uns gefährlich, sogar unverantwortlich, und so traben wir pflichtbewußt, aber lustlos weiter. Als Puritaner von Natur aus oder durch Bekenntnis ist uns Glück und Vergnügen ohnehin verdächtig, deshalb richten wir es uns so gemütlich wie eben möglich im Status quo ein – trotz des Rings um den Hals.

Lektionen großer Führungspersönlichkeiten

Als ich mich im Zuge meiner Untersuchungen mit großen Führungspersönlichkeiten beschäftigte – darunter etliche, die geradezu unglaublich erfolgreich waren oder Großes im Bereich von Kunst, Sport, Industrie oder öffentlichem Leben geleistet hatten –, machte ich einige interessante Entdeckungen.

Zunächst stellte ich fest, daß echte Führungspersönlichkeiten in der Regel ein völlig integres Leben führen, bei dem ihre berufliche Karriere und ihr Privatleben nahtlos und harmonisch zueinander passen. Berufliche und private Aktivitäten ergänzen und bestärken einander.

Zweitens sind echte Führungspersönlichkeiten nie in ihrem Leben Kormorane gewesen, nicht einen Moment lang. Ihre Fähigkeit zu lernen, ihr Ehrgeiz und ihr Talent haben sie gerettet, statt sie zu versklaven.

Drittens: Indem sie ihr Talent, ihre Energie und ihre Ambitionen zielgerichtet einsetzten, haben diese Menschen ihre echte Berufung, ja ihre Genialität erkannt und ihre Visionen erfüllen können. Mehr noch, während sie dies taten, halfen sie anderen, ihre Träume zu verwirklichen. Ein Vorgang, der nicht so uneigennützig ist, wie es zunächst scheinen mag.

Der Kormoran ist einfach nur effizient. Ein freier Vogel dagegen ist bestrebt, alles ihm Mögliche zu erreichen. Es gibt in Amerika wohl kaum ein Unternehmen, das von ein bißchen weniger Effizienz und einer Menge mehr Begeisterung nicht profitieren würde.

Zugegeben: Es ist nicht immer einfach, die Visionen unserer Angestellten freizusetzen. Schließlich haben sie bereits die Tretmühle durchlaufen und in vielen Fällen ihre Halsringe selbst gewählt. So mag ein junger Mann frühzeitig entdeckt haben, daß er eine Begabung für Zahlen besitzt, und hat deshalb einen Weg der Zahlen gewählt, ohne sich die Mühe zu machen, seine sonstigen Talente zu testen. Vielleicht entdecken Sie in diesem jungen Zahlenmenschen einen Hang zum Design, aber schon die Vorstellung, in ein unbekanntes Territorium einzudringen, macht ihm angst, und er wird sich dagegen sträuben.

Sie stehen also vor einer schwierigen Wahl. Entweder Sie veranlassen ihn, seine echte Begabung auszuleben, oder Sie ziehen sich zurück und geben sich mit seinen eher allgemeinen Fertigkeiten zufrieden. Echte Führungspersönlichkeiten werden selbstverständlich nicht lockerlassen, sie sind nicht bereit, sich mit weniger als dem Besten zufriedenzugeben – das trifft sowohl für sie selbst als auch für ihre Mitarbeiter zu.

Auf diese Weise erwecken Leidenschaft, Energie und Zielstrebigkeit einer Führungsfigur diese Eigenschaften auch in ihren Mitarbeitern. Beobachten Sie einmal einen großen Dirigenten oder einen Fußballtrainer in Aktion, und Sie werden verstehen, was ich meine. Die Mitglieder des Orchesters oder des Teams sind nicht einfach pflichtbewußt – sie sind inspiriert!

Vorstellungskraft und Vision

Die achtziger Jahre waren kein gutes Jahrzehnt für die amerikanische Wirtschaft. Einen Teil des Problems sehe ich in der Überhöhung von Gehorsam und der Vernachlässigung von Phantasie. Ironischerweise steckten genau die Industriezweige in der tiefsten Krise, deren Begründer weit mehr Phantasie besaßen als Sinn für Gehorsam. Die Unternehmen der Computerindustrie, bei denen man ebenfalls wenig an Gehorsam, um so mehr an Phantasie interessiert ist, florierten allerdings.

Ist nicht die amerikanische Nation selbst aus dem Zusammenspiel von Träumen und Ungehorsam entstanden? Im gegenwärtigen Klima jedoch sind Visionen und Träume etwas sehr Zerbrechliches geworden. Sie müssen genährt und gefördert werden, in uns selbst wie auch in unseren Mitarbeitern. Natürlich ist das nicht leicht und auch nicht ohne Risiko, weshalb sich viele leitende Angestellte mit den täglichen Routinearbeiten und den kleinen Erfolgen begnügen, statt sich auf die übergreifenden Probleme einzulassen. Wie ich es aber sehe, liegt eine der größten Gefahren für die amerikanische Wirtschaft – vielleicht die größte überhaupt – in der Beschränkung des Horizonts, der Tendenz, Visionen zu beschneiden und die Hauptenergien auf das Erhalten des Status quo zu richten. Wir vernebeln uns selbst den Blick auf weitgefächerte Möglichkeiten, ja ganze Welten, die es zu erobern gilt – jene Qualität, die früher die amerikanische Wirtschaft beflügelte und sie zu einem der Weltwunder machte.

Diese Verengung des Horizonts ist natürlich auch von unseren Kindern bemerkt worden, sie spiegelt sich in ihrer Einstellung wider. Mehr und mehr junge Menschen lassen sich nur noch von ihren Ambitionen steuern und von ihrer Gier nach materiellen Dingen. Gern übernehmen sie die Rolle der Kormorane. Ein Augenarzt, ein bekannter Experte in seinem Metier, gestand mir kürzlich, ihm machten die jungen Leute, die seinen Beruf wählten, angst. »Sie interessieren sich überhaupt nicht für den Beruf, sondern lediglich für das Geld. Einer sagte, ihn hätten die kurzen Arbeitsstunden ohne Notfallbehandlungen gelockt – und das viele Geld für relativ wenig Arbeit.« Ich fragte ihn, ob er wisse, warum diese jungen Menschen wie versessen aufs Geld seien. Seine Antwort: »Sie sind in einer geldorientierten Welt aufgewachsen. Sie kennen einfach nichts anderes.«

Wir alle sind an der Entstehung dieser sich verengenden Welt beteiligt. Es ist an der Zeit, sie wieder zu erweitern, indem wir uns selbst und unsere Mitarbeiter befreien – wenn auch aus keinem anderen Grund als dem, daß die Welt so nicht funktioniert.

Während die Technologie in allen Bereichen voranschreitet und unsere Werkzeuge immer ausgefeilter werden, sehen wir uns mehr und mehr in die Lage versetzt, unsere Visionen, ja sogar unsere ausgefallensten Träume zu verwirklichen. Aber je mehr Möglichkeiten wir haben, um so weniger nutzen wir sie. Wir laufen Gefahr, zu dem zu werden, was Thoreau »die Werkzeuge unserer Werkzeuge« nennt, Anwender statt Forscher, Mechaniker statt Erfinder.

Dabei brauchen wir keine weiteren Maschinisten oder Mechaniker, wir benötigen dringend Erfinder und Forscher – Menschen, die sich für die Welt, in der sie leben, und für deren Probleme verantwortlich fühlen. Menschen, die ihre Visionen leben und ihre

Begabung voll ausschöpfen. Auch dies ist bei weitem nicht so uneigennützig, wie es auf Anhieb scheint. Jeder, der sich nicht selbst verwirklicht, weil er Angst hat, auf die Nase zu fallen oder einen Narren aus sich zu machen, ist im Grunde nicht glücklich – jedenfalls nicht mehr als der Kormoran –, wie erfolgreich er auch sein mag.

Der Literaturkritiker John Mason Brown hat einmal gesagt: »Das einzig wahre Glück empfinden wir, wenn wir uns für einen bestimmten Zweck verschwenden.« Amerika und insbesondere die amerikanische Wirtschaft braucht weniger Kormorane als Menschen, die verschwenderisch mit ihrem Talent umgehen.

Zielorientiertes Führen

Das moderne Geschäftsklima ist so voll von
Widersprüchen und Zweideutigkeiten, daß es jedem
leitenden Angestellten das Leben schwer macht.

Mit 68 Jahren nahm ich meinen ersten Kreativurlaub. (Natürlich behaupten meine Kollegen, ich sei schon immer im Kreativurlaub gewesen.) Ich verbrachte meine Zeit damit, einen Einakter zu schreiben, Yogastunden zu nehmen, den Umgang mit dem Computer zu erlernen und mich um meine Ehe zu kümmern. Ich schrieb ein Buch über kreative Zusammenarbeit und nahm Gesangsstunden. Mein Gesangslehrer wählte »It Had to Be You« als das erste Lied, das ich singen sollte. Ich sagte ihm, jeder, der diesen Song verhunze, verdiene die Todesstrafe. Er meinte, ich solle mich darauf gefaßt machen. Ich aber hatte das Gefühl, oben zu schwimmen. Männer wie Clint Eastwood, Bertrand Russell und Mel Torme kamen mir in den Sinn, die alle auf die Siebzig zugingen und nicht aufhörten, etwas Neues zu versuchen.

Ich bin heilfroh, noch einen Job zu haben. Geschäftsführer werden in beispielloser Zahl abgemustert. Die Last der Größenordnung, des Tempos und der Veränderungen verursacht ein Klima von Dummheit, Trägheit und Arroganz. Demokratisierung, Kapitalismus, das schnelle Wachstum von Technologie und die Gefahr der Überversorgung sind bereits jeweils für sich Faktoren für umwälzende Veränderungen. Zusammengenommen haben sie zu einer welterschütternden Situation geführt. Menschen zu finden, die in solch einer Zeit in der Lage sind zu führen, stellt eine große Herausforderung dar. Wir benötigen Menschen, die ihre Betriebe in die Zukunft führen, aber nicht im Rückwärtsgang.

Lernfördernde Systeme

Eine Umgebung, in der sich intellektuelles Kapital entwickeln kann, ist der Schlüssel zum Wettbewerbsvorteil. Um die kreativen Kräfte ihrer Mitarbeiter zu stimulieren, müssen Führungskräfte ein entsprechendes Ambiente schaffen. Vielen der heutigen Geschäftsführer fehlt dazu die Begabung. Menschenführung erlernt man »on the job«, indem man sich Herausforderungen stellt und sie meistert.

Warum tun sich Unternehmen so schwer damit, Führungskräfte hervorzubringen? Ein Grund: Führungspersönlichkeiten fordern das System heraus, sie stellen das Firmenevangelium in Frage. Besonders in unsicheren Zeiten honorieren Unternehmen solches Verhalten in der Regel nicht, sie bevorzugen folgsame Manager. Der Autor George Bernard Shaw hat einmal gesagt: »Jeder große Fortschritt ist durch unvernünftige Menschen eingeleitet worden, die die Welt gezwungen haben, sich ihnen anzupassen. Vernünftige Menschen passen sich der Welt an.«

Nur wenige Unternehmer stellen sich die Frage: »Wie bilden wir Führungspersonal für die Zukunft heran?« Es dürfte bekannt sein, daß die Betätigung in verschiedensten Betriebsbereichen dem Führungstalent eines Aspiranten nur förderlich sein kann. Machen Sie deshalb Ihre zukünftigen Führungskräfte mit allen Aspekten des Unternehmens vertraut.

Das Vorbild für die Führungskräfte der Zukunft wird der Trainer sein, der anleitet und gut zuredet. Zu solchen Leuten sollte man offen sein, aber auch Offenheit erwarten dürfen, will man es zu etwas bringen. Sie helfen einem, die aktuellen Prioritäten im Blick zu behalten und gleichzeitig ein Bild der Zukunft zu entwerfen.

Bei Führungskräften zählt Charakter! Führungsgeschick setzt sich zusammen aus Ehrgeiz, Kompetenz und Integrität. Stellen Sie sich jemanden vor, der lediglich ungezügelte Ambitionen auslebt, und sie haben einen Demagogen. Oder jemanden, der nichts außer Kompetenz besitzt: Er wird die Seele der Organisation zerstören. Achten Sie bei der Wahl einer Führungsperson zuallererst auf Integrität. Bedauerlicherweise neigen wir gerade in turbulenten Zeiten dazu, Führungskräfte auszuwählen, die zwar Ambitionen und Kompetenz besitzen, Integrität oder moralische Qualitäten jedoch vermissen lassen. Letztendlich versagen diese jedoch, und das Unternehmen zahlt einen hohen Preis dafür.

Bei all den Umstrukturierungen, die zur Zeit vorgenommen werden, ist es schwer, Vertrauen zu erhalten oder wiederzugewinnen. Mit Entlassungen von Mitarbeitern macht sich niemand beliebt. Dennoch muß eine Führungskraft eine Veränderung nicht unbedingt mit dem Vertrauensverlust der Mitarbeiter bezahlen, vorausgesetzt, sie spricht offen und ehrlich mit ihnen über die geplanten Änderungen und setzt sich, so gut sie kann, für sie ein. Leider können wir keinen sicheren Arbeitsplatz mehr versprechen, aber wir können die Voraussetzungen für einen anderen, entweder im eigenen Unternehmen oder anderswo, schaffen, wenn wir die Mitarbeiter mit den nötigen Fähigkeiten ausstatten. Tun Sie dies und kommunizieren Sie offen mit Ihren Mitarbeitern, dann werden Sie deren Vertrauen nicht verlieren.

Intellektuelles Potential freisetzen

Vor der Reorganisation müssen Geschäftsführer auf Mittel sinnen, das geistige Potential ihrer Belegschaft anzuzapfen. Wie veranlaßt man diese zu eigenverantwortlicher Arbeit in einer Phase der Umstrukturierung, Reduzierung und Reorganisaton? Wie gestaltet man die Beziehungen zu denen, die bleiben, und denen, die ausscheiden? Dies ist der Punkt, wo wir uns neues Wissen aneignen müssen, um Entwurzelungen und Übergangssituationen in den Griff zu bekommen.

Die vorrangigste Aufgabe der Geschäftsleitung ist die Schaffung einer Struktur, die das intellektuelle Potential der Mitarbeiter freisetzt und den Ideenaustausch beschleunigt. Ich weiß nicht genau, wie eine solche Struktur aussehen muß, aber einige der sich entwickelnden Strukturen, zum Beispiel Einrichtungen auf Zeit, lockere Verbände, Netzwerke und Teams, können uns Hinweise geben. Selbstverständlich wird eine derartige Struktur niemals bürokratisch sein – also kein Bestehen auf Kontrolle, Befehl und Plan. Ich nehme an, es ist ziemlich egal, welche Form sie hat, sie wird funktionieren, wenn die Menschen, die daran arbeiten, es wollen. Ich vermute jedoch, daß es eine Form sein wird, die Orientierung, Kreativität, Selbständigkeit und andere Fähigkeiten hervorbringt.

Eine Möglichkeit, Brainpower und Kreativität der Mitarbeiter anzustacheln, liegt in effektiver Organisation. MasterCard International ist dabei, sich in einen Verband mit mehr oder weniger selbständig agierenden Unterabteilungen umzuwandeln, wo Entscheidungen von denjenigen Einheiten getroffen werden, die am besten dazu in der Lage sind. Nur wenn die Sache, über die entschieden werden soll, sämtliche Unternehmensmitglieder betrifft oder eine Art Synergie zwischen den Einheiten hergestellt werden soll, werden die Entscheidungen in den obersten Reihen gefällt. Wir müssen über neue Unternehmensformen nachdenken, und ein föderativer Zusammenschluß ist eine der besten hinsichtlich seiner Fähigkeit, sich auf die Erfordernisse des globalen Marktes einzustellen.

Dennoch wird kein Unternehmen jemals erfolgreich sein, wenn es nicht seinen Mitarbeitern die größte Bedeutung zumißt. Es läßt sich bereits feststellen, daß die Rolle der Personalabteilungen sich verändert, weil immer mehr Menschen, die diese Abteilungen führen, sich aus den Bereichen der Geschäftspraxis rekrutieren. Ich halte das für ein gutes Zeichen, denn bislang wurde immer behauptet, in der Personalabteilung wüßte man nicht, wie ein Unternehmen wirklich funktioniert. Sollte sich das ändern, wird ihre Rolle bald an Bedeutung zunehmen. In einer Phase der Umstrukturierung und Verschlankung müssen die Unternehmen klug mit ihren Investitionen in die Mitarbeiter umgehen. Und diese Rolle fällt zwangsläufig der Personalabteilung zu.

Vor ungefähr 25 Jahren war ich noch der Ansicht, rigide, pyramidal strukturierte Organisationen würden hauptsächlich aus theoretischen Erwägungen verdammt. Jetzt weiß ich, daß sie verdammt werden, weil sie einfach nicht funktionieren, oder genauer gesagt: weil sie nicht schnell genug funktionieren. Heute gleichen die lebensfähigsten Institutionen eher Tanzensembles als Marschkolonnen.

Erfolgreiche Führungspersönlichkeiten erfinden sich während ihrer Laufbahn permanent selbst. Sie lernen ununterbrochen, sind regelrecht heißhungrig nach Wissen. Sie lernen von allem und jedem. Und sie wachsen sowohl in ihren Kenntnissen wie im Charakter. Man könnte sagen: Erfolgreiche Menschen erfinden sich selbst durch ununterbrochenes Lernen.

Ein polnischer Hellseher sah einmal vor seinem geistigen Auge eine Synagoge in einem 45 Kilometer entfernten Dorf zu Schutt und Asche verbrennen. Als am nächsten Tag ein Mann aus jenem Dorf erschien und behauptete, die Synagoge sei niemals von einem Feuer berührt worden, kümmerte das Anhänger des Hellsehers nicht im geringsten. »Was macht es schon aus, daß er unrecht hatte«, erklärten sie. »Immerhin konnte er bis zu eurem Dorf sehen.«

Ich glaube nicht, daß der gestreckte Galopp in Richtung Globalisierung oder die Entwicklung hochentwickelter Technologien so schwer vorherzusehen waren. Einige Führungspersönlichkeiten haben diese Entwicklung in der Tat vorhergesehen oder zumindest erahnt. Erfolgreiche Leader erkennen, daß wir uns von materialintensiver Produktion wegbewegen und auf ein Stadium ideenintensiver Produktion zusteuern. Sie wissen, daß in Zukunft Wohlstand und Erfolg durch intellektuelles Kapital erreicht werden, und schaffen eine Umgebung, die Lernen fördert – eine anpassungsfähige, lebendige soziale Architektur, die in der Lage ist, intellektuelles Kapital hervorzubringen.

Große Führungspersönlichkeiten interessieren sich für Menschen, für Ideen – und für Geld. Wenn für ein bestimmtes Projekt genügend Kapital bereitgestellt wird, wenn sie die richtigen Leute auswählen und die bürokratische Rollenverteilung umwerfen, damit die besten Ideen und deren Lösungen sofort von einer Abteilung zur nächsten transportiert werden können, dann werden wir erfolgreiche Unternehmen erleben. Es sind diejenigen, die sich nicht mit vergangenen Erfolgen zufriedengeben. Sie werden sich verändern, reorganisieren und revitalisieren, ohne daß man sie dazu zwingt.

Zwischen der Größe eines Unternehmens und seiner Fähigkeit zur Veränderung gibt es eine Wechselbeziehung. Es ist der gleiche Unterschied wie zwischen dem Wendekreis der Queen Mary und dem eines Motorboots. Große Unternehmen haben zwischen ihren einzelnen Abeilungen dicke Trennwände, die den Austausch von Informationen und Ideen erschweren.

In den letzten Jahren ist ein neuer Führungstypus aufgetaucht, den man eher einen Förderer nennen könnte als einen Alleinherrscher, jemand, der Ideen unterstützt, statt sie selbst hervorzubringen. Solche Führungspersönlichkeiten begreifen sich lediglich als Trainer oder Mentoren. Ich habe Jack Welch einmal gefragt: »Wie schaffen Sie es nur, dauernd Entscheidungen zu treffen, angefangen bei Glühbirnen bis hin zu Computern, Turbinenmotoren und medizinischen Instrumenten?« Er antwortete: »Das tue ich gar nicht. Mein Job besteht nicht darin, nach Louisville zu gehen, um die Farbe für einen Kühlschrank auszuwählen oder zu entscheiden, welche Form ein Türgriff haben soll. Ich stelle Fragen wie: Können die Italiener es vielleicht billiger herstellen? Oder sollten wir es besser ganz auslagern? Alles, was ich tue, ist Fragen zu stellen, Ideen zu fördern und sie ausführen zu lassen.«

Gute Führungskräfte haben sich von der Machorolle emanzipiert und die Rolle des Maestro übernommen, Dirigenten, die das Beste aus den Mitgliedern ihres Orchesters hervorlocken. Darum geht es schließlich heutzutage. Viele Mitwettbewerber besitzen weder Ressourcen noch eine einzigartige Technologie. Alles, was sie haben, ist die Fähigkeit, das Potential und die Kenntnisse ihrer Mitarbeiter zu nutzen.

Führen lernen

Meine Grundthese ist, daß der Entwicklungs-
prozeß einer erfolgreichen Führungspersönlichkeit sich
nicht von dem einer erfolgreichen, integren
Persönlichkeit unterscheidet.

Oft fragen mich die Leute: »Wie macht man aus jemandem eine Führungspersönlichkeit?« Ich muß gestehen: Ich kenne auch nicht alle Voraussetzungen dafür. Ein Rezept würde mir zweifelsohne den Nobelpreis einbringen. Denn während bezüglich der Qualitäten einer solchen Person eine generelle Übereinstimmung herrscht, bleibt die Frage nach dem »Wie« weiterhin strittig. Shakespeare drückt es so aus: »Lernen ist nichts weiter als ein Bestandteil unseres Selbst.« Das bedeutet, wenn wir davon sprechen, Führungskräfte zu »machen«, dann sind wir unweigerlich in einen persönlichen Umformungsprozeß involviert.

Lernen fördern

Obwohl ich nicht glaube, daß man Führungsqualitäten »lehren« kann, bin ich doch davon überzeugt, daß sie erlernbar sind. Es bedarf eines begabten Trainers, der, mit Hilfe eines experimentellen Umfeldes, das Lernen erleichtert. Das Kunststück besteht darin, den Teilnehmer im Hinblick auf seine Arbeitsweise zu beraten und zu korrigieren, ohne sein Selbstwertgefühl zu verletzen. Wie kann ein Trainer lernen zu unterstützen, ohne Kontrolle auszuüben? Ich vermute, daß sich diese Frage jedem »Helfer« stellt. In einer Studie wurden über 4000 leitende Angestellte darüber befragt, wie offen und direkt sie auf ihre unmittelbaren Vorgesetzten reagieren. Fast keiner der Befragten gab an, so offen und ehrlich wie möglich zu sein.

Ungeachtet der Tatsache, daß fast alle Führungskräfte und Manager ein großes Arsenal an Verbesserungsvorschlägen haben, bringen sie diese nicht vor, weil sie entweder glauben, man würde sie doch nicht befolgen, oder aber befürchten, der Adressat könne sie als Kritik, Provokation oder Feindseligkeit ihm gegenüber auffassen. So entwickelt sich dann Management allzuoft zu einer manipulativen Kunstform, wo Täuschung, das Sich-Herauswinden, Zweideutigkeiten, Versteckspielchen und andere kleine Vergehen und Unaufrichtigkeiten die direkte und offene Kommunikation ersetzen.

Die leitenden Angestellten auf den unteren Hierarchiestufen haben ähnliche Schwierigkeiten, ihren Chefs mit hilfreichen Ratschlägen zur Seite zu stehen. Ungefähr 70 Prozent der über 100 leitenden Angestellten, die ich während der letzten 15 Jahre untersuchte, bieten weder Feedback noch Ratschläge an, die sich nicht mit den Normen und Vorlieben ihrer Chefs vereinbaren lassen, selbst wenn sie wissen, daß das Weiterverfolgen einer bestimmten Linie dem Unternehmen gefährlich werden könnte. Deshalb lautet die erste Regel: Der Trainer muß sich in intensivem Zuhören üben, das heißt, er muß den Hintergrund der Argumentation seines Gegenübers berücksichtigen – er muß sich in die Welt des anderen »einklinken«.

Die Grundlage der Menschenführung liegt in der Fähigkeit einer Führungsperson, das Bewußtsein einer anderen Person zu beeinflussen. Natürlich ist das alles andere als einfach. Die meisten von uns glauben sich auf eine andere Person einzulassen, während sie in Wirklichkeit nur sich selbst zuhören.

Wissenserwerb durch Versuch und Irrtum

Menschen lernen zu führen, indem sie etwas ausprobieren. Dabei sind die beiden Hauptquellen der Erkenntnis die individuelle Umgebung und die der Organisation. Das Individuum muß den Ehrgeiz haben, eine Führungspersönlichkeit zu werden. Ohne diese Motivation wird – wie im übrigen Leben auch – rein gar nichts klappen.

Ich sollte vielleicht noch hinzufügen, daß man sich auch das sogenannte Richard-III.-Syndrom zu eigen machen sollte: »Meide Menschen, die nicht ohne Macht leben können – den Drang nach Macht um ihrer selbst willen.«

Vorausgesetzt, eine Person hat das gesunde Bestreben zu führen, so muß sie die Fähigkeit entwickeln, aus positiven wie negativen Erfahrungen zu lernen. Ich bitte meine Klienten oft, eine Art Tagebuch über ihre Führungserfahrungen oder ihre »Beeinflussungsversuche« zu führen. Später diskutieren wir dann diese Notizen. Noch wertvoller ist natürlich ein unmittelbares Feedback. Gelegentlich »beschatte« ich die Person auch, das heißt, ich beobachte sie gründlich und versuche sie mit hilfreichen Tips und Informationen zu versorgen. Was die meisten von uns – Führungspersönlichkeiten oder nicht – dringend brauchen, ist konstruktive Kritik von Menschen, die wir respektieren.

Das meiste lernen wir anhand von Widrigkeiten. Ein Unglück kann Menschen zu persönlichem Wachstum verhelfen und gute Voraussetzungen für erfolgreiches Führen schaffen. Eine weibliche Führungskraft, die ich interviewte, gestand: »Erst nachdem ich wiederholt am Boden war, gelangte ich zu der Festigkeit und Spannkraft, die ich für meine Arbeit benötige.«

Darüber hinaus gibt es noch so etwas wie einen »glücklichen« oder günstigen Moment«, wo irgend etwas gesagt wird, das einen besonderen Nachhall auslöst. Deshalb hören wir so oft, wie ein Roman, ein Gedicht, ein Theaterstück oder ein Gemälde das Leben eines Menschen veränderte. Ich bin jedoch überzeugt davon, daß solch ein günstiger Moment eher durch das Zusammenspiel von Phantasie und Erfahrung zustande kommt.

Was kann eine Organisation tun, um den Erwerb von Führungsqualifikationen zu beschleunigen? Hier vier einfache Beispiele:

1. Stellen Sie prägnante Vorbilder zur Verfügung. Anhand von Vorbildern läßt sich Führung am besten erlernen. Das gilt für gute wie für schlechte Rollenmodelle. Das meiste jedoch lernen wir von den schlechten.

2. Identifizieren und belohnen Sie gute Trainer. Ich kenne keine einzige Organisation, die deren Wichtigkeit begriffen hat, obwohl »coaching« zur Zeit so lautstark propagiert wird.

3. Lassen Sie die Mitarbeiter mit Führungspotential verschiedene Rollen und Tätigkeiten im Unternehmen übernehmen. Ich spreche von horizontaler Mobilität, nicht nur vom Erklimmen der Erfolgsleiter. Wenn wir die Positionen wechseln, lernen wir viel über uns selbst und andere. Tatsächlich hat sich herausgestellt, daß Auslandserfahrungen die besten Voraussetzungen für effektives Führen schaffen, vielleicht, weil sie die Perspektive erweitern und Möglichkeiten aufzeigen, Dinge anders wahrzunehmen und anzugehen.

4. Lassen Sie die potentiellen Führungskräfte Erfahrungen sammeln, die ihnen nützlich sind. Geben Sie ihnen den Vorsitz eines speziellen Teams, das sich aus vielen Teilnehmern von unterschiedlichem Status und mit unterschiedlichen Standpunkten zusammensetzt. Das erfolgreiche Führen einer solchen Gruppe erfordert Überzeugungskraft. Nicht Zwang und Kontrolle, sondern Hilfe und Unterstützung werden gefordert.

Wie Führungskräfte lernen

Konventionelles Lernen führt nur zu konventionellem Wissen, Führungspersönlichkeiten bevorzugen innovatives Lernen, um Probleme lösen und Barrieren durchbrechen zu können.

Ein Problem standardisierter Führungskurse ist, daß sie sich ausschließlich auf bestimmte Fertigkeiten konzentrieren und – wenn überhaupt – eher Manager hervorbringen als Führungskräfte.

Selbstverständlich kann man Management-Know-how erwerben. Und dieses Know-how ist auch den Führungskräften nützlich. Nicht alle Details der Führungskunst jedoch lassen sich leicht vermitteln. Man kann sie nicht lehren, sie müssen erfahren werden. Wie der CalFed-Vorsitzende Robert Dockson es ausdrückt: »Die Dinge, auf die es wirklich ankommt, lassen sich nicht in einem gewöhnlichen Klassenzimmer lehren.« Weil per Definition jede Führungspersönlichkeit einzigartig ist, ist auch das, was sie lernt und wie sie es nutzt, einzigartig. Wenn wir aber verstehen wollen, wie Führungspersönlichkeiten lernen, dann müssen wir uns mit einigen Theorien über den Lernvorgang selbst auseinandersetzen.

1972 fertigte der Club of Rome eine Studie über das Lernen an, beginnend mit einer Skizze materieller Grenzen, die – mit den Worten des Clubs – »unsere Möglichkeiten materiellen Wachstums auf einem endlichen Planeten einschränken«, und schließend mit einer Verteidigung der »inneren Freiräume«, »... die in uns selbst existieren und Möglichkeiten unvergleichlicher Entwicklungen in sich bergen.«

Der Bericht des Clubs wurde 1979 unter dem Titel *No Limits to Learning: Bridging the Human Gap* von James W. Botkin, Mahdi

Elmandjra und Mircea Malitza publiziert. Aurelio Peccei schreibt in seinem Vorwort: »Alles, was wir an diesem Punkt der menschlichen Evolution tun müssen, ist: zu lernen, wie wir lernen können, was wir lernen sollten – und es zu lernen.« Die Autoren definieren die sogenannte human gap – die menschliche Kluft – als »die Diskrepanz zwischen der zunehmenden Komplexität und unserer Fähigkeit, damit klarzukommen. Wir nennen es human gap, um die Dichotomie zwischen einer zunehmenden, durch uns selbst verursachten Komplexität und unseren eigenen unterentwickelten Fähigkeiten auszudrücken.«

Konventionelles Lernen

Die Autoren beschreiben die zwei grundsätzlichen Methoden konventionellen Lernens wie folgt:

Bewahrendes Lernen. »Am weitesten verbreitet ist das Aneignen festgelegter Sichtweisen, Methoden und Regeln im Umgang mit bekannten und wiederkehrenden Situationen … Diese Form des Lernens dient dem Erhalt eines bestehendes Systems oder einer etablierten Lebensweise.«

Lernen durch Schock. Mittlerweile nahezu vorherrschender Lerntypus. Es setzt ein, wenn bestimmte Ereignisse die Menschen überrollen. Oder, wie die Autoren behaupten: »Sogar bis zum heutigen Tag ersehnt die Menschheit Ereignisse und Krisen, die ihr diese primitive Form des Lernens auferlegen. Lernen durch Schock läßt sich als ein von Elitedenken, Technokratie und Autoritätsfixiertheit geprägtes Produkt begreifen. Oft folgt es einer Periode übermäßigen Vertrauens in Lösungen, die lediglich mit Expertenwissen oder technischer Kompetenz herbeigeführt wurden und über die Dauer ihrer Nützlichkeit weiterhin praktiziert werden.«

Mit anderen Worten: Bei beiden Formen, sowohl beim bewahrenden Lernen wie auch beim Lernen durch Schock, geht es weniger ums Lernen als um das Überliefern konventioneller Weisheiten. Die

Gesellschaft, die Schule oder die Familie sagt: Dies sind die allgemeingültigen Weisheiten, die man kennen muß. Wir akzeptieren diese Predigt und vergessen, daß es noch ein »Selbst« gibt, das ein Recht darauf hat, sich zu äußern.

Die amerikanische Automobilindustrie ist durch beständiges bewahrendes Lernen erfolgreich geworden, bis sie sich plötzlich an die Wand gedrückt fand, ausgebootet und in den Verkaufszahlen geschlagen durch die Hexenmeister der japanischen Automobilindustrie, und durch diesen Schock lernen mußte, daß sie sich in einer Krise befand. Detroits kreativer Bereich geriet in Konkurs und der finanzielle in den Ruin. Aber statt zu versuchen, einen Weg aus dem Dilemma zu finden, ließ Detroit sich jahrelang durch den Schock lähmen, schloß Fabriken, setzte Tausende seiner Arbeiter auf die Straße und kaufte jede Lösungsmöglichkeit, die irgendwie gut aussah. Erst in den letzten Jahren hat Detroit begonnen, sich einigermaßen von den selbstverschuldeten Wunden zu erholen. Den Schlüssel für diese Genesung nennt der Club of Rome »innovatives Lernen«.

Die Autoren schreiben: »Das konventionelle Muster des bewahrenden und des Schocklernens eignet sich nicht zur Bewältigung eines Komplexitätsniveaus globalen Ausmaßes und wird, wenn es nicht aufgegeben wird, zum Verlust der Kontrolle über Ereignisse und Krisen führen.«

Was für globale Zusammenhänge gilt, trifft auch auf den persönlichen Bereich zu. Jeder, der sich auf bewahrendes oder auf Schocklernen verläßt, wird zwangsläufig mehr reagieren als agieren. So werden zum Beispiel die meisten Familien lediglich aus Gewohnheit aufrechterhalten. Stirbt plötzlich jemand in der Familie, so wirkt der Schock oft derart heftig, daß die Familien – zumindest eine Zeitlang – auseinanderfallen. Wir alle kennen Ehemänner und -frauen, die durch den Tod eines Kindes dermaßen aus der Bahn geworfen wurden, daß sie sich schließlich scheiden ließen.

In gleicher Weise wird jemand, der sich in seinem Arbeitsalltag auf konventionelles Wissen verläßt, womöglich innerhalb einer bürokratischen Struktur nach oben kommen, niemals wird er jedoch die Möglichkeit bekommen, seine besonderen Fähigkeiten vollends auszuschöpfen. Überdenkt dieser Mensch sein Leben irgendwann einmal, so wird ihn höchstwahrscheinlich der Schock über seine unerfüllten Sehnsüchte ereilen – leider zu spät.

Innovatives Lernen

Führungspersönlichkeiten müssen bewahrendes Lernen und Schocklernen durch innovatives Lernen ersetzen, dessen Hauptmerkmale folgende sind:

- Antizipation: Das bedeutet, aktiv und phantasievoll zu sein, statt passiv am Gewohnten festzuhalten.
- Lernen, indem man anderen zuhört.
- Partizipieren: Ereignisse zu formen, statt sich durch sie formen zu lassen.

Indem wir das praktizieren, was die Autoren des Club-of-Rome-Reports Wechsel von unbewußter Anpassung zu bewußter Partizipation nennen, erkennen wir neue Zusammenhänge, bringen nützliche Synthesen hervor, und unser allgemeines Verständnis vertieft sich.

Filmregisseur Sidney Pollack ist der Ansicht, daß es Kräfte gibt, die innovativem Lernen entgegenwirken:

Jeder hat die Fähigkeit zur freien Assoziation, aber die Gesellschaft mißbilligt aktive Phantasien. Ab einem bestimmten Alter hören wir auf, Spiele wie »Laßt uns so tun, als ob«, »Was wäre, wenn...« zu spielen. Aber in unseren Köpfen spuken sie noch immer herum, obwohl wir uns irgendwann dafür schämen. Wir hören eine Symphonie und stellen uns vor, wir wären der Dirigent. Wir dirigieren wie wild herum, bis wir uns als Erwachsene sagen: Du meine Güte! Wenn jemand wüßte, daß ich heimlich den Karajan mime! Solche Phantasien sind jedoch ein echter Schlüssel zur Problembewältigung. Zweifellos sind sie das wichtigste Werkzeug für Problemlösungen im Bereich der Kunst, ob es nun Malerei, Tanz, Regie oder das Schreiben von Drehbüchern oder Romanen betrifft.

Kreative Problemlösung ist eine Form innovativen Lernens. Innovatives Lernen ist eine Möglichkeit, Komplexität wahrzunehmen. Die amerikanische Außenpolitik lag jahrzehntelang im argen, weil unsere Politiker unter der falschen Voraussetzung agierten, der Kommunismus sei ein einheitlicher Block – gigantisch und bedrohlich. Hier handelt es sich um ein Bilderbuchbeispiel des bewahrenden Lernens. Tatsächlich gibt es ebenso viele verschiedene Richtungen innerhalb des Kommunismus wie innerhalb demokratischer Systeme. Mechanisches Lernen sieht den Kommunismus lediglich als ein politisches Phänomen und vernachlässigt die soziale und ökonomische Dimension. Innovativ Lernende blicken durch die politischen Ähnlichkeiten hindurch und erkennen die sozialen und ökonomischen Unterschiede, die kommunistische Gesellschaften voneinander trennen.

Bewahrendes Lernen, das die meisten Organisationen und Bildungsinstitute praktizieren, versucht, den Status quo zu erhalten und gute Soldaten aus uns allen zu machen. Es ist ein Monolog, der auf Autorität basiert, hierarchisch, exklusiv und einsam. Weil es sich dabei um eine begrenzte und eingeschränkte Wissensvermittlung handelt, fordert sie von uns, uns den bestehenden Verhältnissen anzupassen.

Schocklernen erhält uns folgsam und linientreu, indem es unsere Unfähigkeit betont, Ereignisse zu kontrollieren oder uns als Individuen auf die Zukunft vorzubereiten, und indem es unser Bedürfnis nach Autorität und hierarchischen Strukturen unterstützt, die uns angeblich schützen.

Innovatives Lernen ist die beste Möglichkeit, autonomes Verhalten einzuüben, ein Mittel, innerhalb des bestehenden Kontexts auf positive Art zu arbeiten. Es ist ein Dialog, der mit Neugier beginnt, von Wissen angetrieben wird, um schließlich zum Verständnis zu führen. Dieser Prozeß schließt alles mit ein, er ist grenzenlos, endlos und dynamisch. Er ermöglicht uns, das Bestehende zu verändern.

Was wir uns beim innovativen Lernen aneignen, erlaubt uns, aus unserer Mitläuferschaft auszusteigen und unser eigenes Leben zu führen. Wir akzeptieren die Dinge nicht mehr so, wie sie sind, sondern malen uns lieber aus, wie sie sein könnten. Wir bringen neue Dinge ins Rollen. Wir befinden uns auf dem Weg, eine Führungspersönlichkeit zu werden.

Wie man von Widersachern lernen kann

Robert Abboud wurde einmal aus der Spitzenstellung einer Chicagoer Bank gefeuert. Er ging zu Armand Hammer, wo man ihn ebenfalls entließ. Dann zog er nach Texas und wurde dort Vorsitzender der First National Bank.

Als man ihn fragte, wie er sich nach all den Mißgeschicken seinen schließlichen Erfolg erklärte, zitierte er einen Dialog aus der »Andy Griffith Show«. Barney, Andys Vertreter, fragte Andy, wie man sich gute Urteilsfähigkeit aneigne. Andy erwiderte, er glaube, sie käme mit der Erfahrung. Barney fragte, wie man Erfahrung sammele. Andy antwortete: »Indem man sich ein bißchen herumkicken läßt.« Abboud zuckte mit den Achseln und sagte: »Ich bin eben ein bißchen herumgekickt worden.«

Abboud lernte aus seinen Erfahrungen, statt sich von ihnen entmutigen zu lassen, weil er sie nicht einfach hinnahm. Er reflektierte über sie, verstand und nutzte sie. Führungskräfte lernen, während sie etwas tun – sie lernen, wo es Schwierigkeiten gibt, wo eine Tätigkeit noch nicht programmiert ist, wo man sich auf Neuland begibt. Wie rettet man eine Bank vor dem Ruin? Man lernt es, indem man es tut. Man lernt durch alles, was einem bei der Arbeit widerfährt.

Einige Menschen mögen so etwas vielleicht »Lernen durch Mißgeschick« nennen. Ich nenne es »Lernen durch Überraschung«.

Entwicklungsmöglichkeiten im Amt

Eine der wichtigsten Gaben einer Führungspersönlichkeit ist die Fähigkeit, Erfahrungen in ihr Amt einfließen zu lassen. Teddy Roosevelt muß ein regelrechter Clown gewesen sein, bevor er Präsident wurde. Und seinen Cousin, Franklin D. Roosevelt, entließ Walter Lippman mit den Worten: »Ein netter Landjunker, der gern Präsident sein möchte.« Mittlerweile werden die Roosevelts als zwei der besten Präsidenten angesehen, die unsere Nation vorzuweisen hat. Führungspersönlichkeiten bewähren und beweisen sich im Laufe ihrer Tätigkeit. Sie lernen, indem sie führen, und sie lernen am besten, wenn es Schwierigkeiten zu überwinden gilt. Wie das Wetter Berge formt, so werden unsere Führungskräfte durch Probleme geformt. Schwierige Vorgesetzte, Mangel an Visionen und Werten in den Chefetagen, Umstände außerhalb jeglicher Kontrolle und ihre eigenen Unzulänglichkeiten sind ihre grundsätzlichen Lehrpläne.

Der Korn/Ferry-Mitbegründer Richard Ferry gehört zu den Vertretern der sogenannten Wirf-sie-ins-Wasser-damit-sie-schwimmen-lernen-Schule. »Man kann Führungskräfte nicht machen«, behauptet er. »Wie soll man den Leuten denn beibringen, Entscheidungen zu treffen? Alles, was man tun kann, ist, ihr Talent hervorzulocken. Ich bin ein großer Anhänger von Feuerproben und On-the-Job-Training. Schicken Sie sie hinaus in die Fabriken oder auf die Märkte. Schicken Sie sie nach Japan oder nach Europa. Geben Sie ihnen eine Ausbildung vor Ort.«

In einer Studie der Verhaltenswissenschaftler Michael Lombardo und Morgan McCall am Center for Creative Leadership stellte sich heraus, daß Widrigkeiten so zufällig und häufig sind wie Glücksfälle. Nachdem sie nahezu 100 Topmanager interviewt hatten, wurde ihnen klar, daß glückliche Zufälle eher die Regel sind als die Ausnahme und daß der Aufstieg einer Führungskraft alles andere als einer bestimmten Ordnung folgt. Schlüsselerlebnisse umfassen radikale Stellenwechsel und ernsthafte Probleme ebenso wie Glückssträhnen. Besagte Probleme schließen Degradierung, verhinderte Beförderung, Aufträge in Übersee, Unternehmensverkäufe, Übernahmen, Erschütterungen und Umbesetzungen mit ein.

Lombardo und McCall ermittelten außerdem, daß Mißerfolge gute Lehrmeister sind, daß erfolgreiche Führungskräfte endlos Fragen stellen, daß sie ihre weniger erfolgreichen Mitwettbewerber vornehmlich deshalb überholen, weil sie mehr aus ihren Erfahrungen lernen, und in der Regel frühzeitig – das heißt zu Beginn ihrer Karriere – lernen, mit mehrdeutigen Situationen umzugehen.

Auch der Fernsehproduzent Norman Lear sieht Hindernisse als einen integrativen Teil von Führung:

Um eine erfolgreiche Führungsperson zu sein, muß man nicht nur eine Gruppe von Gefolgsleuten auf den richtigen Pfad bringen, sondern sie auch davon überzeugen, daß sie jedes ihnen im Weg stehende Hindernis – ob es nun ein Baum ist oder ein Gebäude – überwinden werden. Sie werden sich nicht von den Barrieren, die sich vor ihrem Ziel erheben, zurückhalten lassen. Jede Reise ist gepflastert mit Schlaglöchern und Minen; die einzige Möglichkeit, sie zu überwinden, besteht darin, ihnen entgegenzutreten und sie als das zu erkennen, was sie sind, nämlich lediglich Bäume oder was auch immer, und daß sie nicht unüberwindlich sind. Denken Sie daran: Wo immer Sie stolpern, genau da liegt der Schatz vergraben.

Auf diese Weise vollziehen sich Lernprozesse durch Überraschung ebenso wie durch Mißgeschick. Praktisch jede Führungsperson, mit der ich sprach, würde dem zustimmen. Einige von ihnen lernten wertvolle Lektionen durch schwierige Vorgesetzte – manche sogar durch schlechte. Schlechte Chefs bringen uns bei, was wir nicht tun sollen. Die Lehren, die ein schwieriger Chef erteilt, sind etwas komplexer. Ein schwieriger Chef kann eine Herausforderung darstellen, er kann wählerisch sein, einschüchternd, arrogant, abrupt oder quecksilbrig. Aber zugleich mag er uns inspirieren, uns mit Visionen versorgen und uns mitunter vielleicht mögen.

Das klassische Beispiel eines schwierigen Chefs bietet Robert Maxwell, ein erfolgreicher Visionär, der sämtliche Makel, die ihm in einem Interview für die Fernsehshow »Sixty Minutes« angelastet wurden, zugab. Einmal feuerte er seinen Sohn, weil dieser vergaß, ihn vom Flughafen abzuholen. Sechs Monate später stellte er ihn wieder ein.

Der ideale Chef für eine heranwachsende Führungskraft ist höchstwahrscheinlich der gute mit vielen Fehlern, bei dem man all die schwierigen Lektionen über das, was man tun, und das, was man lassen muß, lernt.

Wieder auf die Füße kommen

Ernest Hemingway hat gesagt, daß die Welt uns alle bricht und wir an den Bruchstellen stärker werden. Fraglos trifft dies ganz besonders auf Führungspersönlichkeiten zu. Ihre Fähigkeit, immer wieder auf die Beine zu kommen, ermöglicht ihnen, ihre Träume zu verwirklichen und ihre Visionen zu realisieren.

Dies brachte mich zu einer Erkenntnis, die ich den Wallenda-Faktor nenne, ein Konzept, das ich ausführlich in meinem Buch *Führungskräfte* beschrieben habe; ich werde es deshalb hier nur kurz erwähnen.

Kurz nachdem der große Seiltänzer Karl Wallenda während seines gefährlichsten Seilaktes zu Tode gestürzt war, berichtete seine Frau, ebenfalls eine Seilakrobatin: »Alles, woran Karl in den letzten Monaten vor seinem Sturz dachte, war das Fallen. Es war das erste Mal, daß er sich damit befaßte, und es kam mir so vor, als lege er all seine Energie nicht in das Laufen, sondern das Fallen.« Wenn wir mehr ans Versagen denken als an unser Vorhaben, werden wir niemals erfolgreich sein.

Unsere Führungskräfte verwandeln Erfahrungen in Wissen, und das wiederum verwandelt die Kultur ihrer Betriebe und schließlich die Gesellschaft als Ganzes. Unter Umständen ist dieser Verlauf kein besonders geregelter, gradliniger, aber er ist der einzige, der verfügbar ist.

Erfahrung birgt in sich Magisches wie auch Weisheit. Aber auch in Streß, Herausforderung und Mißerfolg liegt eine bestimmte Magie – und ebenso Weisheit.

Kritisches Denken

Bei Business Schools bis hin zu Vorständen
erleben wir einen bedenklichen Mangel an Kritik-
vermögen und beständiger Lernbereitschaft.

Business Schools befinden sich im letzten Stadium der Verkalkung. Harvard, eine der renommiertesten dieser Institutionen, demonstriert praktisch die Vollendung jenes Zustands. Die meisten Business Schools bewegen sich auf dem falschen Weg – zumindest ist das die Auskunft, die mir die gescheitesten ihrer Absolventen erteilen.

Verstehen Sie mich bitte nicht falsch: Ich halte außerordentlich viel von meinen Kollegen, sie tun ihr Bestes. Dennoch sind drastische Veränderungen angebracht. Eine Business School sollte auf vier Grundlagen fußen:

1. Kritisches Denken: Dies ist das Produkt einer qualitativ hochwertigen Ausbildung in den geisteswissenschaftlichen Fächern – zu lernen, was systematisches Denken bedeutet, wie man sich eine Sicht der Welt aneignet, Verbindungen herstellt. Warum bieten Business Schools keine Kurse über die großen Werke von Machiavelli, Hobbes, Hegel, Marx oder Tolstoi an? Hat man diese Autoren nicht gelesen, ist es schwer, Phänomene wie Liebe, Leidenschaft und Macht zu verstehen und was es bedeutet, ein Mensch zu sein.

2. Soziale und emotionale Kompetenz. Wenn ich mich mit Ehemaligen unterhalte, die ihre Business School vor fünf Jahren verlassen haben, dann gestehen sie mir, daß es ihnen an Führungs- und Kommunikationsfähigkeit mangelt wie an der Fähigkeit, zu schreiben und sich selbst zu präsentieren.

3. Ein globales Wissensnetzwerk. Wir brauchen nicht nur virtuelle Unternehmen, sondern auch virtuelle Universitäten. Die notwendige Technologie, um uns in Fachbereiche in Stockholm oder Tokio einzuklinken, ist bereits vorhanden. Wir müssen so etwas wie ein »unsichtbares College« schaffen, das uns ermöglicht, mit Kollegen in aller Welt eine intellektuelle Gemeinschaft zu bilden.

4. Berufserfahrung. Stellen Sie sich ein Modell vor, bei dem ein Student nicht unmittelbar nach dem College in die »Graduate School« eintritt, sondern sich erst vier Jahre Berufserfahrung aneignet. Er besucht die »Graduate School« mit Unterstützung seines Unternehmens, bei dem er sechs Monate im Jahr arbeitet, um sich für die restliche Zeit dem Studium zu widmen. Es würde somit drei bis vier Jahre dauern, einen Abschluß zu erwerben.

Es ist an der Zeit umzudenken. Das Niveau des amerikanischen Bildungssystems ist drastisch gesunken. Es ist der Nährboden all unserer sozialen Krankheiten – Gewalt, Drogen, Verschuldung, zerstörte Familien. Mit diesem System, das aus dem neunzehnten Jahrhundert stammt, versuchen wir, den Anforderungen, des einundzwanzigsten Jahrhunderts gerecht zu werden. Meine Antwort hierauf lautet: Experimentieren und Zusammenarbeiten mit den Eltern. Wir brauchen kreative Lehrer und Administratoren, die sich darum bemühen, die Eltern einzubeziehen, statt den Status quo zu verteidigen.

Wir müssen erforschen, was wir in unseren Colleges richtig machen, und das auf unser Schulsystem anwenden. Ein positiver Aspekt des Universitätsstudiums ist die Erfahrung des Eingebundenseins in ein Umfeld, das sich dem Lernen widmet. Wir müssen diese Erfahrung einer auf Lernen ausgerichteten Umgebung auf das gesamte Bildungssystem übertragen.

Mangelhafte Führung

Wie so viele Dinge im Leben ist unser Bildungsproblem nicht auf den Mangel an Geld oder Interesse zurückzuführen, sondern liegt allein in fehlender Führungsfähigkeit begründet. Wir müssen uns eine gemeinsame Vision erarbeiten, die die Bereiche Bildung, Regierung und Geschäftsleben einbezieht. Wir müssen fähige Führungskräfte auswählen und ihnen die Führung anvertrauen.

Vorstände. Vielleicht machen wir den Vorstand dafür verantwortlich, daß er keine Veränderung fordert. Aber es ist schwer, einem Manager die Füße zu versengen, wenn er zugleich Vorstandsvorsitzender ist. Ebenso ist es schwer für Vorstandsmitglieder, schnell zu agieren, egal wie fähig oder brillant sie sein mögen.

Die Vorstände von IBM und General Motors können hervorragende Leute vorweisen. Aber wenn es nur einmal im Monat ein Treffen gibt und man von einem engen Freund berufen wurde, so braucht es eine Weile, bis man merkt, was überhaupt geschieht. Es überrascht nicht, daß diese Leute viel Vertrauen in einen CEO setzen, weil er ein guter Mensch ist.

Um den Aufsichtsrat aktiver in Unternehmensangelegenheiten einzubeziehen, berufen immer mehr Betriebe Vorsitzende, die keine Exekutivfunktion haben. Oder aber wir erleben einen Aufsichtsratstypus, der zwar Mitglied des Exekutivausschusses ist, aber an Aufsichtsratskonferenzen in nicht leitender Funktion teilnimmt. Üblicherweise ist ein Aufsichtsratsvorsitzender gleichzeitig Mitglied des Exekutivausschusses.

Wie die Dinge jetzt liegen, wird die Tagesordnung vom CEO-Vorstandsmitglied bestimmt; also ist die Macht auch in seinen Händen. Deshalb meine ich, ein CEO sollte nicht zugleich Aufsichtsratsmitglied sein. Hätte man dies bei GM oder IBM beherzigt, hätten sich einige Veränderungen schneller vollzogen. Aufsichtsräte sollten als ebenso verantwortlich betrachtet werden wie CEOs. Der Exekutivausschuß könnte für den Aufsichtsrat bestimmte Kriterien aufstellen und die Ausführung regelmäßig bewerten. In diesem Zusammenhang wäre ein Aufsichtsratmitglied ohne leitende Funktion nützlich. Soweit mir bekannt, gibt es für Aufsichtsräte keine Erfolgskontrolle ihrer Tätigkeit. Aufsichtsräte haben selten Gelegenheit, sich Fragen zu stellen wie: »Sollten wir nicht besser unsere Vorgehensweise überprüfen? Sind wir ehrlich zueinander? Berücksichtigen wir alle zur Verfügung stehenden Daten? Bewerten wir die treuhänderischen Aspekte des Geschäfts ebenso gewissenhaft wie die Arbeit des CEOs?«

Das Problem besteht darin, daß einige Aufsichtsratsmitglieder Spießgesellen des CEOs sind und wieder andere – selber CEOs – viel zu sehr mit den Angelegenheiten ihrer eigenen Betriebe beschäftigt. Zwar ist mittlerweile eine neue Generation von Direktoren im Kommen, aber selbst diese haben zu viele Aufsichtsratsposten. Ich selbst bin momentan in vier Aufsichtsräten – für ein Finanzunternehmen und drei Erziehungsorganisationen.

Bei Gesprächen mit Direktoren habe ich oft das Empfinden, sie fühlen sich mit ihren Aufgaben überlastet. Firmen auf der Suche nach Geschäftsführern können ein Lied davon singen, wie schwierig es ist, Leute für Direktorenposten zu bekommen, insbesondere bei Banken und anderen Finanzinstituten. Die meisten Aufsichtsräte sind ohnehin nur Strohmänner des Managements – teuer, machtlos und oft frustriert und unwillig. Hier ändert sich jedoch zur Zeit einiges: Aufsichtsräte haben rechtliche Konsequenzen zu befürchten, sofern sie ihren Pflichten nicht mit größerem Engagement nachkommen.

Neue Aufsichtsräte sind meist nicht gut mit dem jeweiligen Unternehmen vertraut. Orientierungsveranstaltungen beschränken sich auf glänzende Zusammenfassungen, die nicht mehr zu bieten haben als der übliche Jahresreport. Neue Aufsichtsratsmitglieder sollten besser Zeit, Interesse und Aufnahmefähigkeit für detaillierte Informationen mitbringen. Nur selten sind sie gründlich genug informiert, um ein Unternehmen zu begreifen, und es fehlt ihnen an Geschäftserfahrung für eine eigene Einschätzung. Die Direktoren werden häufig mit einem Wust an Papieren überschüttet, an sorgfältig zusammengestellten Informationen hingegen mangelt es. Oft stehen die Daten erst einen Tag vor der Konferenz zur Verfügung. Mögen sie auch eigene Geschäftserfahrungen besitzen, hier wird immerhin von ihnen verlangt, ein anderes Unternehmen vollständig zu verstehen. Deswegen benötigen neue Aufsichtsratsmitglieder eine gründliche Einführung in den jeweiligen Geschäftsablauf.

Es gibt eine Tendenz, bestimmte Interessengruppen in die Aufsichtsräte zu berufen – Umweltschützer, Frauenrechtlerinnen, Minderheiten. Bei der Zusammenstellung des Aufsichtsrates gibt es deshalb Spannungen zwischen dem Leistungsaspekt und ausgewogener Repräsentation der Anteilseigner.

Es läßt sich jedoch nicht leugnen, daß bestimmte Gruppen bei den Direktoren unterrepräsentiert sind. Es könnte sich vorübergehend als notwendig erweisen, sie in einen Aufsichtsrat zu berufen, selbst wenn ihnen die entsprechende Erfahrung fehlt. Dabei ist jedoch Vorsicht geboten. Ziel darf nicht sein, einen Aufsichtsrat nach dem Vorbild von Noahs Arche zu bilden – ein Schwarzer, ein Umweltschützer, eine Frau usw. Auf diese Weise sind zwar alle Interessengruppen ausreichend präsent, nicht aber das Unternehmen.

Nahezu alle Aufsichtsräte haben Kompensationskomitees. Diese Komitees sollten Gehälter von der jeweiligen Leistung abhängig machen. Sämtliche Topmanager-Einkünfte sollten strikter Überwachung unterliegen.

Erneuerer oder Trainer. Jeder Vorsitzende braucht jemanden, den er ins Vertrauen ziehen kann, um unangenehme Veränderungen und andere wichtige Dinge vertraulich zu besprechen. Dieser Trainer sollte gebildet und vertrauenerweckend sein und ein Verständnis der Geschichte haben. Vor einigen Jahren bat Jamie Houghton von Corning den ehemaligen Geschäftsführer dieser Firma, Forrest Behm, sein Unterweiser zu sein. Behm fungierte für Houghton als Alter ego, Trainer und Resonanzkörper.

Menschen an der Spitze benötigen jemanden, mit dem sie offen und ehrlich reden können. Dabei kann es sich um andere Topmanager handeln oder einen Trainer. Gegenwärtig schule ich zum Beispiel den Chef eines Fortune-100-Unternehmens, der ein besserer Trainer werden möchte. Er beabsichtigt, sich bald zur Ruhe zu setzen, zuvor aber seinen Nachfolger einzuweisen.

Teil III

Führung in Zeiten des Wandels

Ständiger Wandel irritiert manche Manager – von jeher war das so und wird es wohl auch bleiben. Wandel hat keine »Anhängerschaft«, bemerkte schon Machiavelli. Nun, es wäre besser, er hätte eine, und zwar bald! Vergessen Sie den Anspruch auf eine globale Führungsrolle. Wenige Jahre vor Anbruch des 21. Jahrhunderts sollten wir beachten, worauf es ankommt, um überhaupt im Spiel zu bleiben. Wir können das in aller Ruhe tun, weil der Übergang ins nächste Jahrtausend um uns herum in vollem Gange ist. Kulturen wechseln nicht so abrupt wie die Seiten eines Kalenders – sie bilden sich allmählich heraus. Wenn wir unsere Aufmerksamkeit auf die aktuellen Veränderungen richten, sind wir besser auf die Erfordernisse von morgen eingestellt.

Kann Amerika sich innerhalb der veränderten Weltwirtschaft erfolgreich behaupten? Grund zur Niedergeschlagenheit gibt es eigentlich nur, weil die traditionellen amerikanischen Führungskräfte ihre Ausbildung in einer Zeit erhielten, in der es vollauf genügte, einfach die allergrößten Mausefallen aufzustellen, und die Welt würde sich den Weg zu ihren Klappen schon freischaufeln.

»Führungskompetenz im konventionellen amerikanischen Unternehmen bestand hauptsächlich darin, eine Verwaltung aufzubauen, die lediglich mit Konkurrenten fertig werden mußte, die sich alle desselben ökonomischen Kartenspiels bedienten«, meinte R. B. Horton, Chef von BP in Amerika. Außerdem war es ein amerikanisches Spiel. Der Wettbewerb war scharf, aber überschaubar. Wer sein Blatt gut ausspielte, machte den Stich.

Aber das Spiel hat sich verändert: Eigenartige neue Regeln sind aufgetaucht; die Karten sind neu gemischt, neue Joker hinzugekommen. Niemals zuvor hat sich die amerikanische Geschäftswelt derart vielen Herausforderungen gegenübergesehen, und nie gab es so viele Alternativen, diesen Herausforderungen zu begegnen.

Unsicherheiten und Verwicklungen zuhauf! Wirklich vorhersagen läßt sich nur, daß nichts mehr vorhersagbar ist. Chaos ist en vogue. Wie Yogi Berra sich ausdrückte: »Die Zukunft ist auch nicht mehr, was sie mal war.«

Wandel: Das neue Zauberwort

Wirkliche Fortschritte zu erzielen erfordert
klarblickende Führerschaft im Angriff und kluge
Regelung in der Verteidigung.

Der Schlüsselbegriff unserer Zeit heißt Wandel. Alles ist in Bewegung. Alle möglichen Geräte erscheinen auf der Bildfläche, und sie werden immer wirkungsvoller und raffinierter. Das Automobil etwa hat sich in diesem Jahrhundert vom »Modell T« bis zum Rolls Royce fortentwickelt. Alles Organische hingegen – von den Tomaten bis hin zu uns selbst – hat sich im gleichen Zeitraum zurückgebildet. Von Größen wie Teddy Roosevelt, D. W. Griffith, Frank Lloyd Wright und Thomas Edison sind wir herabgesunken zur Generation X. Wie den besagten Tomaten fehlt es uns an Aroma, Saft und Geschmack. Fließbandproduzierte Artikel sind weit beeindruckender als die Leute, die sie herstellen. Mit jeder Dekade werden wir uneffizienter und beschränkter.

Die Verantwortlichen haben den Wandel verordnet, aber nicht beflügelt. Wir hatten bei weitem mehr Bosse als Führungspersönlichkeiten, bis sich schließlich jedermann entschloß, sein eigener Boß zu sein. Dies hat zu der dürftigen, zerstrittenen und feindseligen Gesellschaft geführt, in der wir nun leben. Wie der Nachrichtensprecher aus dem Film »Network« es formulierte: »Ich bin stocksauer und mir reicht's!«

Eine Mittelschichtsrevolte ist im Gange. Die Armen in Amerika haben weder Zeit noch Energie zum Aufstand. Sie haben genug damit zu tun, in einer zunehmend feindseligen Umgebung zu überleben. Zugleich residieren die Reichen in ihren Concordes und New Yorker Penthäusern buchstäblich über diesem Kampfplatz, herablassend und gleichgültig gegenüber der Welt zu ihren Füßen. Nach dieser Art Überheblichkeit strebt auch der Mittelstand.

Ein erfolgreicher Zahnarzt gestand mir einmal, daß man seinen Beruf nur ergreife, um schnell eine Menge Geld zu machen und dann in die Gastronomie oder in Immobilien einzusteigen, wo man das ganz große Geld machen kann. Junge Schriftsteller oder Künstler sind längst nicht mehr damit zufrieden, ihr Handwerk auszuüben und zu vervollkommnen. Sehen und gesehen werden heißt jetzt die Devise, sich hochboxen, während sie genauso besessen nach dem Geschäftsergebnis schielen wie die leitenden Angestellten bei IBM. Der Vertragsabschluß, das Titelblatt der Zeitschrift *People* sind weit gefragter als eine gute Besprechung in der *New York Times*. Professoren, die sich früher ihrer Lehrtätigkeit widmeten, interessieren sich neuerdings wesentlich mehr für Geschäfte, sei es die Buchveröffentlichung, der Fernsehauftritt, der »Berater«-Job, die Teilnahme an einer Konferenz in Paris – derweil der Lehrbetrieb Assistenten überlassen wird.

Wo jeder sein eigener Boß ist, gibt es keinen Verantwortlichen; Chaos breitet sich aus. Wir brauchen Leitfiguren, um die Ordnung wiederherzustellen, worunter ich nicht Gehorsam verstehe, sondern Fortschritt. Wir müssen endlich damit anfangen, unsere Maschinerie auch zu gebrauchen, statt uns von ihr benutzen zu lassen. Mit dem bisher geleisteten Pflichtbeitrag ist es nicht getan; es wird höchste Zeit, die Vorgänge unter Kontrolle zu bringen, bevor sie uns kontrollieren.

Wege des Wandels

Wandel kündigt sich auf verschiedene Weise an.

Uneinigkeit und Auseinandersetzung. Wir haben versucht, Unstimmigkeiten und Konflikte zu glätten – das Ergebnis war Streitsucht. Innerhalb der Unternehmen kann der Wandel von den jeweils Verantwortlichen praktisch befohlen werden. Das führt jedoch unausweichlich zu steigender Verbitterung. Wir sind ständig gereizt und fühlen uns provoziert. In Los Angeles schießen die Leute bereits auf den Autobahnen aufeinander. Politische Kandidaten, die sich unglaubwürdig gemacht haben, werden mit Häme bedacht. Unsere Raserei scheint ebenso geistlos wie grenzenlos.

Vertrauen und Wahrheit. Wandel zum Besseren erfordert Vertrauen, Klarheit und Anteilnahme. In dieser Verbindung scheinen diese Begriffe ebenso außer Reichweite wie der Planet Jupiter. Aber Jupiter haben wir schließlich auch erreicht, vielleicht finden wir am Ende sogar zu uns selbst. Nur Menschen mit Charakter und Weitblick sind imstande, uns aus diesem Sumpf herauszuführen – unter folgenden Voraussetzungen:

1. Sie müssen unser Vertrauen gewinnen.
2. Sie müssen ihre Vorstellungen deutlich machen können, damit wir sie nachvollziehen können.
3. Sie müssen uns zur Partizipation anregen.

Cliquen und Komplotte. Macht, Geld und Ressourcen sind in den Händen von exklusiven Cliquen. Die intriganten Aufsteiger jedoch, meist jünger und auf jeden Fall ehrgeizig, besitzen die Antriebskräfte und die Energie. Solange die Cliquen die Aufsteiger nicht vereinnahmen können, ist ein Umsturz unausweichlich. Aber auch dieser Weg ist schmutzig. Er führt entweder zum »Unentschieden«, oder den Aufsteigern fällt der vollständige Sieg zu, und sei es aus keinem anderen Grund, als daß sie das größere Durchhaltevermögen besitzen.

Äußere Einflüsse. Soziale Störungen beeinflussen die allgemeine Organisation. So sah sich etwa die Automobilindustrie gezwungen, ihre Methoden wie ihre Produkte aufgrund von Regierungsanordnungen und infolge ausländischen Wettbewerbs zu ändern. Auf ähnliche Weise zwangen studentische Aktivisten viele Universitäten, ihre Lehrpläne und Studiengänge speziell um Schwarzen- und Frauenthemen zu erweitern. Akademiker streiten noch immer über Sinn und

Nutzen solcher Lehrangebote, zumal sie nicht nur die Lehrinhalte verändert haben, sondern auch die Art und Weise des Studierens.

Wechsel der Werte und Leitbilder. Der bedeutendste Weg des Wandels führt über Kultur und Leitvorstellungen. In seinem Buch *Die Struktur wissenschaftlicher Revolutionen* merkt Thomas Kuhn an, daß sich das Leitbild in der Wissenschaft entsprechend dem Zeitgeist oder der aktuellen Stimmungslage verhält, von denen Entscheidungen bestimmt werden. Er definiert es als »eine Konstellation gemeinsamer Werte und Überzeugungen, die von den Mitgliedern einer wissenschaftlichen Gemeinschaft geteilt werden. Es beeinflußt die Auswahl der Fragen, die als wichtig erachtet werden, und der Methoden, die zur Lösung anzuwenden sind.« Kuhn zufolge waren diejenigen, die wissenschaftliche Umwälzungen herbeiführten, immer jene, die die Leitbilder auswechselten.

Erneuerer und Leitfiguren. Menschen, die nicht einfach die Inhalte einer bestimmten Disziplin verändern, sondern gleich die ganze Verfahrensweise und Zielrichtung, sind nicht nur Neuerer, sondern auch Leitfiguren. Ralph Nader, der die Verbraucherinteressen wieder in den Mittelpunkt der Anwaltstätigkeit stellte, war so eine Person. Betty Friedan, die offen den weiblichen Alltag darstellte, ermunterte die Frauen zu einem anderen Lebensstil. Freud, Keynes und Gropius, jeder auf seinem Gebiet, erschufen neue gültige und zwingende Handlungsmodelle.

Nicht die Formulierung von Bekenntnissen oder Vereinszielen führt zu neuartigen Praktiken – es sind die Metaphern, die die Empfänglichkeit und die zwingende moralische Notwendigkeit hervorrufen, neue Wege einzuschlagen. Die Griffigkeit der Symbole, der Einsatzwille und die Entschlossenheit, die ihr Schöpfer in sie investiert, entscheiden über ihre Akzeptanz. Als Branch Rickey, Hauptgeschäftsführer der Brooklyn Dodgers, beispielsweise beschloß, schwarze Spieler in den Berufsbaseball einzuführen, fiel seine Wahl auf Jackie Robinson, das Musterexemplar eines Spielers als Mensch ohne Fehl und Tadel.

Wie erkennt und fördert man solche Neuerer? Wie lassen sich neue Ideen auf institutioneller, organisatorischer und professioneller Ebene aufspüren? Neuerer, wie alle originellen Menschen, fassen Dinge anders auf, denken in frischen, unverbrauchten Bahnen. Darüber hinaus unterhalten sie nützliche Verbindungen zu anderen Bereichen und Einrichtungen. Es handelt sich bei ihnen selten um tüchtige Organisatoren. Häufig gelten sie als Unruhestifter. Eine echte Führungsperson ist nicht nur ein Veränderer, sie unternimmt auch jede Anstrengung, ihresgleichen in einem Unternehmen oder einer Organisation zu orten und in Anspruch zu nehmen. Sie erzeugt ein Klima, in dem traditionelle Wahrheiten in Frage gestellt werden können und Irrtümer eher begrüßt als im Interesse risikoloser Erfolge vermieden werden.

Innerhalb ihrer Organisationen teilen die Mitglieder Normen und Werte, Überzeugungen und Leitbilder – was richtig ist und was falsch, Rechtens oder Unrecht, und wie man die Dinge regeln sollte. Ansehen und Macht gewinnt man durch Einvernehmen und Übereinstimmung mit diesen Leitvorstellungen. Deshalb sind Abweichlertum und Veränderung generell geächtet. Jedes soziale System beherbergt derartige konservative Tendenzen, die unter allen Umständen den Status quo erhalten sollen. Aber genauso muß die Möglichkeit gegeben sein, Dinge in Bewegung zu setzen, damit das System nicht irgendwann völlig lahmliegt.

Grundlegende Umwälzungen vollziehen sich langsam. Naturgemäß fehlen den Mächtigen die Kenntnisse, während die Kundigen machtlos sind. Jeder mit einem einigermaßen fundierten Geschichtsbewußtsein und einem Überblick über die aktuelle Weltlage sollte im Laufe eines Nachmittags imstande sein, auf dem Papier ein Unternehmen umzugestalten und neue Leitbilder zu schaffen. Aus der Theorie allerdings Tatsachen werden zu lassen kann schon eine ganze Lebensspanne beanspruchen – wenn man nicht gerade der Präsident der Vereinigten Staaten ist.

Dennoch dürfen wir nicht nachlassen, weil zu viele Menschen und Einrichtungen in Rollen und Routinen befangen sind, die einfach nicht funktionieren. Echte Führungspersönlichkeiten bemühen sich um das Vertrauen ihrer Mitarbeiter, vermitteln ihnen eine Idee ihrer eigenen Träume und beziehen sie auf diese Weise in den Veränderungsprozeß ein. Ist dieser einmal in Gang, versuchen sie aus den unausweichlichen Meinungsverschiedenheiten und Reibereien originelle und nützliche Impulse zu gewinnen, und manchmal bildet sich aus alledem ein neues Leitbild.

Eine Harris-Umfrage ergab, daß über 90 Prozent der Befragten ihr Leben einschneidend ändern würden, wenn sie nur könnten, und daß sie ideelle Güter wie Selbstachtung, Hingabe, Anerkennung höher bewerteten als Stellung, Geld und Macht. Ihren gewöhnlichen Lebensstil schätzten sie nicht besonders, sahen jedoch keinen Ausweg. Diese Meinungsumfrage bestätigt unseren Bedarf an echten Führungsnaturen und sollte uns als Anstoß dienen, unsere Aufmerksamkeit auf mögliche Leitfiguren und Neuerer zu richten. Wenn diese Personen den Willen aufbringen, ihr Potential zu entwickeln, und wir die Geistesgegenwart, uns ihnen anzuschließen, dann finden wir am Ende doch noch heraus aus dem Schlamm, in dem wir stecken.

Wie man zu Zeiten des Wandels den Zusammenbruch vermeidet

So stetig Veränderungen auch stattfinden und so lebenswichtig sie im Moment sind: Sie lassen sich nicht so einfach in Gang setzen – das Sozialgefüge unserer Institutionen steht dem grundsätzlich entgegen. Hier also zehn Tips, wie man der Katastrophe in bewegten Zeiten entgeht, außer natürlich innerhalb von Organisationen im Niedergang.

1. Rekrutieren Sie mit rücksichtsloser Offenheit. Begeisterung oder die schiere Not verführen den Anwerber nicht selten, sichtbare Nachteile als aufregende Herausforderungen hinzustellen. Rekrutierung ist genaugenommen eine Art Brautwerbung. Der Freier kehrt seine Vorzüge hervor und versteckt seine Mängel. Die oder der

Umworbene, durch die Aufmerksamkeit und die Versprechen geschmeichelt, verzichtet auf eine gründliche Prüfung des Angebots und freut sich auf die Gelegenheit, wirklich kreativ und innovativ zu arbeiten, mit der Unterstützung von »oben«. Ohne Absicht aber hat der Anwerber das klassische Rezept für eine Revolution angewandt, wie Aaron Wildavsky es empfiehlt: »Versprechen Sie viel, liefern Sie wenig. Reden Sie den Menschen ein, es würde ihnen viel besser gehen, aber verhindern Sie großartige Verbesserungen. Probieren Sie eine Reihe begrenzter Maßnahmen, die in ihren Auswirkungen völlig unerheblich sind und erheblich unterfinanziert. Vermeiden Sie jeden dem Ausmaß des Problems im entferntesten angemessenen Lösungsansatz.«

Sind die Erwartungen zu hoch und die Versprechungen zu groß, ist die Enttäuschung unvermeidbar. Die Unvereinbarkeit von Vorstellung und Wirklichkeit wird unerträglich.

2. Seien Sie vor Wirrköpfen auf der Hut. Veränderung ist verführerisch. Sie zieht begeisterungsfähige Menschen an; allerdings auch Gestalten, die Ihre Absichten zu etwas Monströsem verdrehen. Bald wird man Sie selbst mit dem Monster gleichsetzen, und Sie werden wertvolle Energie für die Bekämpfung dieser Einschätzung aufwenden müssen. Ein fortschrittsorientierter Organisator sollte sich sorgfältig versichern, daß seine Mitarbeiter ebenso fortschrittsorientiert sind und nicht etwa Ideologen oder Unruhestifter. Manchmal ist es nicht einfach, Verrückte und Veränderer auseinanderzuhalten. Schrullen und Eigenheiten sind bei Fortschrittsvertretern oft durchaus nützlich und wertvoll. Nicht aber Neurosen.

3. Fördern Sie Gleichgesinnte, auch wenn Sie sie nicht selbst eingestellt haben. Gerade neuerungsfreudige Organisatoren geben sich gern den Anschein, als hätte ihr Unternehmen erst mit ihrer Ankunft zu existieren begonnen. Eine Selbsttäuschung und Allmachtsphantasie! In etablierten Organisationen gibt es keine reinen Tische. Ein neuer Hauptgeschäftsführer kann nicht Noah spielen und die Welt mit einer ausgesuchten Mannschaft seiner Wahl wiederaufbauen.

Das Gerede von einem neuen Anfang erschreckt nur jene, die spüren, daß ein Neuanfang das Ende ihrer Laufbahn bedeuten könnte. Ohne eine gewisse Kontinuität kein Wandel. Schließlich verfügen auch die alten Hasen neben Wissen und Erfahrung durchaus über echtes Schöpfertalent. Radikale Säuberung bedeutet unter Umständen eine Vergeudung von Hilfsquellen.

4. Planen Sie Veränderungen auf einer soliden Grundlage. Erarbeiten Sie sich ein klares Konzept, wie Sie vorgehen wollen und was Sie überhaupt ändern möchten. Veränderungen zu planen ist meist einfacher, als sie durchzuführen. Ist fortwährender Wandel angestrebt, so muß er allmählich kommen. Erfolgreiche Ausweitung der Reformtätigkeit stützt sich auf eine Kerngruppe, die im Rotationsverfahren arbeitet und dauernd von der Organisation ausgehende Anzeichen für den Zeitpunkt eines Eingreifens überprüft. Ohne solch eine kritische Kontrollgruppe ist kontinuierliche Selbsterneuerung nicht gewährleistet. Solche Leute sollten nicht allzu sprunghaft sein, aber hochempfänglich für Ideen, deren Stunde gekommen ist. Ebenso müssen sie erkennen können, wann diese Ideen den Werten und Absichten der Organisation zuwiderlaufen und wann sie die Organisation stärken.

5. Geben Sie sich nie mit rhetorischen Veränderungen zufrieden. Entscheidende Veränderungen können nicht einfach befohlen werden. Jede Organisation gliedert sich auf zweierlei Weise: einmal auf dem Papier und einmal in Form einer Reihe komplexer innerer Beziehungen. Ein tüchtiger Organisator erfaßt dieses Beziehungsgeflecht und stimmt es mit eventuell notwendigen Änderungen ab. Diejenigen, die sich zu sehr von ihren eigenen Reden mitreißen lassen, vernachlässigen fast zwangsläufig die mühevolle Aufgabe, sich die etablierte Klientel zu erhalten und eine neue aufzubauen.

6. Verhindern Sie, daß Fortschrittsgegner Kernthemen vereinnahmen. Erfolgreiche Vorantreiber des Wandels sorgen dafür, daß ehrbare Bürger sich vor den Dingen, die auf sie zukommen, nicht zu fürchten brauchen und daß die alte Garde nicht von der Aussicht auf Veränderung verschreckt wird. In dem Augenblick, wo Fortschrittsgegner in Panik geraten, fangen sie an, mit schmutzigen Methoden zu kämpfen. Nicht nur besitzen sie eine natürliche Schlagkraft – sie haben die Tradition auf ihrer Seite.

7. Erkunden Sie das Gelände. Bringen Sie alles in Erfahrung, was sich über den Organisationsaufbau und die örtliche Vertretung in Erfahrung bringen läßt – was oft nichts anderes heißt, als mit Hilfe intelligenter Öffentlichkeitsarbeit mit dem jeweiligen Lokalpatriotismus fertig zu werden. In Südkalifornien wurden große Bauunternehmen unausgesetzt von der Nachbarschaft sabotiert. Man hielt es für erforderlich, die einzelnen Gruppen mit den geplanten Vorhaben vertraut zu machen. Die Nachbarschaftsvereine setzten sich häufig durch und erzwangen beträchtliche Änderungen oder gar den Abbruch der geplanten Erschließung. Sie kannten ihre Rechte und die Gesetze, nach denen sich zu erkundigen die Bauunternehmen nicht für nötig gehalten hatten.

8. Beachten Sie die Umweltfaktoren. Egal, wie lobenswert, gewinnbringend oder aussichtsreich – Veränderung, die das Unbehagen innerhalb einer Gruppe steigert, ist wahrscheinlich zum Untergang verdammt. Ein ausgebufftes Computersystem neuester Produktion einzuführen erscheint zunächst als Gewinn, der sich schnell in einen Nachteil verwandelt, wenn vollgestopfte Büros das Ergebnis sind.

9. Vermeiden Sie den Zukunftsschock. Wenn ein leitender Angestellter sich zu sehr in Pläne vertieft, vergißt er gelegentlich die Vergangenheit und vernachlässigt die Gegenwart. Resultat: Die Betroffenen sind – noch bevor die Umsetzung in Angriff genommen werden kann – in Abwehrstellung. Schließlich haben sie hier und jetzt zu arbeiten. Wenn jedoch der Blick ihres Vorgesetzten ständig in die Zukunft schweift, kann er ihnen schlecht die Aufmerksamkeit und die Unterstützung gewähren, die sie benötigen. Überhaupt ist die ausschließliche Ausrichtung eines Unternehmens auf zukünftige Großartigkeit dazu verdammt, von der Realität ad absurdum geführt zu werden.

10. Veränderungen sind am erfolgreichsten, wenn die Betroffenen in die Planung einbezogen werden. Eigentlich ist dies ein Allgemeinplatz der Planungstheorie, aber er ist ebenso wahr wie banal. Nichts bringt die Menschen so sehr in Opposition zu ungewöhnlichen Ideen oder Ansätzen wie der Eindruck, man zwinge sie ihnen auf.

Die mit Innovation und Veränderung verbundenen Probleme sind allen modernen Bürokratien gemeinsam. Universitäten, Regierungen, Wirtschaftsunternehmen sprechen alle in ähnlicher Weise auf Herausforderung und Krisen an, meist nach den gleichen expliziten oder impliziten Kodes, Gepflogenheiten und Überzeugungen.

Es müssen Mittel gefunden werden, die Suche nach der Wahrheit anzuregen, nach den tatsächlichen Ursachen für die Probleme innerhalb von Unternehmen – in offener und demokratischer Auseinandersetzung. Das verlangt nach erprobten Qualitäten: Lebenserfahrung, Forschergeist und Experimentierfreude, ein Leben, das sich auf die Entdeckung neuer Wirklichkeiten, auf Risikobereitschaft, Verkraften von Rückschlägen und Unerschrockenheit gegenüber Überraschungen der Zukunft gründet. Das Vorbild für wirklich innovative Unternehmen in einer Ära ständigen Wandels sind die Wissenschaften. So, wie sie nach Erkenntnissen streben, müssen auch die Unternehmen ihre eigene Wahrheit erforschen – sorgfältig, gründlich, offen, erfinderisch und mutig.

Den Wandel voranbringen

Jede Führungskraft benötigt einen Fahrplan,
denn Führen heißt, die richtigen Dinge zu tun, wogegen
managen lediglich bedeutet, Dinge richtig zu tun.

Führungspersönlichkeiten sehen sich oft der Herausforderung gegenüber, Neuerungen bei jenen einzuführen, die dafür absolut keinen Anlaß sehen. Meinen Forschungen über erfolgreiche Führung nach müssen bestimmte Schritte unternommen werden, solchen Veränderungen wirkungsvoll Geltung zu verschaffen.

Schuldirektoren etwa sind in der schwierigen Situation, sich als Initiatoren und Vertreter von Veränderungen einer herausfordernden Umgebung stellen zu müssen. Sie müssen ihrer Tätigkeit innerhalb eines Systems nachgehen, das von vorlauten, aber redegewandten »Teilhabern« bevölkert ist, die alle Vorgänge genauestens verfolgen. Ein System, das sich am besten mit dem Oxymoron »organisierte Anarchie« umschreiben läßt, da die meisten Beteiligten innerhalb des Schulbetriebs gut ausgebildet, dabei aber hochgradig individualistisch sind.

Vision und Mission

Alles läuft letztendlich auf die Frage hinaus: Wie vereint eine Führungskraft Einzelpersonen aus unterschiedlichsten Disziplinen und Fachbereichen vor dem Hintergrund einer zwingenden und verbindenden Vision?

Zuerst müssen alle Führungspersonen, einerlei, ob sie General Motors, IBM oder eine Schule leiten, ihre Vision in deutlicher Form zum Ausdruck bringen. Ob nun die Initiatoren von einem strategischen Ziel, einer Mission, einem Glaubenssystem oder einer Vision reden – es muß unmißverständlich, bestechend, kraftvoll und einfach sein. Und es reicht nicht aus, allgemein über Ziele und Absichten zu sprechen. Eine Vision muß unausgesetzt, auf jede nur mögliche Weise übermittelt werden.

Aktennotizen, Mitteilungsblätter und Werbesendungen genügen nicht. Der Großteil der Verbreitung sollte über das persönliche Gespräch erfolgen. Darüber hinaus sollte sich die Vision auf Tatsachen stützen.

Die meisten Unternehmen propagieren unglaubliche Firmenziele. Firmen sind überhaupt groß darin, kleine Schilder drucken zu lassen, denen eine Auflistung sämtlicher Unternehmensziele und Werte zu entnehmen ist. Eindrucksvolle Dokumente wie diese sind natürlich unnütz.

Einmal beriet ich einen großen Versorgungsbetrieb in Südkalifornien mit einem wundervollen Firmenmotto, genannt »Die sechs Bekenntnisse«. Diese Bekenntnisse waren in jedem Büro an die Wand geheftet worden, aber kein einziges fußte in irgendeiner Weise auf der Realität, und keines war verwirklicht worden. Ein Bekenntnis etwa lautete: »Wir glauben an die Eigenständigkeit der Angestellten, an selbstverwaltete Arbeit und an Eigenverantwortung.« Leider brauchte man mindestens sechs Unterschriften, um einen Dienstweg über eine Distanz von 25 Meilen genehmigt zu bekommen.

Eine andere Firma erklärte: »Wir glauben an Teamwork.« Dabei gab es die unausgesprochene Regel, niemals Konflikt oder Mißstimmigkeiten an die Oberfläche dringen zu lassen. Wie aber soll man erfolgreich Teamwork leisten, wenn Meinungsverschiedenheiten nicht offen ausgetragen werden können?

Führungskräfte dürfen sich nicht damit begnügen, Zielvorstellungen einfach und ergreifend zu formulieren. Sie müssen ihr Konzept auch bei allem, was sie unternehmen, beachten: bei der Entwicklung eines Systems von Anreiz und Belohnung, wie man die Eigenverantwortung stärken kann, bei Strukturveränderungen, Erschließung neuer Märkte – kurz: bei jeder Entscheidung. Die einzige Möglichkeit für eine Führungskraft, eine Zielvorstellung in die Wirklichkeit zu übertragen – und diese Fähigkeit ist die Substanz von Führung –, besteht darin, dieses Ziel mit Hilfe verschiedener Methoden und Systeme zu verankern, die die Mitarbeiter einbeziehen, und sie zu befähigen, es auch umzusetzen.

Führungskräfte müssen Talente aufspüren, die über die gegenwärtigen Zustände hinausblicken und die Notwendigkeit für Veränderung begreifen – Menschen mit Gespür für künftige Entwicklungen.

Ich betrachte jeden Wandel als eine Aufführung mit drei Akten. Der erste Akt besteht in der Erschaffung einer Vision. Akt zwei ist die Umwandlung des bestehenden Systems und die Einführung neuer Vorstellungen. Im dritten Akt werden die Erfolge gesichert und die Neuerungen vollends angewandt.

Kurt Lewen formulierte vor Jahren einen ähnlichen Gedanken: Den ersten Akt nannte er »Auftauen«, den zweiten »Veränderung in Gang bringen« und den dritten »das Wiedereinfrieren«. In diesem Zyklus geht es dann immer so weiter. Nach dem Einfrieren folgt das Wiederauftauen, immer wieder ändern und einfrieren.

Früher verglich ich das Leiten eines Unternehmens gern mit dem Dirigieren eines Symphonieorchesters. Aber diese Idee befriedigt mich nicht mehr. Es ist mehr wie Jazz, es gibt mehr Improvisationen. Irgendwer bezeichnete den Jazz einmal als Spiel mit Überraschungen. Wenn es eine Sache gibt, an die wir uns in dieser Welt gewöhnen sollten, dann sind es Überraschungen, Unerwartetes. Fürwahr, wir leben in einer Wirklichkeit, in der das einzig Beständige der Wandel ist.

Führungskräfte müssen eine Atmosphäre herstellen, in der man Veränderungen nicht als Bedrohung fürchtet, sondern als Möglichkeit begrüßt. Das erfordert Leitfiguren, die den verschiedensten Tönen um sie herum auch zuhören und entsprechend reagieren. Sie müssen ihre Unternehmen ermuntern, zu einer Musik zu tanzen, wie sie bislang noch nicht zu hören war.

Führung heißt, ein Gefühl für Visionen, strategische Ziele und

Berufung zu vermitteln. Die Führungsfigur muß Richtung und Ziel des Unternehmens vorbildlich verkörpern. Management andererseits ist eher mit der korrekten Durchführung seiner Aufgaben befaßt – effektiv, von Kontrolleinrichtungen überwacht, fristgerecht.

Im wesentlichen ist das Gebiet des Managers die Verwaltung und das der Führungskraft Innovation. Der Manager ist die Kopie, die Führungspersönlichkeit das Original. Der Manager erhält, der Leiter entwickelt. Der Manager erkennt den Status quo an; der Leiter stellt die Grundsätze ständig in Frage und fordert sie heraus. Der Manager konzentriert sich auf das System und seine Struktur; der Leiter erzeugt Vertrauen. Der Manager imitiert; der Leiter erschafft.

Manager fragen »Wie« und »Wann«, eine Führungskraft »Was« und »Warum«. Erfolgreiche Führungspersönlichkeiten schreiben ihren Untergebenen nicht das »Wie« vor, sondern versuchen ein Motivationsgeflecht herzustellen.

Überverwaltet und schlecht geführt

Heutige Unternehmen sind überverwaltet, aber es fehlt ihnen an Führung. Sie sind mit Praktiken, Prozeduren und Regelungen befaßt, aber kaum mit wichtigen Themen wie Motivation, Vertrauen, Sendungsbewußtsein und mitreißende Visionen.

Grundsätzlich heißt Führung nichts anderes, als Absichten und Ziele Realität werden zu lassen. Gleichzeitig verlieren Führungskräfte nie den Horizont aus dem Blick und vermeiden es, fortwährend auf die Bilanz zu achten.

In Zeiten schnellen Wandels gibt es keine Alternative zu Führung. Unglücklicherweise stützen sich die meisten Unternehmen auf althergebrachte bürokratische Methoden: die üblichen Schemata von Kontrolle, Gehorsam und Planung. Dies aber sind Verwaltungsangelegenheiten. Würden wir tatsächlich in einer Umgebung leben, die sich kontrollieren, reglementieren und planen ließe, dann wäre der Manager bestimmt eine aufregende Erscheinung. In einer stabilen Situation, wie etwa in der viktorianischen Ära, wäre die Bürokratie eine großartige Einrichtung.

Heutzutage dagegen sind die Organisationen aus der Bahn geworfen. Sie verwirren und stecken voller Überraschungen. Wir alle sind Kinder des Chaos; also sollten wir Führungspersönlichkeiten fördern und erziehen, die erneuern, Fortschritte vorantreiben und die Gabe besitzen, sich die Zukunft vorzustellen.

Unternehmen wie Sears, IBM, Westinghouse und Eastman Kodak leiden unter dem Problem, daß ihre leitenden Angestellten derart mit Nebensächlichkeiten, mit Administrativem und dem genauen »Wie« befaßt sind, daß ihnen das Wesentliche entgeht. IBM zum Beispiel unterhielt eine Fabrik in Kentucky, die Verluste machte, weil dort Schreibmaschinen hergestellt wurden. Also investierte man eine halbe Milliarde Dollar, um die Produktionsstätte auf die Fabrikation von Druckern umzustellen. Aber sie produzierten die falschen Drucker, weil sie die Vorteile von Laserdruckern ignorierten. Innerhalb weniger Monate wurden sie von Hewlett-Packard und Apple überholt. Ein schönes Beispiel, wie man eine Sache gut ausführt – leider die falsche.

Porträt einer Führungspersönlichkeit

Führungspersönlichkeiten haben bestimmte Charakteristika gemein:

Sie besitzen ein hohes Maß an Selbsterkenntnis. Sie haben ein starkes Gespür für sich selbst. Führungstalent ist Charaktersache, und Charakter bedeutet auch, die eigenen Möglichkeiten zu kennen.

Sie verfügen über ein starkes Pflichtgefühl. Erfolgreiche Führungskräfte wissen, was zählt, und sie werden nicht müde, ihre Mitarbeiter ständig darauf hinzuweisen. Es reicht nicht, eine Vision zu haben, es reicht auch nicht, sich lediglich seiner Absichten klar zu sein. Vielmehr muß eine Führungsperson ein Ambiente schaffen, worin Menschen sich bewußt sind, warum sie gerade hier arbeiten und nirgendwo anders.

Derlei fällt einem selbst in einer Universität auf. Wenn wir uns im Fachbereichsclub treffen, gibt es hin und wieder jemanden, der – die tiefe Wahrheit hinter Humorigkeit verbergend – bemerkt:»Wäre das nicht ein netter Ort, wenn nur nicht all die Studenten hier herumliefen?« Nun, warum sind wir denn hier? Warum betreiben wir Schulen und Universitäten? In erster Linie doch deshalb, weil wir Studenten befähigen wollen, ihr Leben erfolgreich zu bestehen; alles andere wäre nur ein Kostenfaktor oder eine Randerscheinung.

Führungstalente haben die Fähigkeit, Vertrauen zu bilden und zu festigen. Sie bewerkstelligen dies durch diskretes Auftreten und Anteilnahme. Wenn es Führungskräften gelingt, in ein Gespräch zu kommen, wo ihre Anteilnahme sichtbar wird, sie ihre Verschwiegenheit glaubhaft machen können und ihre Befähigung, dann flößen sie Vertrauen ein.

Führungspersönlichkeiten sind Tatmenschen. Es hat wenig Wert, im Schützengraben zu hocken oder von der Tribüne zuzuschauen. Führungspersönlichkeiten sind immer am Schlag. Sie spielen selbst dann, wenn es bedeutet, Fehler zu machen. Geschehen Fehler, dann lernen sie daraus.

Über Führungsfähigkeit

Eines der gefährlichsten Vorurteile gegenüber Führungstalent ist der Irrglaube, es sei angeboren, möglicherweise sogar vererbt. Dieser Mythos besagt, die Menschen hätten entweder bestimmte charismatische Eigenschaften oder sie hätten sie nicht. Das ist Unsinn; tatsächlich ist das Gegenteil richtig. Führungspersönlichkeiten werden eher erzogen als geboren. Das Erwerben von Führungstalent geschieht durch Sammeln von Erfahrungen im Leben und im Beruf, und es ist auch nicht durch Universitätsdiplome erreichbar.

Führerschaft nährt sich aus den Erkenntnissen, die man während der Arbeit aus verschiedenen Rollen bezieht. Die Menschen erwerben sich ihre Führungsfähigkeit durch die Bewältigung von Schwierigkeiten und in der Auseinandersetzung mit Widersachern. Sie wachsen in die Rolle hinein durch das Leid und die Verzweiflung, sich zu harten Entschlüssen durchringen zu müssen. Manchmal ist es eine Entlassung, die im Rückblick den Anstoß zu ihrer Führungslaufbahn gab, in anderen Fällen mag es sich um eine Zurückstufung gehandelt haben. In einem Fall war es die Übernahme einer unvorbereiteten Gruppe von Untergebenen.

Letztendlich ist der einzige Weg, etwas über Führerschaft zu lernen, der, in eine Situation versetzt zu werden, wo es etwas zu lernen gibt und wo man aus wertvollen Quellen auch Ratschläge bekommt.

Führungstalent ist nichts Genetisches. Man kann es sich auch nicht durch Lesen oder den Besuch von Vorlesungen aneignen. Man muß es sich durch entsprechende Erfahrungen mitten in der Arena hart verdienen und nicht etwa, indem man von einem Logenplatz aus zuguckt.

Wegbereiter des Wandels

*Die Rolle innovativer Promoter des Fortschritts
birgt Risiken, die aber durch kompetentes und prinzipien-
festes Verhalten bewältigbar sind.*

Obwohl Fortschrittsförderer keine unbedingt einheitliche Gruppe darstellen, ist ihnen doch einiges gemeinsam – darunter die folgenden vier Eigenheiten:

Ihre Voraussetzungen. Sie sind von der zentralen Bedeutung der Arbeit für die Mitarbeiter hochorganisierter Betriebe überzeugt. Sie befassen sich mit organisatorischer Effektivität, Verbesserung, Entwicklung, Intensivierung. Während ihre Ratschläge unterschiedlich ausfallen, dreht sich ihr Befund eines intakten Betriebes um zwischenmenschliche bzw. Gruppenbeziehungen und deren Auswirkungen auf Änderungen in den Bereichen Technologie, Struktur und Aufgabenstellung. Obwohl sie diese drei nichtpersonellen Faktoren im Blick haben und sie hin und wieder gesondert bearbeiten, gilt ihr Hauptinteresse dem Personal und den menschlichen Wechselbeziehungen. Ihr Anliegen ist nicht, Leute auszutauschen oder zu versetzen, sondern die Beziehungen, Gewohnheiten, Wahrnehmungen und Wertvorstellungen der vorhandenen Mitarbeiter zu verändern.

Ihre Rollen. Neuerer können in den unterschiedlichsten Funktionen auftreten, um Fortschritte anzustoßen: als Forscher, Ausbilder, Fachkräfte, Berater, Lehrer und manchmal als Produktionsplaner. Einige spezialisieren sich auf ein Einzelgebiet, meistens wechseln sie jedoch von einem zum anderen. Häufig sind sie gar nicht Mitglieder der Kundenbetreuung. Manche Organisationen sind der Ansicht, wesentliche Veränderungen seien auf einen äußeren Anlaß zurückzuführen. Man glaubt, nur ein fähiger Berater von außerhalb könne den Blick, den Abstand und den nötigen Einsatz aufbringen, die bestehenden Strukturen aufzubrechen. Die Vertreter eines internen Ansatzes argumentieren, ein Insider besitze genauere Kenntnisse der Kundenbetreuung und könne sich besser legitimieren. Außerdem erregt ein Angehöriger keinen Verdacht oder Mißtrauen, was dem Außenseiter oft widerfährt. Ihre Anerkennung und Glaubhaftigkeit ist durch ihre betriebliche Stellung gesichert. Fortschrittspromoter sind sich ihrer jeweiligen Rolle wohl bewußt, die sie je nach Kunde wechseln.

Ihre Eingriffe. Veränderer greifen auf verschiedenen Ebenen und zu verschiedenen Zeiten ein. Zum Beispiel machen sie auf Widersprüche aufmerksam, etwa zwischen Anspruch und tatsächlichem Verhalten: theoretisch, indem sie Forschungsergebnisse heranziehen oder ein Konzept erarbeiten, um die Leute im Bemühen um eine Perspektive zu unterstützen; methodisch, durch Kritik an den bestehenden Problembewältigungsstrategien; therapeutisch, durch Konzentration auf zwischenmenschliche Spannungen; experimentell, durch Aufstellung von Erfolgskriterien und Testläufen vor jeder Entscheidung; technisch, durch Bestimmung der wichtigsten Entscheidungskriterien und Anforderungen zur Problemlösung, durch Überprüfung der Voraussetzungen und durch Suche nach Ausweichmöglichkeiten; rahmenbezogen, durch Vermittlung des geschichtlichen Verständnisses eines Problems; strukturell, durch Aufdecken der Problemursache als system- und strukturimmanente Erscheinung; kulturell, durch Einbeziehen der Traditionen.

Ihre Werte und Absichten. Ihre Ziele, obgleich mit unterschiedlicher Deutlichkeit und Genauigkeit erklärt, beinhalten eine bestimmte Auffassung von Menschen und Organisationen, von einem bestimmten Wertekodex, der ihren Überzeugungen zugrunde liegt. Ihre Wertvorstellungen verdanken sich ihrer Unzufriedenheit mit der Ineffektivität bürokratischer Organisationen. Obwohl jeder

Veränderer seine persönliche Werteskala besitzt, stimmen sie in einigen allgemeinen Zielvorstellungen überein. So lehnen sie zum Beispiel bürokratische Vorgehensweisen, die den menschlichen Faktor mißachten und nur auf Planung abzielen, ab, weil sie zu armseligen, argwöhnischen und unehrlichen Beziehungen führen, die verlogen, verstümmelt und hinderlich sind und zu verminderter zwischenmenschlicher Kompetenz führen. Ohne zwischenmenschliche Kompetenz in der Verwaltung wird das Unternehmen zum Nährboden für Mißtrauen, Gruppenkonflikte, Verknöcherung, die rückwirkend die Abnahme jeder organisatorischen Effektivität zur Folge haben.

Bürokratische Werte stützen sich auf rationale, aufgabenorientierte Kriterien und vernachlässigen den menschlichen Aspekt. Manager, die innerhalb dieses Wertesystems ihre Ausbildung erhalten, sind eine schlechte Besetzung für die vielfältigen menschlichen Rollen, die ihnen heutzutage abverlangt werden. Ihr Ungenügen und ihre Unsicherheit erzeugen ein Klima der Zwietracht und Abwehr und behindern Problemlösung.

Rollenanforderungen

Die Rolle des Veränderers muß aufgefaßt werden als professionell und marginal, zweideutig, unsicher und riskant.

Professionell. Veränderer verlassen sich, um ihre Ziele zu erreichen, weitgehend auf einen Korpus anerkannten Wissens. Sie handeln, indem sie sich an bestimmten ethischen Prinzipien orientieren, immer im Interesse des Kunden – nicht im eigenen. Veränderer müssen ihren persönlichen Gewinn während ihres Engagements im Kundensystem zurückstellen. Bei der Zusammenarbeit mit großen und komplexen Unternehmen – in denen ihre Eingriffe Tausende von Mitarbeitern betreffen – müssen sie ständig ihre persönlichen Motive und Wünsche gegen das Kundeninteresse abwägen.

Marginal. Veränderer sind selten offizielle Mitglieder der Kundenbetreuung und arbeiten ebenso selten locker mit einer Gruppe von Kollegen zusammen. Sie sind Einzelgänger; ihre Randstellung kann sich zu ihrem Vorteil auswirken, aber auch zum Nachteil. Auf der positiven Seite kann die Randposition ihren Abstand und ihre Wahrnehmung unterstützen; genauso kann sie Unsicherheit und den Mangel an Kontrollmöglichkeit hervorrufen. Wie auch immer – der Veränderer und sein Zielobjekt werden mit der Randposition klarkommen müssen.

Zweideutig. Einem Veränderer wird in der Regel wenig Gegenliebe zuteil, da die Berechtigung seines Auftrags nicht ganz geklärt ist. Damit sind bestimmte Risiken verbunden, wie Argwohn und Feindseligkeit auf sich zu ziehen. Andererseits kann es ganz hilfreich sein, um den nötigen Spielraum zu haben, was bei genau festgelegten Funktionen nicht gewährleistet wäre.

Unsicher. Die Unsicherheit resultiert aus einem zweifelhaften Anstellungsverhältnis (dem Umstand, daß der Veränderer möglicherweise die entbehrlichste Person darstellt); aus nicht ausreichenden Informationen und dem Mangel an Richtlinien für viele Schritte sowie aus einer grundsätzlichen Abwehr, die sich allen Versuchen, Änderungen einzuführen, entgegenstellt.

Riskant. Das Risiko besteht nicht nur für das Zielobjekt, sondern genauso für die berufliche Reputation des Veränderers. Die Komplexität organisatorischen Wandels, der mitunter von unvorhergesehenen Folgen begleitet ist, kann zu völlig unerwünschten Ergebnissen führen.

Erforderliche Fähigkeiten

Um erfolgreich zu sein, benötigen Veränderer mindestens vier Fähigkeiten:

1. **Breite Bildung.** Ihr Wissen sollte eine breite Skala von Kenntnissen umfassen, einschließlich theoretisch-diagnostischer, die sich über den gesamten Sektor der Verhaltenswissenschaften erstrecken: Theorien und Methoden der Veränderung, Informationen über mögliche Hilfsquellen und eine Orientierung an der ethischen und auswertenden Funktion der Rolle.

2. **Verbindliches Auftreten.** Veränderer müssen über soziales Geschick verfügen, sie müssen zuhören können und einen hohen Grad an Flexibilität zeigen.

3. **Einfühlsamkeit und Reife.** Veränderer müssen sich in ständiger Selbstüberprüfung Rechenschaft über ihre Motive ablegen. Im diagnostischen Stadium müssen sie die Motive ihres Untersuchungsobjekts herausfinden. Nicht selten sind die Wechselbeziehungen zwischen ihnen und ihren Untersuchungsobjekten entscheidend zur Einschätzung von deren Zustand und Bereitschaft.

4. **Wahrhaftigkeit.** Veränderer müssen sich streng in Übereinstimmung mit den Werten verhalten, die sie bei ihrem Zielobjekt einführen wollen. Demokratische oder humane Wertvorstellungen können nicht auf autoritäre und unmenschliche Weise durchgesetzt werden. Will der Neuerer größere Ehrlichkeit und Bereitschaft zur Zusammenarbeit schaffen, so muß er sich entsprechend dieser Maxime verhalten, nicht nur aus sittlicher Erwägung, sondern ebenso aus tieferen Gründen. Von der Beziehung des Neuerers zu seinem Zielobjekt hängt es ab, bis zu welchem Grad er als Vorbild gilt. Deutliche Abweichungen zwischen Auftreten und vorgeblichem Wertekodex können nur Ablehnung erzeugen.

Diese Anforderungen an die Rolle des Neuerers scheinen fast einen Heiligen zu benötigen. Wir dürfen nicht erwarten, zu viele solch Edelgesinnter unter uns zu finden; vielleicht kann uns diese Aufgabenbeschreibung jedoch als Orientierungshilfe dienen.

Machtquellen

Welche Hilfsquellen zapft der Neuerer an, um seinen Einfluß auszuüben? Macht ist die Fähigkeit zur Einflußnahme, und man gewinnt sie aus wenigstens fünf Quellen:

1. Gewaltherrschaft. Diese impliziert die Fähigkeit, zu belohnen und zu bestrafen. Bezeichnenderweise besitzen Neuerer nicht die Mittel, Zwangsmaßnahmen anzuwenden, da sie dem jeweiligen Unternehmen nicht angehören und keinerlei formellen Titel besitzen. Darüber hinaus lehnen Neuerer, wenigstens intellektuell, die Anwendung roher Mittel ab, unabhängig davon, ob sie ihnen zu Gebote stehen oder nicht. Das hat zwei Gründe: Erstens scheinen Zwangsmittel mit ihren sittlichen Überzeugungen nicht übereinzustimmen; zweitens haben Zwangsmaßnahmen keinen Dauereffekt, es sei denn unter der Voraussetzung ständiger Überwachung.

2. Vorbildfunktion. Diese bezieht sich auf Einflußmöglichkeiten einer Person A gegenüber einer Person B, die geschätzt wird und von der sie geschätzt werden möchte – kurz: ein Vorbild. Die meisten Veränderer werden sich bemühen, vorbildlich zu wirken, und in einem gewissen Rahmen ihren Kunden zu motivieren suchen, ihnen nachzustreben.

3. Fachkompetenz. Diese Fähigkeit verbinden wir mit Wissenschaft und Wahrheit. Neuerer mögen sich hin und wieder ihrer Fachkompetenz bedienen, aber man betrachtet sie nicht gerade als Quelle wirklich »nützlicher« Kenntnisse. Es stimmt, daß sie in unterschiedlichen Graden tatsächlich ein beachtliches Wissen hinsichtlich der menschlichen Seite des Unternehmens vorweisen. Aber diese Kenntnisse werden selten als Quelle einer Expertise gewertet, wie man sie von einem Techniker, Doktor oder Anwalt erwartet.

4. Traditioneller Einfluß. Diese Möglichkeit gründet in institutionellen Normen und Verfahren und geschichtlich legitimierten Traditionen. Veränderer werden solche traditionellen Einflußmöglichkeiten meiden, weil sie ohnehin scheinbar unberechtigterweise ihre Tätigkeit ausüben. Meistens werden sie als reichlich überflüssig betrachtet, als komische Randfiguren des Betriebs.

5. Macht vermittels Werten. Dieser Einfluß verdankt sich der Attraktivität von Werten. Es ist eine Machtquelle, die Neuerer am ausgiebigsten anzapfen. Sie beeinflussen andere, indem sie Werte verkörpern und vermitteln, die innerhalb der Zielgruppe bewundert und erstrebt werden. Die meisten Neuerer verkörpern einen Wertekanon, den sie ihren Adressaten verbal oder sonstwie vermitteln: Anteilnahme am Mitmenschen, Experimentierfreude, Offenheit, Ehrlichkeit, Zusammenarbeit und Demokratie. Dieser Wertekatalog scheint von erheblichem Einfluß in den führenden Kreisen des Managements zu sein.

Diese Werte legen eine gewisse Art zu handeln und zu fühlen nahe. Sie betonen Offenheit gegenüber Geheimnistuerei, Zusammenarbeit von Vorgesetzten und Untergebenen statt Abhängigkeit und Rebellion; Zusammenwirken statt Wettkampf, Übereinstimmung statt eines Jeder-nach-seinen-eigenen-Regeln, Belohnung, die auf Selbstbeurteilung gründet statt auf externer Zuteilung, Teamführung statt Einzelverantwortung dem Chef gegenüber und ehrliche Beziehungen statt politisch motivierter Pakte und Allianzen.

Führungskräfte sind Erneuerer

*Selbst erfolgreiche Unternehmen könnten sich
in Zukunft ruinieren, wenn sie weiterhin so
vorgehen wie in der Vergangenheit.*

Eine Führungskraft muß ein Motor der Veränderung sein. Die ganze Unternehmenskultur muß sich ändern, wie bereits dargelegt – diese Kultur, die sich zu sehr ihrer eigenen Selbsterhaltung widmet statt neuartigen Herausforderungen. Die Unternehmenskultur zu verändern ist eine gewaltige Aufgabe. Robert Haas, Vorsitzender und Hauptgeschäftsführer von Levi Strauss & Co, formuliert es folgendermaßen:

Es ist nicht einfach, Verhaltensweisen abzulegen, die uns in der Vergangenheit zum Erfolg geführt haben: selber reden statt zuzuhören; Leute, die so sind wie wir selbst, höher einzuschätzen als solche des anderen Geschlechts oder Menschen anderer kultureller Herkunft; Probleme aus eigener Kraft zu bewältigen statt in Zusammenarbeit; eigenständig zu einer Entscheidung zu gelangen, statt verschiedene Kollegen um ihre Meinung zu bitten. Es gibt eine ganze Reihe von Verhaltensformen, die im hierarchischen Unternehmensaufbau hochwirksam waren, die aber in der mehr horizontalen, eigenverantwortlichen Organisationsform mit erweiterten Einzelbefugnissen, die wir anstreben, völlig ungeeignet sind.

Management heißt, die Menschen dazu zu veranlassen, das, was erledigt werden muß, auch zu erledigen. Führung dagegen bedeutet, die Menschen dazu zu bringen, auch tun zu wollen, was notwendig ist. Manager befehlen, Führungspersönlichkeiten vermitteln ihre Vorstellungen.

Fähige Führungskräfte richten aus, erzeugen und bestärken. Führungskräfte müssen die Kräfte koordinieren, um ein Gefühl für die gemeinsame Vision und die gemeinsamen Ziele herzustellen, die der Unterstützung, ja sogar der Hingabe wert sind.

Die Ausrichtung der Kräfte bringt die Menschen dazu, eine hohe Erwartung zu entwickeln. Die Arbeit wird zu einem Beitrag in der Verfolgung höherer Ziele, die sich in den Produkten und Diensten des Unternehmens verwirklichen.

Tüchtige Führungskräfte schaffen anpassungsfähige, schöpferische, lernfähige Organisationsformen, wo man die Probleme erkennt, bevor sie sich zu Krisen auswachsen, und wo die vorhandenen Kräfte zur Lösung von Problemen konzentriert werden. Sie prüfen mögliche Lösungen, unter Umständen mit Hilfe eines Pilotprogramms, sie befassen sich kritisch mit ihren Maßnahmen und Entscheidungen und werten Vergangenes aus.

Eigenverantwortliches Personal erlebt sich im Zentrum des Geschehens und nicht in einer Randposition. Wird das Unternehmen richtig geführt, hat jeder das Gefühl, durch seinen Beitrag am Erfolg beteiligt zu sein. Eigenverantwortliche Menschen sind der Überzeugung, daß ihre Tätigkeit von Bedeutung ist. Sie haben einen erweiterten Ermessensspielraum, aber auch eine höhere Verantwortung. Sie bewegen sich in einer Atmosphäre von Respekt und Vertrauen und sind berechtigt, mit Hilfe einer systemumfassenden Kommunikation ihre Aufgaben zu erledigen, ohne ständig die Erlaubnis irgendwelcher Elternfiguren einzuholen.

Wie immer die Zukunft aussieht, erfolgreiche Unternehmen müssen den Glauben ernst nehmen – und ihn durch Taten unterstützen –, daß ihr Fortkommen im Wettbewerb auf der Entwicklung und der Weiterentwicklung der Mitarbeiter basiert. Die Geschäftsführer solcher Bereiche werden andere Vorgesetzte sein als die, die wir gewohnt sind. Sie werden Meister sein, keine Herren, Trainer, keine Kommandeure.

Den Status quo in Frage zu stellen, insbesondere wenn man bisher damit gut gefahren ist, ist ein schwieriges Unterfangen. Robert Goizueta, der Chef von Coca-Cola, gab seinen Managern folgendes mit auf den Weg:

Wenn Sie meinen, Sie könnten Ihr Geschäft in den nächsten zehn Jahren ebenso erfolgreich führen wie in den letzten zehn, dann sind Sie verrückt. Um erfolgreich zu sein, müssen wir die Gegenwart durcheinanderbringen.

Sich überschlagende Veränderungen werden durch Technologie, Globalisierung und demographische Vielfalt vorangetrieben. Diese Kräfte haben nicht nur einen starken Einfluß auf die Geschäftsmethoden, sondern auf die gesamte Lebensführung der Menchen.

Nahezu alle Unternehmen kann man zwischen zwei Paradigmen einordnen, wie sie zu führen und wie sie zu verwalten sind. Auf der einen Seite die Bürokratie mit ihrem Schema Kontrolle, Befehl, Planung, mit klaren Zuständigkeiten und ohne abteilungsübergreifende Arbeitsweisen. Aber es gibt mittlerweile recht fähige Anteilseigner, deren Stimmen Rechnung getragen werden muß. Wir bewegen uns zur Zeit auf Organisationsformen zu, die mehr wie zeitweilige Systeme, Netzwerke oder Konglomerate beschaffen sind. Ihre Orientierungen werden Ausrichtung, Kreativität und Eigenverantwortung sein.

In der postbürokratischen Welt wird der Lorbeer an Führungskräfte gehen, die zu gesunden Meinungsverschiedenheiten ermuntern und Untergebene mit dem Mut, »nein« zu sagen, schätzen. Erfolgreich Führende werden nicht die lauteste Stimme, aber das offenste Ohr besitzen. Ihr Genius mag nicht einmal in ihren persönlichen Leistungen liegen, sondern darin, die Talente anderer zur Entfaltung zu bringen.

Führung verlangt Charakter

Als ich mich daranmachte, nachzuprüfen, ob alle Führungspersönlichkeiten sich ähnelten, beobachtete und befragte ich Hunderte von Führungskräften, zog ihre eigenen Aussagen heran und die einiger ihrer Familien- und Vorstandsmitglieder. Ich gelangte dabei zu drei Beobachtungen:

- Führung ist das Schlüsselelement für Erfolg oder Scheitern einer jeden menschlichen Einrichtung.
- Zu verschiedenen Zeiten sind verschiedene Konzepte von Führung effektiv.
- Für fast alle gegenwärtigen Unternehmen sind zwei Paradigmen in bezug darauf, wie sie sich selbst organisieren und wie sie geführt werden, bedeutsam.

Jack Welch, Vorstandsmitglied und Geschäftsführer bei General Electric, machte einmal die treffende Vorhersage:

Die Zukunft wird nicht den Managern gehören oder jenen, die die Puppen tanzen lassen; auch nicht denen, die sich auf den Jargon verstehen, der als smart gilt. Die Welt wird den leidenschaftlich getriebenen Führungspersönlichkeiten gehören – Menschen, die nicht nur über eine enorme Energie verfügen, sondern auch diejenigen mit Energie versorgen können, die sie führen.

Der Aktienwert öffentlich agierender Unternehmen richtet sich hauptsächlich nach der Einschätzung der Führungsspitze. Über den Aktienpreis hinaus bestimmt eine Führungspersönlichkeit ebenso die Tonlage für den moralischen Charakter, die Vision, die Kultur und die Substanz der Einrichtung.

Während eine theoretische Schulrichtung meint, Führernaturen würden durch Begebenheiten im Verlauf ihres Lebens geformt, glaube ich, daß der Charakter einer Führungsperson dafür das Entscheidende ist. Tolstoi-Anhänger behandeln Führung wie Surfing: Ein guter Führer schwingt sich im passenden Moment auf die Welle und schafft es, auf ihr zu reiten.

Führung hat mit Vision, Mission, strategischer Absicht, Träumen zu tun. Manager interessiert mehr das Know-how, das kurzfristige Ziel, das Abschlußergebnis – Faktoren, die als die »harte Seite« der Verwaltungstätigkeit aufgefaßt werden. Bisher bedeutete die »harte Seite« des Geschäfts, die Ware zu liefern, während die »weiche Seite« im Wert der Arbeitskraft bestand. Der Unterschied zwischen weich und hart verwischt sich jedoch immer mehr. Niemand, der den Wert der Arbeitskraft nicht äußerst ernst nimmt, wird in Zukunft irgend etwas liefern können.

Haupteigenschaften

Zukünftige Führungskräfte müssen neben Charakter über drei Eigenschaften verfügen: ein unbeirrbares Gefühl für das Ziel, Vertrauen und Optimismus. Von sechs Maßstäben, die gewöhnlich bei der Wahl einer Führungskraft angelegt werden – technische Kompetenz, Menschenkenntnis, konzeptionelle Befähigung, Urteilsvermögen, Geschmack und Charakter – sind die letzten drei die wichtigsten. Tatsächlich entscheidet jedoch der Charakter über die Fähigkeit zur Führerschaft.

Ziel. Der erste bedeutende Bestandteil des Charakters einer Führungspersönlichkeit erweist sich in der bewußten Anstrengung, das zu erreichen, was sie erreichen will. Die Erreichung des Ziels verbürgt den Erfolg. Zielorientierung ist der Hauptbestandteil von Macht. Mächtige Personen und Organisatoren besitzen einen starken, zuweilen verzerrten Sinn für die Zielrichtung. Michael Eisner, Geschäftsführer bei der Walt Disney Company, verriet mir kürzlich, er glaube, daß ein fester Standpunkt äußerst wichtig sei und daß man damit in seinem Betrieb sich auch immer durchsetze. Ich erkenne darin einen Ausdruck von Zielorientierung. Eisner meinte: »Bei uns ist eine entschiedene Meinung so gut wie 80 Punkte auf der IQ-Skala.«

Vertrauen. Die zweite Schlüsseleigenschaft des starken Charakters ist Vertrauen, besonders in diesen turbulenten Zeiten des Umsturzes, wo es bedenklich scheint, überhaupt noch jemandem zu trauen. Vertrauen innerhalb von Unternehmen basiert auf vier Voraussetzungen: Anteilnahme, Beständigkeit, Kompetenz und Treue zu sich selbst. Man hört immer wieder von untauglichen Führungskräften, die sich nach den Ratschlägen der jeweils letzten Person richten, mit der sie geredet haben – es fehlt ihnen an Gespür für Beständigkeit, Kompetenz und Integrität. Der Grund, warum große Führungspersönlichkeiten so erfolgreich sind, liegt in der Integrität ihres Charakters. Es handelt sich um Menschen, deren Vision und Überzeugungen sich in Übereinstimmung mit dem befinden, was sie empfinden, äußern und tun.

Führungspersönlichkeiten flößen Vertrauen ein und erhalten es aufrecht. Unter dem Schirm des Vertrauens entfalten sich solche Wesenszüge wie Kompetenz, Teilnahme, Beständigkeit, Verläßlichkeit, Berechenbarkeit, Integrität.

Was eine Führungsperson fühlt, denkt oder tut, verbreitet sich in konzentrischen Kreisen. Deshalb werden die Leute konfus, wenn die Führung sich anders verhält, als sie redet.

Optimismus. Eine optimistische Einstellung ist der dritte erfolgreiche Bestandteil des Führungscharakters. Die Führungskräfte, mit denen ich zu tun hatte, verfügten alle über einen starken Optimismus. Wie entmutigend oder undurchführbar eine Aufgabe auch schien, sie verschafften jedesmal ihren Mitarbeitern das Hochgefühl, die Zuversicht, es zu schaffen. Sie sind die Quellen der Hoffnung. Führungspersönlichkeiten sind der grundsätzlichen Überzeugung, daß ihre Ziele sich auch erreichen lassen.

Empfindungen von Hilflosigkeit und Nutzlosigkeit führen zu einer Ghettomentalität, während Optimismus gesunde Resultate mit sich bringt. Die Forschung belegt zum Beispiel die Bedeutung einer optimistischen Haltung bei der Heilung von Krebs. Optimismus gilt als der beste Garant für Hochschulerfolg, mehr noch als das Ergebnis des Schuleignungstests oder der Notendurchschnitt. Die besten Eltern, Trainer und Therapeuten sind diejenigen, die anderen ein Gefühl der Hoffnung vermitteln können.

Heutzutage müssen die Unternehmen bewegliche und anpassungsfähige Lernende sein, und sie müssen die Fähigsten und Gescheitesten heranziehen. Führungskräfte, die erfolgreich sein wollen, müssen Sozialarchitekten werden. Die Herausforderung besteht darin, eine Unternehmenskultur aufzubauen, die Selbstvertrauen erzeugt, Vertrauen unterstützt, den Respekt vor der Arbeit erhält, menschliche Bindungen fördert, offene Verständigung pflegt, Meinungsverschiedenheiten erlaubt und zu Wachstum und Lerneifer ermuntert.

Warum Führung so wichtig ist

Vor einigen Jahren fragte mich ein Journalist: »Warum ist Führung heute so wichtig?« Ich erwiderte: »Sie war schon immer wichtig und wird noch eine lange Lebensdauer haben. Tatsächlich wird sie uns alle überleben, denn es wird immer einen Bedarf an Führung geben.« Sicherlich hatte Führerschaft früher eine bessere Position als heute. Gegenwärtig scheint sie problematisch. Ständig gibt es ethische Konflikte, harte Entscheidungen und Widersprüche, durch die man sich hindurchwinden muß. Dabei sehnen sich die Menschen geradezu nach Klärung und Leitung.

Ich untersuche Führerschaft seit langer Zeit, weil ich das Bedürfnis habe, Menschen in ihrer Art zu denken und möglicherweise auch ihren Verhaltensweisen zu beeinflussen. Ich schied als Universitätsrektor aus, weil es mich mehr interessierte, Menschen im Gespräch zu überzeugen, als Macht durch meine Position auszuüben. Inzwischen aber bin ich zerknirscht. Ich fange an zu begreifen, daß Bücher und Vorlesungen über Führerschaft die Menschen nicht zu guten Führungskräften machen. Würde ich Vorlesungen über Moral halten, würden meine Zuhörer auch nicht anständiger. Dennoch habe ich das Gefühl, es gäbe doch die Chance, daß eine Idee, ein Gedanke oder ein Konzept sie veranlassen könnte, ihre Denkgewohnheiten etwas zu ändern – und wer weiß, vielleicht darüber auch ihr Verhalten.

Einmal zum Beispiel half ich Intel, eine Betriebsausbildungsstätte einzurichten, in der nur Betriebsangehörige lehren. Die Lehrer sind sämtlich Geschäftsführer des Unternehmens. Die Betriebsschule ermöglicht den Intel-Direktoren, ihre Aussagen mit ihren Handlungen in Einklang zu bringen; schließlich muß man, um etwas vermitteln zu können, diese Botschaft internalisieren und verkörpern.

Ein guter Ausbilder tut nur zwei oder drei Dinge. Er erlaubt den Menschen, die Wahrheit zu sagen, ermöglicht kritischen Widerspruch zu diesen Aussagen und erinnert sie daran, was wichtig ist. Ich versuche, den Menschen einen Anstoß zu Erkenntnissen zu geben, die sie irgendwann auch selbständig gefunden hätten.

Der Unterschied zwischen Ausbilden und Managen ist interessant: Wenn man zu einem Trainer geht, so ist man typischerweise nicht in Abwehrhaltung. Zu einem Tennislehrer sagt man einfach: »Sehen Sie, ich komme mit meiner Rückhand nicht zurecht« oder »Mein Aufschlag muß besser werden«. Man bezahlt den Trainer für seine Hilfe, das eigene Spiel zu verbessern.

Neulich unterhielt ich mich mit einem Vorstandsmitglied über einen bestimmten Geschäftsführer, und er meinte: »Bei unserem letzten Treffen habe ich seine Redezeit gestoppt – pro Stunde redet er fünfzig Minuten und ich zehn. Er kann einfach nicht zuhören.«

Wenn ich mit Führungspersönlichkeiten arbeite, bleibe ich ein oder zwei Tage bei ihnen und beobachte ihre Vorgehensweise. Wenn ein Fortune-500-Vorsitzender mich fragt: »Wie kann ich die Leute zu mehr Offenheit mir gegenüber bewegen?«, beobachte ich ihn und frage mich: »Wirbt er um Information? Denkt er darüber nach, wie man Vertrauen herstellt? In welchem Ausmaß blockt er negative Reaktionen ab – verbal oder nonverbal? Wie viele Kollegen bezieht er in wichtige unternehmerische Fragen mit ein?«

Nachdem ich ihn eine Weile beobachtet habe, könnte ich ihm beispielsweise raten, die möglichen Folgen seiner Entscheidungen auch einmal vom Standpunkt der Gewerkschaften, der Zulieferer, der Aktieninhaber und anderer Betroffener zu betrachten. Oder ich würde ihn darauf aufmerksam machen, bis zu welchem Ausmaß seine Untergebenen in der Lage sind, gesunden Widerspruch zu äußern.

Ich persönlich bewundere Jack Welch von General Electric. Jack ist ein echter amerikanischer »Machertyp«. Früher war er reichlich autoritär; überall, wo er auftauchte, nannte man ihn »Neutronen-Jack«: Nachdem er »aufgeräumt hatte«, stand das Gebäude zwar noch, aber die Leute waren fort. Schließlich aber änderte er sich und gleichzeitig die gesamte GE-Kultur. Er begriff, daß, wenn er und GE wachsen wollten und er GE jemals zu einem anpassungsfähigen Betrieb machen wollte, er seine Methoden ändern mußte. Also wurde aus ihm so etwas wie ein teilhabender Manager. Als er GE übernahm, gab es 160 strategische Geschäftsabteilungen – jetzt sind es nur noch 16. Es gab im Durchschnitt 29 Hierarchieebenen, mittlerweile sind es neun – bald werden es nur noch fünf sein. Ich halte ihn für einen echten Helden.

In diesem Zusammenhang denke ich an das Sadat-Syndrom. Sadat wuchs in einer Kultur auf, in der die Israelis seit Jahren dämonisiert worden waren, während sie ihrerseits die Ägypter dämonisierten. Die Situation war außerordentlich feindselig. Doch ungeachtet seiner Prägung und der Kulturunterschiede war Sadat fähig, eine neue, risikoreiche Friedensinitiative anzuregen. Gorbatschow hatte dieselbe bemerkenswerte Fähigkeit. Er war in der Lage zu begreifen, daß die Sowjetunion eine drittklassige ökonomische Macht, aber eine erstrangige Militärmacht darstellte und daß etwas geschehen mußte.

Gute Führungskräfte ermutigen zum Widerspruch. Die schlechten sind blind und hören nicht auf, immer wieder den gleichen Fehler zu machen. Und wenn man sie schließlich vor die Tür setzt, verblüfft sie das sehr.

Selbstverantwortung statt Kontrolle

Hierarchische Strukturen müssen dem
Prinzip der Selbstverantwortung weichen.

In meinem Buch *Führungskräfte* schildere ich die neue Generation von Unternehmensleitern und wie sie vom Industriezeitalter ins Informationszeitalter gelangen müssen. Ich schätze, lediglich zehn Prozent der von mir untersuchten Betriebe bewegen sich in diese Richtung.

Die meisten unter uns wurden in bürokratisch gelenkten Organisationen groß, beherrscht durch eine Befehl-und-Kontrolle-Ausrichtung. Der Soziologe Max Weber weist in seinen Schriften darauf hin, daß dieses bürokratische System eine geniale soziale Erfindung darstellt, menschliche Arbeitskraft und die Ressourcen des neunzehnten Jahrhunderts auszubeuten. Die meisten Unternehmen besitzen diese Art Befehl-und-Kontrolle-Macho-Prinzip immer noch.

Das bürokratische Modell läßt sich bestens mit drei Worten umreißen: Kontrolle, Order und Plan. Im Englischen ergeben die Anfangsbuchstaben das Wort »COP« (Command-Order-Predict). Bürokratien sind durch strenge Arbeitsteilung, hohe Spezialisierung und Hierarchien gekennzeichnet sowie durch jede Menge Entscheidungsebenen.

Organisationen der Zukunft werden Netzwerken oder Modulen ähneln. Die erfolgreichen werden über flache Hierarchien und wechselseitige Verbindungen verfügen. Drei Worte, deren Anfangsbuchstaben ebenfalls interessant klingen, beschreiben die neue Bewußtseinshaltung: Anerkennung, Kreativität, Eigenverantwortlichkeit (Acknowledge, Create, Empower) – ACE. Ich verdanke dem

Unternehmensberater Jim Selman und Roger Evered, einem Professor an der Naval Post Graduate School in Monterey, Kalifornien, die Einführung in das Konzept von COPs und ACEs.

Angesichts der Geschwindigkeit und Komplexität der Veränderungen unserer Gesellschaft, die sämtliche Verwaltungseinrichtungen betreffen, bleibt uns wohl kaum eine Wahl, als uns weg von COP und hin zu ACE zu bewegen.

Aber nach dem ACE-Prinzip zu führen erfordert ganz andere Führungsqualitäten. Kürzlich hatte ich eine Unterhaltung mit dem Fachmann in Sachen Wandel schlechthin, Alvin Toffler, dessen Buch *Der Zukunftsschock* 1970 erschien. Wir versuchten, uns ein Unternehmen zu vergegenwärtigen, das in den letzten 100 bis 200 Jahren stabil geblieben ist und immer noch floriert. Uns fiel keines ein. Würden wir uns also in einer unveränderlichen, einschätzbaren Umgebung befinden, in der Regeln, die vor fünf Jahren eingeführt wurden, immer noch Gültigkeit hätten, würde ich glatt sagen: »Wunderbar! Machen wir doch weiter mit dem Befehl-und-Kontrolle-Macho-Prinzip.«

Vielleicht sollten wir uns vom Macho hin zum Maestro bewegen, wenn wir über Führungsfragen innerhalb unserer Einrichtungen nachdenken. Maestro ist immerhin eine interessante Metapher, weil Symphonieorchester kein schlechtes Bild für gegenwärtige Organisationsformen abgeben. Sie sind angefüllt mit Spezialisten und weisen eine abgeflachte Hierarchie auf.

Verstrickt in Dilemmas

Wenn ich mich mit Managern oder Führungskräften unterhalte, ist eine der häufigsten Fragen, die mir gestellt wird: »Wie lassen sich in erfolgreichen Betrieben die Verhaltensmuster einzelner ändern, die bisher Hervorragendes geleistet haben, aber Gefahr laufen, in Zukunft nachzulassen, wenn sie nicht von den in der Vergangenheit erfolgreichen Methoden abrücken?« Ich denke, man muß ihnen solche Unarten wie etwa ständig zu reden statt zuzuhören abgewöhnen. Schließlich geht es nicht allein darum, mit Menschen zu verhandeln, die einem vertraut sind, sondern unter Umständen um Individuen, die sich in Geschlecht, Hautfarbe und Nationalität von ihnen unterscheiden. Wie also legen wir die Gewohnheit ab, ausschließlich wenigen Menschen zuzuhören statt einer heterogenen Gruppe? All diese Dinge müssen in einer neuen Organisationsstruktur angelegt werden. Es handelt sich also nicht allein darum, was die Leute sich aneignen müssen, sie müssen sich auch all das abgewöhnen, was sie in der Vergangenheit durchaus zum Erfolg geführt hat. Ein harter Job!

Manager fragen mich auch: »Wie kann ich eigenverantwortliche Organisationsstrukturen herstellen, zur Risikobereitschaft ermutigen und dabei immer noch einen guten Schnitt machen?« Mitarbeiter aus dem Bereich des mittleren Managements oder des unteren Topmanagements sind wirklich in diesem Dilemma gefangen.

Wie schaffen wir selbständige Organisationen, ohne Miese zu machen? Wie behält man das Abschlußergebnis im Auge, ohne den Horizont aus dem Blick zu verlieren? Wie probieren wir Neues aus, ohne aus dem Tritt zu kommen? Wie stellen wir Unternehmensstrukturen her, die angenehme Arbeitsplätze sichern und dabei ihre Effektivität steigern, ohne umgewandelt werden zu müssen? Wie bringen wir nur all dies zuwege und ziehen zugleich großartige Kinder auf?

Letzten Endes stecken wir zwischen diesen beiden Paradigmen: Kontrolle, Befehl und Plan (COP) – Anerkennung, Kreativität und Eigenverantwortung (ACE). Effektive Führung ist vonnöten, um all das zu überwinden.

Für Spitzenführung gibt es keinerlei Ersatz. Man muß wirklich bei der Sache sein, das heißt, nicht einfach nur Erlasse und Grundsatzerklärungen weiterreichen, sondern tatsächlich die Idee der Eigenverantwortlichkeit in die Betriebswirklichkeit übersetzen. Mit anderen Worten: Selbstverantwortung kann nur durch Taten unterstützt werden. Rhetorik ohne sie begleitende Taten bleibt nichtssagend und provoziert lediglich Sarkasmus.

Eine andere Schwierigkeit ergibt sich, wenn man von den Mitarbeitern einerseits verlangt, sich eifrig einer Vision zu verschreiben, andererseits aber sollen sie agil, beweglich und anpassungsfähig bleiben. Dies alles sind ernste Probleme für Management und Führung, die man bedenken sollte.

Wo schlagen wir die falsche Richtung ein?

Immer, wenn ich mich bei Managern oder Geschäftsführern erkundige, welche Umstände sie für ihr schlimmstes Versagen verantwortlich machten, bekomme ich die Antwort, die schlimmsten Fehler seien immer dann passiert, wenn sie sich nicht auf ihren Instinkt, ihr Gefühl im Magen verlassen hätten – wenn sie nicht ihrer Intuition folgten. Vielen Menschen gelingt es nicht, zum Kern einer Sache vorzustoßen, die Signale zu erfassen und entsprechend zu handeln. Meiner Ansicht nach gehört dazu das Bemühen, möglichst alles zu begreifen, von den körperlichen Reaktionen bis zu den freischweifenden Gedanken, die einem so in den Sinn kommen.

Wie gelangt man zur Selbsterkenntnis? Ich kenne einige einfache Möglichkeiten, wie zum Beispiel Feedback durch zuverlässige Quellen, oder man umgibt sich mit Menschen, die ehrlich genug sind, konstruktiv Kritik zu üben und wertvolle Anregungen zu geben.

Ich weiß dies deshalb so genau, weil viele Führungskräfte, die ich interviewte, mir verrieten, wie wichtig ihnen ihre Lebensgefährten seien, auf deren Beistand sie sich immer verlassen könnten.

Fehler sind für die Führungskraft eine ebenso wichtige Erkenntnisquelle. Versagen schreit regelrecht nach Aufklärung. Entsprechend befragt, erklärten viele Geschäftsführer, woraus sie ihre Lehren bezogen: »Aus den Fehlern und Mißgeschicken, wenn ich mal wieder auf dem Hintern gelandet bin – und nicht nur einmal.« Daraus lassen sich aber noch andere Schlußfolgerungen ziehen: Einmal, daß solche Erfahrungen analysierbar sind. Zweitens, daß man seine eigene Rolle bei der Angelegenheit herausarbeiten kann. Es genügt nicht, eine Erfahrung zu durchdenken, ohne den eigenen Beitrag in Betracht zu ziehen.

Sämtliche erfolgreichen Führungkräfte, mit denen ich zu tun hatte, besaßen eine – wie ich es sehe – leicht verzerrte Selbsteinschätzung im Sinne eines übertriebenen Optimismus. Deshalb machen sie immer weiter. Sie haben wirklich »eine Menge drauf«. Sie sind nicht einfach nur außerordentlich fähig, Fehler und Versagen aufzuklären, sondern sehen Ablehnung – wie einer es ausdrückte – »einfach als verschobenen Erfolg« an. Sie geben nicht auf. Das könnte vielleicht der Schlüssel sein – die Fähigkeit, über Erfahrungen nachzudenken und dabei weiter zu probieren.

An der Spitze der Veränderung

Der globale Wandel hat zwangsläufig Rückwirkungen auf die Unternehmen. Sollte es Veranlassung zur Verzweiflung geben oder dazu, sich den Untergangsaposteln beim Händeringen und Kopfschütteln anzuschließen, dann deswegen, weil die konventionellen amerikanischen Führungskräfte in einer Zeit groß geworden sind, wo es reichte, die besten Mausefallen aufzustellen und darauf zu warten, daß die Welt es bis zum Eingang schaffen würde.

»Führerschaft im traditionellen amerikanischen Unternehmen bestand darin, eine Verwaltung aufzubauen, die mit Mitwettbewerbern fertig werden konnte, die alle dasselbe ökonomische Kartenspiel spielten«, meint R. B. Horton, Hauptgeschäftsführer bei British Petroleum America. Es handelte sich um ein sehr amerikanisches Spiel. Mag der Wettbewerb auch scharf gewesen sein, er war überschaubar. Wer sein Blatt gut ausspielte, machte das Spiel.

Aber das Spiel hat sich dramatisch gewandelt, und ungewohnte, neue Regeln sind zu beachten. Niemals zuvor sah sich Amerikas Geschäftswelt derartigen Herausforderungen gegenüber. Unsicherheiten und Verwirrung zuhauf! Es gibt einfach zu viele Irritationen, Polarisierungen, Widersprüche und Zweideutigkeiten, die kein Unternehmen vollständig erfassen kann. Was als einziges noch vorhersagbar ist: Nichts läßt sich vorhersagen!

In seinem Buch *Ad-hoc-Strategien: Die Kraft zur Veränderung* weist Bob Waterman uns darauf hin, daß die meisten von uns an die Figuren in Ibsens *Geister* erinnern:

Wir werden von Ideen und Werten bestimmt, die ihren Nutzen längst überlebt haben, die nur Gespenster sind, unser Verhalten jedoch noch immer beeinflussen. Die Ideen von Männern wie Henry Ford, Frederick Taylor und Max Weber – das sind die Geister, die in unseren Chefetagen spuken.

Wiederkehrende Themen

Im Laufe des vergangenen Jahrzehnts, in dem ich mit allen möglichen Entscheidungsträgern zu tun hatte, kamen einige Themen immer wieder auf.

Wie stark sich Führungskräfte auch in ihren Erfahrungen und ihrem persönlichen Stil unterscheiden, sie bilden eine Art Prisma, worin sich die Geschicke der modernen Welt brechen. Diese Leitfiguren, die sinnbildlich für ihre Zeit stehen, müssen nicht nur mit den Erfordernissen innerhalb ihrer Organisationen fertig werden, sondern ebenso mit der sozialen Realität. Die allgemeinen Faktoren, die all ihren Beschlüssen zugrunde liegen, sind unter anderem: die Beschleunigung des Wandels und seine Komplexität, das Aufkommen neuer Technologien, dramatische demographische Verlagerungen und die Globalisierung.

- Jede dieser Führungspersönlichkeiten machte die Entdeckung, daß die Grundstrukturen ihrer Unternehmen und Organisationen geändert werden müssen, weil, wie bereits erwähnt, diese Strukturen nur noch zur Selbstbetrachtung verleiten, statt den neuen Herausforderungen gerecht zu werden.
- Jede dieser Personen ist ein Leader, kein Manager.
- Jede dieser Personen begreift, daß das Management die Mitarbeiter zu veranlassen hat, zu tun, was getan werden muß. Manager treiben an. Führungspersönlichkeiten ziehen hinter sich her. Manager befehlen. Leader kommunizieren.

- Ausnahmslos wurde jede interviewte Führungskraft zum Erneuerer ihres Unternehmens.

John Sculley, ehemaliger Chef von Apple, erklärte mir einmal:

Das alte hierarchische System ist nicht mehr angemessen. Das neue Modell ist in seinem Erfassungsbereich global, ein Netzwerk aus Wechselwirkungen. So sieht sich die neue Führungskraft neuen Prüfungen gegenüber, etwa, wie sich Menschen führen lassen, die ihm gar nicht unterstehen – Menschen anderer Gesellschaften, in Japan oder Europa, oder selbst Konkurrenten.

Wie führt man innerhalb dieser Netzwerkumwelt voller Wechselwirkungen und neuer Ideen? Dazu bedarf es einer Reihe ganz neuer Fertigkeiten, die auf Leitvorstellungen, auf dem Geschick, mit Menschen umzugehen, und einer Wertorientierung fußen. Traditionellen Führungskräften fällt es schwer, die Vorgänge in der Welt zu erklären, weil ihre Erklärungen sich auf Erfahrungen stützen, die sich nach den alten Modellen richten.

Die Organisationsform der Zukunft werden Netzwerke, Cluster, wechselwirkende Teams, Übergangssysteme, spontane Sondereinheiten, Gitter und Module sein – alles, außer Pyramiden. Wir wissen nicht einmal, wie wir all diese neuartigen Konfigurationen nennen sollen, aber wir wissen, die erfolgreichen werden weniger hierarchisch sein und mehr Verbindungen aufgrund gemeinsamer Interessen haben als traditionell strukturierte Gemeinschaften. Ebenso wahrscheinlich werden diese Erfolgsunternehmen Rosabeth Moss Kanters »Fünf F« verkörpern: »fast, focused, flexible, friendly and fun« (schnell, konzentriert, flexibel, freundlich und vergnüglich).

Die Führungskräfte, die ich kenne, begreifen, daß die Unternehmen von heute den verschärften Wettbewerbsbedingungen begegnen müssen, die die Globalisierung des Kapital- und Arbeitsmarktes und der Informationstechnologie hervorgebracht hat. Um erfolgreich zu operieren, müssen diese Unternehmen über flexible Strukturen verfügen, die ihnen erlauben, auf Kundenwünsche schnell zu reagieren und sich gleichzeitig veränderten Wettbewerbsbedingungen anzupassen. Diese Betriebe müssen schlanker sein, weniger Kompetenzebenen haben und in der Lage sein, sich an internationalen unkonventionellen Allianzen und Fusionen zu beteiligen. Zusätzlich müssen sie sich auf eine globale Vielfalt von Geschäftspraktiken, Sitten und Kulturen einstellen.

Die Frage, die all diese Führungspersönlichkeiten mit zunehmendem Erfolg stellen, heißt: Wie verändert man relativ erfolgreiche Unternehmen, die, wenn sie weiterhin wie noch vor fünf Jahren verfahren, sich in Zukunft selbst annullieren werden? (47 Prozent der Betriebe, die sich 1980 auf der Fortune-500-Liste befanden, waren dort 1990 nicht mehr verzeichnet.)

Das ACE-Modell

Unternehmensführer erklären uns, das neue Erfolgsmodell bestehe aus drei Elementen: »Align, Create and Empower = ACE« (Ausrichten, Erschaffen und Stärken der Selbstverantwortung).

Ausrichten. Die Führungskräfte von heute müssen ihre Ressourcen, besonders die menschlichen, dahingehend ausrichten, daß sie einen Sinn für gemeinsame Ziele schaffen, die der Unterstützung, ja der Hingabe der Menschen wert sind. Diese Ausrichtung hat viel mit Teamgeist zu tun.

Großartige Unternehmen und Organisationen bilden sich unausbleiblich um eine gemeinsame Vision. Theodore Vail hatte die Vision eines universellen Telefondienstes, den einzurichten es 50 Jahre brauchen würde. Henry Ford stellte sich vor, daß nicht nur die Wohlhabenden ein eigenes Automobil besitzen sollten, sondern auch einfache Leute. Steve Jobs, Steven Wozniak und die übrigen Mitbegründer von Apple erkannten das Potential des Computers, die Menschen unabhängiger zu machen. Eine gemeinsame Vision bestärkt die menschliche Schaffensfreude. Die Arbeit wird zum Teil eines höheren Ziels, das sich in Erzeugnissen und Dienstleistungen vergegenständlicht.

Erschaffen. Heutige Führungskräfte müssen eine Kultur schaffen, in der Ideen – ungehindert durch ängstliche Mitarbeiter – offen zutage treten können. Sie befassen sich weniger mit Problemlösung als vielmehr damit, die Probleme überhaupt erst einmal zu finden. Sie greifen Fehler, selbst Versagen auf, denn ihnen ist klar, daß daraus viel mehr zu lernen ist als aus Erfolg. Wie Norman Lear es einmal ausdrückte: »Wo immer ich stolpere, da liegt der Schatz.«

Fähige Führungskräfte bauen anpassungsfähige, kreative, lernfähige Organisationen auf. Solche Organisationen haben die Fähigkeit, die Probleme, wie unangenehm auch immer, schon auszumachen, bevor sie sich zu ernsten Krisen auswachsen. Sie sind des weiteren fähig, alle Ideen und nötigen Informationen zu sammeln, um des Problems Herr zu werden. Sie haben auch keine Bedenken, mögliche Lösungen zu testen, etwa durch Pilotprogramme. Schließlich und endlich bieten lernfähige Organisationen die Möglichkeit, vergangene Unternehmungen und Entscheidungen zu überdenken und auszuwerten.

Selbstverantwortung. Übertragung von Verantwortung bestärkt das Empfinden der Menschen, im Mittelpunkt der Sache zu sein. In einem gut geführten Betrieb hat jeder das Gefühl, seinen speziellen Beitrag zum Erfolg beizusteuern. Selbstbewußte Individuen betrachten ihre Tätigkeit als wichtig und bedeutend. Eigenverantwortliche Menschen haben sowohl ihren eigenen Ermessensspielraum als auch Pflichtgefühl. Sie bewegen sich in einer Atmosphäre gegenseitiger Achtung, in der sie ihrer Tätigkeit nachgehen können, ohne vorher von einer Elternfigur die Erlaubnis einholen zu müssen. Eigenverantwortliche Organisationen sind gekennzeichnet durch Vertrauen und innerbetrieblichen Informationsaustausch.

Wie immer die Zukunft aussehen wird, die erfolgreichen Organisationen werden diejenigen sein, die überzeugt davon sind – und dies auch durch ihre Praxis untermauern –, daß ihr Wettbewerbsvorteil auf der Entwicklung und dem Wachstum ihrer Mitglieder beruht. Die Männer und Frauen an der Spitze werden eine andere Persönlichkeitsstruktur aufweisen als bisher. Sie werden Maestros sein, keine Herren, Trainer, keine Befehlshaber.

Heute wird der Siegeslorbeer an diejenigen gehen, die zu gesunder Meinungsvielfalt ermuntern und solche Mitarbeiter schätzen, die Courage genug zur Weigerung haben. Gute Führungskräfte sind nicht die mit der lautesten Stimme, sondern die, die am interessiertesten zuhören. Ihr wahres Genie mag weniger in ihren persönlichen Leistungen liegen als darin, dem Talent anderer zum Durchbruch zu verhelfen.

Den neuen Herausforderungen erfolgreich begegnen

*Das große Erdbeben, von dem Südkalifornien
1994 erschüttert wurde, ist symptomatisch für all
die Erschütterungen, mit denen die Geschäftswelt
Amerikas konfrontiert wird.*

Die heutige Weltsituation ist derart paradox, verwirrend, voller Widersprüche und Dilemmas, daß für jeden, der ein Geschäft zu leiten hat, das Leben schwierig wird. Während die Unternehmen immer größer werden, die Veränderungen immer dramatischer, erzeugen sie zugleich Trägheit und Überheblichkeit.

In beispielloser Zahl werden Geschäftsführer entlassen. Einer der Gründe ist ihre Unfähigkeit und Arroganz, der andere, daß es für die Betriebe schwierig geworden ist, Leute zu finden, die in einem Umfeld ständigen Wandels zur Führung fähig sind.

Jedes mir bekannte Unternehmen ist turbulentem und grundlegendem Wandel unterworfen. Diese Veränderungen sind in unserem Land so allgegenwärtig, daß sie meines Erachtens monumentaler und katastrophaler erscheinen als die Umwälzungen in Osteuropa.

Wayne Gretzky sagte einmal: »Wichtig ist nicht, wo der Hockey-Puck sich augenblicklich befindet, sondern wo er sein wird. In ihrer Fähigkeit zur Vision und Vorausschau liegt die eigentliche Verantwortung einer Führungskraft. Die Unternehmen versagen nicht; tatsächlich versagen die Spitzenkräfte.«

Gewiß, die Herausforderungen der Zukunft lassen sich nicht vorhersagen, aber das entläßt die Betriebsführung noch lange nicht aus ihrer Verantwortung.

Ich glaube kaum, daß der Zusammenbruch des osteuropäischen

Kommunismus, das Ende des Sowjetimperialismus oder die Lage in Jugoslawien vorhersehbar gewesen wären. Aber der wilde Ritt in Richtung Globalisierung und des technologischen Fortschritts kann nicht so schwer vorauszusehen gewesen sein.

Die Kernfragen für die meisten Unternehmen lauten: Wie setzt man sich an die Spitze des Wandels? Wie hält man sich auf dem aufsteigenden Ast in dieser Ära enormer Umwälzungen? Als ich Colin Powell, ehemaliges Mitglied der Militärberaterkonferenz des Präsidenten, über seine Führungserfahrungen befragte, betonte er, die ersten Jahre seiner Karriere seien ziemlich angenehm im Vergleich zu den letzten fünf gewesen. Vorher habe er den Gegner, dessen Stärken und Taktiken, gekannt. Dann nahm der General mit Präsident Reagan und Bush an den Treffen mit Gorbatschow teil. Bei der fünften Zusammenkunft kündigte Gorbatschow an, er werde Rußland so tiefgreifend umformen, daß man es nicht mehr als Feind ansehen könne. Als dies dann geschah, wandelte sich die politische und ökonomische Welt grundlegend.

Demokratisierung, Kapitalismus, Großtechnologie und die Probleme der Überversorgung sind, jedes für sich, Hauptfaktoren der Wandlung. In Kombination haben sie eine Situation erdbebenartiger Verschiebungen erzeugt. Menschen zu finden, die in einer solchen Umgebung noch die Führung übernehmen können, ist eine Herausforderung für sich. Grundätzlich sind Führungskräfte vonnöten, die ihre Betriebe in die Zukunft leiten können, statt sie hineinzustoßen.

Die Umstände erfassen

Der Schlüssel zum Wettbewerbsvorteil wird im Geschick der Führung liegen, eine anpassungsfähige Umgebung herzustellen, die die Entwicklung intellektuellen Kapitals fördert. Führungsgrößen wie Jack Welch bei General Electric, Roberto Goizueta bei Coca-Cola und Percy Barnevik bei ABB ist es gelungen, ihre Führungsposition zum Aufbau eines Umfeldes zu nutzen, das die schöpferischen Kräfte des einzelnen freisetzt. Vielen Geschäftsführern, die von ihren Chefsesseln gekippt werden, fehlt diese Fähigkeit, die hinsichtlich des nächsten Jahrhunderts noch entscheidender sein wird. Führungspersönlichkeiten werden gemacht, nicht geboren. Ein Gen für Führungstalent existiert nicht. Grundsätzlich werden Führungsqualitäten im Beruf erworben. In unseren Untersuchungen an der University of Southern California befragten wir Führungskräfte, wie sie zu führen gelernt hätten. Als wichtigste Herausforderung bezeichneten sie die Fähigkeit, aus Fehlern zu lernen und weiterzugehen. Über Führung hätten sie in akademischen Seminaren oder durch Erwerb eines MBA oder eines Doktortitels so gut wie nichts erfahren. Am meisten hätten sie von ihren Chefs gelernt – den guten wie den schlechten.

Warum kümmert man sich in den Betrieben sowenig um den Führungsnachwuchs? Ein Teil der Antwort liegt in dem Umstand, daß Führungstalente das System in Frage stellen; sie stören den Einklang. Den meisten Unternehmen ist diese Haltung, alles zu hinterfragen, wenig willkommen, besonders in Zeiten des Wandels, wo eher Manager bevorzugt werden, die sich unterordnen.

George Bernard Shaw sagte einmal: »Alle großen Fortschritte wurden von unvernünftigen Männern eingeleitet, die die Welt veranlaßten, sich ihnen anzupassen; vernünftige Männer passen sich der Welt an.«

Erfolgreiche Führer sehen, daß wir uns von materialintensiver Produktion auf einen Zustand ideenintensiver Produktion hinbewegen. Als Voraussetzung erfolgreicher Führung begreifen sie das intellektuelle Kapital. Sie wissen, daß es die Menschen mit Ideen sind, auf die es ankommt.

Ich meine, es ist der Glaube an Magie, der Größe ermöglicht. Denken Sie an Walt Disneys berühmten Ausspruch: »Was Sie erträumen können, können Sie auch tun.« Ein Teil jeder Führung ist Magie. Sie erinnern sich an den Großinquisitor in *Die Brüder Karamasow*? Der Inquisitor zürnte Christus und warf ihm vor, im Bunde mit Wundern und Zauberei zu sein. Nun, offen gestanden denke ich, wir brauchen Wunder und Zauberei.

Aber ich möchte es mit der Magie nicht zu weit treiben. Grundsätzlich bietet eine Führungskraft intellektuelles Kapital, Ideen, Know-how. Der Schlüssel zum Wettbewerbsvorsprung liegt in dem Vermögen der Spitzenführungskräfte, eine lernfähige Umgebung herzustellen – eine anpassungsfähige, bewegliche soziale Architektur, die das Hervorbringen intellektuellen Kapitals fördert.

Alle großen Führungspersönlichkeiten, die ich kenne, befassen sich mit nur drei Dingen: Menschen, Dollars und Ideen. Wenn man die richtigen Mitarbeiter aussucht, angemessene Geldbeträge zu den jeweiligen Abteilungen leitet, wenn man endlich dazu übergeht, die Rollenverteilung der verstaubten Bürokratie abzuschaffen, damit die besten Lösungen ohne Verzögerung von einer Abteilung zur nächsten gelangen können, dann winkt den Betrieben der Erfolg.

Große Gesellschaften werden es damit schwerer haben, weil sich zwischen ihren Abteilungen jene dicken Wände befinden, die Informationsfluß und Ideenaustausch erschweren. Die erfolgreichsten Unternehmen werden sich nicht mit dem Status quo zufriedengeben. General Electric etwa war auch ohne Zwang fähig zum Wandel, es konnte sich reorganisieren und revitalisieren.

Wenige Unternehmen stellen sich die Frage: Wie bilden wir uns das Führungspersonal für die Zukunft? Eines gilt als sicher: Je vielseitiger das Aufgabenfeld, das eine Führungsperson im Betrieb übernimmt, desto größere Führungsbefähigung wird sie entwickeln. ARCO und GLAXO sind Beispiele für Unternehmen, die dafür Sorge tragen, daß die potentiellen Führungskräfte mit jedem Aspekt ihrer Tätigkeit im Verlauf ihrer Karriere bekanntgemacht werden.

Der Trainer wird das Vorbild für die Führungskräfte der Zukunft sein. Trainer lehren, begleiten und ermutigen. Ist man ehrlich mit ihnen, sind sie es umgekehrt auch. Sie sind dabei behilflich, die jetzt wichtigen Dinge ins Visier zu bekommen. Jedes Unternehmen braucht Leiter, die es täglich daran erinnern, was im Moment wichtig ist, und gleichzeitig eine Vision des Kommenden entwerfen.

Ambition, Kompetenz, Charakter

Im Zuge meiner Arbeit mit Führungskräften betone ich die Bedeutung des Charakters. Integrität ist ein wesentlicher Bestandteil einer erfolgreichen Führungskraft. Dies gilt nicht nur für Einzelpersonen, sondern auch für ganze Gesellschaften.

Führung ruht auf drei Stützen: Eine ist der innere Antrieb, die Ambition; eine weitere Kompetenz und Fachkenntnis; die dritte ist die Integrität oder moralische Substanz. Stellen Sie sich jemanden mit ungezügeltem Ehrgeiz vor, und sie haben einen Demagogen – einen Stalin. Stellen Sie sich einen lediglich technisch Befähigten vor, und sie haben einen Technokraten, jemanden, der möglicherweise die Seele der Organisation zerstört.

In Zeiten der Unruhe und des Umsturzes verlangen die Menschen oft nach einem Leiter mit Kompetenz und Ehrgeiz, dem es aber nicht selten an Integrität mangelt. Schließlich versagt dieser Führer – während der Preis, den seine Gefolgschaft zu zahlen hat, beträchtlich ist. Wenn die Geschichte uns irgend etwas über das Führen lehrt, so ist es dies: Bestehe bei der Auswahl der Führungsperson auf Integrität.

Viele Führungspersönlichkeiten bringen sich in die Lage, das Vertrauen ihrer Angestellten wiedererwerben zu müssen. Wie sollen bei all den Rekrutierungsmaßnahmen heutzutage die Führungskräfte noch Vertrauen aufbauen? Veränderungen, besonders die mit einer Verminderung von Arbeitsplätzen verbundenen, sind nirgends sonderlich populär. Die Führung müßte aber nicht unbedingt den Wandel mit Vertrauensverlust bezahlen, wenn sie darüber ehrlich, offen und einfühlsam kommunizieren könnte.

Wenn ich höre, wie Führungskräfte sich über Veränderungen und deren Einfluß auf die Beschäftigung unterhalten, sagen alle, die Sicherheit der Arbeitsplätze sei nicht mehr zu garantieren, lediglich die Möglichkeit der »Beschäftigung«. Wenn Führungskräfte den Menschen die Schulung, die sie für ihren Beruf benötigen, gewähren und sich ernsthaft mit ihnen auseinandersetzen, werden sie das Vertrauen der Angestellten nicht verlieren.

Ein anderer Ansatz wäre, die Beschäftigten in den Umstrukturierungsprozeß einzubeziehen, um Stellen zu erhalten. Sidney Harman, Präsident der Harman Industries, zieht seine Arbeitskräfte lieber dazu heran, neue Nutzanwendungen für ihre Erzeugnisse zu finden oder neue Produkte zu entwickeln, statt sie zu entlassen. Sie verwenden zum Beispiel Abfallmaterial, um Uhrengehäuse daraus zu machen. Aus anderen Materialien stellen sie Metalluntersetzer her. Außerdem verlangen sie einige der ausgelagerten Dienstleistungen zurück, um diese Funktionen innerbetrieblich verfügbar zu machen und dabei den Zuwachs an Raum und Menschen zusätzlich auszunutzen. So etwas nenne ich originelle und fürsorgliche Führung!

Ein neuer Typ von Führungskraft ist entstanden, der neue Wege eröffnet und dabei auf Methoden eines Alleinherrschers verzichtet. Er regt Ideen an, statt sie zu erfinden. Diese Führungskräfte sehen sich hauptsächlich als Trainer. Wie Max DePree einmal sagte: »Man muß auf sein Ego zugunsten der Talente anderer verzichten.«

Ich bin überzeugt, alle guten Führungskräfte haben sich bereits von der Machorolle entfernt hin zur Rolle eines Maestros, eines Dirigenten, der das Beste aus jedem Mitglied seines Orchesters hervorzaubert.

Effektive Führungskräfte erweitern ständig ihren Horizont. Sie gieren nach Wissen. In jedem Job, den sie ausüben, bereichern sie ihre Kenntnisse. Dabei erweitert sich nicht nur ihr Kenntnisstand, auch ihr Charakter festigt sich. Schauen sie sich Jack Welch von General Electric an. »Sehen Sie«, erklärte er mir einmal, »als ich GE 1981 übernahm, mußte ich mit harten Bandagen vorgehen. Wir hatten 425 000 Arbeiter, unser Umsatz betrug 25 Milliarden Dollar. Heute liegt unser Umsatz bei 65 Milliarden Dollar, und wir beschäftigen 275 000 Arbeiter. Inzwischen haben wir die Betriebe, wie wir sie wünschen, und die entsprechenden Leute. Jetzt kann ich Trainer und Anreger sein.« Er eignete sich dies nebenbei an und wurde eine äußerst fähige Führungspersönlichkeit.

Welch hat erkannt: Wenn er die Besten und Gescheitesten will und außerdem eine Gesellschaft, deren Fundament aus Ideen, Innovation und Lernen besteht, dann muß er als Trainer fungieren, als jemand, der das Beste aus seinen Leuten herausholt, sie zu den besten Einfällen inspiriert. Darum geht es letztendlich – um Ideen. Betrachten Sie einmal die sogenannten vier kleinen Drachen: Taiwan, Südkorea, Hongkong und Singapur. Sie besitzen keinerlei Bodenschätze. Technologie läßt sich über Nacht nachahmen. Aber sie haben das Geschick, ihre Leute richtig einzusetzen, indem sie ihren Verstand gebrauchen.

Wie setzen Führungskräfte das geistige Potential und die Kreativität ihrer Mitarbeiter frei? Wie tragen sie dazu bei, lernfähige Organisationen entstehen zu lassen? Viele entwickeln sich zu lockeren Verbindungen, in denen die Entscheidungen von denjenigen Einheiten gefällt werden, die sich am besten dafür eignen. Der einzige Anlaß, Entscheidungen ganz oben zu treffen, ist gegeben, wenn irgend etwas jedermann angeht oder wenn zwischen den Einzelabteilungen gewisse Synergieeffekte ausgelöst werden sollen.

Zusammenschlüsse

In diesen turbulenten Zeiten befaßt sich jeder kluge Kartenmacher mit der Druckvorlage. Politische Grenzlinien ändern sich fast wöchentlich. Neue Nationen entstehen auf manchmal qualvolle Art als Folge zerfallener Imperien von gestern.

Kein Teil der Welt, der davon nicht betroffen wäre. Vom Balkan bis Nordirland, von der West Bank bis Sri Lanka. In Afrika, Asien und den Pazifischen Inseln ringen die Stämme miteinander, auch wenn es Menschenopfer kostet. Dabei geht es um etwas, das ich »Island-Dilemma« nenne.

Nach einigen Stunden in Island wird einem klar, daß dieses Land karger Schönheit von zwei entgegenwirkenden Kräften geformt wurde. Einerseits sind seine 250 000 Bewohner äußerst stolz auf ihre Abstammung von den Wikingern. Sie sind dermaßen stolz darauf, daß sie ein eigenes Komitee haben, um Dingen Namen zu geben, die der phantasievollste Wikinger sich wohl niemals hätte vorstellen können. So wird in Island ein Computerbildschirm »skar« genannt, nach einem ganz anderen Fenster, dem eines traditionellen Torfhauses.

Aber diese Begeisterung für alles, was einzig ihnen gehört, ist nur die eine Seite des modernen Island. Selbst wo Isländer ihre Sagen zitieren und Gesetze unterstützen, die von jedem Bürger das Tragen spezifisch isländischer Namen verlangen, sind dieselben Bürger bemüht, in eine exogame Ehe mit der Europäischen Gemeinschaft einzutreten, sich mit Völkern zu vereinen, denen an der Reinheit der isländischen Sprache wohl kaum etwas gelegen ist.

Island ist ein besonders lebendiges Beispiel für das, was Philosophen die Spannung zwischen Familiärem und Universalem nennen. Wie bringt man Tradition mit dem Wunsch nach Veränderung ins Gleichgewicht, wie stärkt man seine Position und ist dabei ein guter Partner, wie singt man zugleich solo und im Chor? Das ist das Island-Dilemma: die Notwendigkeit, eine Balance zwischen Nationalismus und Globalismus herzustellen – ein Dilemma der ganzen Welt.

Innerhalb vieler Nationen und Organisationen erleben wir die Spannung zwischen Lokalismus und Transnationalismus. Wir sehen es in Rußland, in Jugoslawien, in Quebec, selbst in Kalifornien.

Ende dieses Jahrhunderts werden wir eine völlig andere Zusammenstellung von Staaten und Nationen vorfinden. Wir leben in einer Welt mit über 5000 Nationalitäten, aber nur 190 Nationalstaaten. Niemand weiß genau, was zu tun ist. Deswegen müssen wir über neue Verfahrensweisen nachdenken. Es gibt eine Lösung zum Island-Dilemma, davon bin ich überzeugt. Es ist dieselbe, die in so verschiedenen Ländern wie Kanada oder Spanien mit bemerkenswertem Erfolg praktiziert wird. Die Lösung ist der Bundesstaat.

Anders als monolithische Regierungsformen sind Bundesstaaten Zusammenschlüsse mehr oder minder unabhängiger Einzelstaaten, die oft wenig mehr gemein haben als das Bedürfnis, die Vorteile der Vereinigung zu genießen. Das vielleicht dauerhafteste Beispiel für einen Bundesstaat ist die Schweiz, wo eine funktionierende Vereinigung unterschiedlicher Kulturen mehr als 700 Jahre überlebt hat.

Heute gibt es 26 autonome Kantone und Halbkantone in der Schweiz, die vier große Kulturgruppen repräsentieren, jede mit eigener Sprache und eigener Kultur. Dieser Zusammenschluß besteht trotz erheblicher Abweichungen in den Wertvorstellungen.

Bundesstaaten ermöglichen den Mitgliedsstaaten, ihre besonderen Möglichkeiten zu entwickeln und ihre besonderen Ansprüche zu stellen, solange sie nicht die Rechte anderer Mitglieder einschränken oder das Allgemeininteresse der Vereinigung. In erfolgreichen Bundesstaaten, was auch unsere eigene unverwüstliche Allianz mit einschließt, ist das Ganze mehr als die Summe seiner Einzelstaaten – Alabama, Alaska, Arizona und all die anderen ungleichen, aber wesentlichen Bestandteile.

Bündnisse funktionieren besonders in Zeiten schnellen Wandels wie den unseren, weil sie sowohl Flexibilität als auch Stärke gewähren. Ihrer innersten Natur nach erkennen Bundesstaaten stets das Vorhandensein von Alternativen an, von mehr als nur einer möglichen Antwort auf eine gegebene Herausforderung. Wäre es ein Gedicht, so wäre das Bündnis nicht ein Heldenepos, sondern etwas in der Art von Wallace Stevens' *Dreizehn Arten, eine Amsel zu betrachten*.

Einer einzigen Identität verpflichtet, ist der nationale Monolith oft zu schwerfällig, neuen Realitäten wirksam zu begegnen. Bundesstaaten sind natürlicherweise beweglich und in einem Repertoire möglicher Reaktionen geübt. Sie sind nicht nur auf eine nationale Einstellung eingeübt. Monolithe setzen sich entweder heftig oder gar nicht in Bewegung. Bündnisstaaten dagegen vervielfachen die Möglichkeiten und vermindern das Risiko. Bündnisse sind auch weniger anfällig für Rassismus und ethnischen Haß, einen der häßlichsten Aspekte des Über-Patriotismus. Bündnisse bestätigen indirekt, daß Vielfalt Stärke bedeutet.

In homogenen Gruppen wird der Fremde zu leicht als Monster angesehen, als Teufel, als ein Hindernis auf dem Weg ethnischer Reinheit. In uneinheitlichen Zusammenschlüssen ist es ungleich schwerer, den anderen zu verunglimpfen und herabzuwürdigen, da er, wie verschieden auch immer, doch als Gleichberechtigter, wenn nicht als Partner angesehen wird.

Es kann deshalb nicht überraschen, daß Bündnisse sowohl im Geschäftsleben als auch in der Politik im Trend liegen. Eine Reihe der einflußreichsten Führungspersönlichkeiten dieser Welt ist dabei, eine neue Art föderalistischer Unternehmensstruktur aufzubauen, worin halbautonome Einheiten, die oft in weit entfernten Ländern operieren, mit vereinten Kräften versuchen, in der zunehmend globalen Wirtschaftsordnung erfolgreich zu sein. Das beste Beispiel ist wahrscheinlich Percy Barnevik, dessen weltweiter Unternehmenszusammenschluß der Asea Brown and Boveri ein Modell für die globale Orchestrierung einzelner Abteilungen darstellt, speziell dazu befähigt, die jeweiligen Gegebenheiten ihrer Heimatländer zu nutzen. Jack Welch, Vorstandsvorsitzender bei General Electric, gebraucht die Rhetorik der neuen Unternehmensbündnisse, wenn er vom »grenzenlosen Betrieb« spricht.

Ich könnte mir eine Epoche vorstellen, in der Unternehmen wie ABB, die zugleich global und tief verwurzelt in lokalen Kulturen sind, als Vorbilder für die Nationen dienen, die sowohl nationale Eigenständigkeit wie auch Überleben innerhalb der Weltwirtschaft erhoffen. Diese neuen Verbindungen könnten das Island-Dilemma ein für allemal lösen. Ich vermute, der einzige Verlust wird der einer bestimmten Sorte chauvinistischer Rhetorik sein, die in Staatsmaximen und Nationalhymnen Verwendung findet. Die Slogans zukünftiger Föderationen würden voraussichtlich weniger aufhetzend wirken als die nationalen der Vergangenheit. »Mein Bündnis, ein ziemlich netter Verein«, klingt irgendwie nicht so emphatisch wie »Mein Land, auf Biegen und Brechen«, nicht wahr? Aber dafür wird es ein weitaus angenehmerer Ort zum Leben und Arbeiten sein.

Wie unterstützt man Unternehmen bei der Rekrutierung? Wie befähigt man die Gebliebenen ebenso wie die, die gehen mußten? An dieser Stelle brauchen wir die Partnerschaft zwischen Regierung und Geschäftswelt – eine Politik der Umerziehung zur Bewältigung der Entwurzelungs- und Übergangsperiode. Erziehung allein reicht aber nicht. Die Betriebe sollten das intellektuelle Potential ihrer Angestellten schon vor irgendwelchen Reorganisationsmaßnahmen gezielter nutzen.

Hauptaufgabe der Führung ist es, eine Organisation einzurichten, die das geistige Potential der Mitarbeiter freisetzt. Wie so etwas aussehen soll, weiß ich noch nicht genau, aber so völlig ahnungslos sind wir ja alle nicht. Neue Organisationsstrukturen sind im Entstehen, einschließlich vorübergehender Einrichtungen, Clustern, locker assoziierter Gesellschaften, Netzwerke, Teams und anderem mehr. Eines sollte dabei deutlich werden: Es handelt sich nicht mehr um pyramidal aufgebaute Bürokratien mit dem Ideeninventar von Kontrolle, Befehl und Planung. Es wird eine Anzahl anderer Möglichkeiten geben, um zu formieren, zu schaffen und anzutreiben – und diese Möglichkeiten verändern sich womöglich dauernd.

Unbequeme Realitäten – neue Chancen

*Nachdem wir die tatsächlichen Probleme und
die wirklichen Übeltäter erkannt haben, müssen wir
die Dinge auf eine neue Art und Weise betrachten
und behandeln.*

Alfred North Whitehead ermahnte uns, »Einfachheit zu suchen, um ihr dann zu mißtrauen«. Unglücklicherweise akzeptieren zu viele Menschen vereinfachende Lösungen für komplexe Probleme, ohne von den geringsten Zweifeln geplagt zu werden. Das Resultat ist, daß die neueste Wunderdroge gefährliche Nebenwirkungen hat, der Gesetzgeber Gesetze mit unvorhergesehenen Konsequenzen verabschiedet, Fabrikanten großartige neue Produkte entwickeln, die mehr Ärger machen, als sie wert sind, und schließlich CEOs teure Berater heranziehen, die mehr Chaos verursachen, als irgend etwas zu regeln.

Wir sind derart auf Antworten versessen, daß wir jedem vermeintlichen Experten zuhören. Tatsache bleibt, es gibt zu viele Mißlichkeiten, Kümmernisse, Polarisierungen, zu viele Zweideutigkeiten, Gegensätze, Widersprüche, die unsere Neigung zu Menschen mit klaren Antworten bestärken – ohne daß wir uns weiter darum kümmerten, wie die tatsächlichen Fragen lauten. Solange wir aber nicht die richtigen Fragen stellen, können wir auch nicht auf korrekte Antworten hoffen. So geben wir uns mit beliebigen Lösungen zufrieden, wie zweifelhaft sie auch sein mögen, oder wir suchen nach einem bequemen Bösewicht.

Die Fluggesellschaften behaupteten, die Vorschriften würden sie behindern. Jetzt bringt die Deregulation sie um. Die Automobilindustrie beklagte sich über die Anordnungen der Regierung. Inzwischen bekniet sie die Regierung, ihr die ausländische Konkurrenz vom Hals zu schaffen. Und wenn im Weißen Haus Unsinn passiert, werden die Medien beschuldigt.

Anstatt sich mit simplen Antworten und Sündenböcken zufriedenzugeben, wäre es für uns an der Zeit, erwachsen zu werden und unseren Verstand zu gebrauchen, um die wirklichen Probleme und die wahren Übeltäter dingfest zu machen. Vereinfachende Lösungen sind gewöhnlich die Wegbereiter derjenigen, die auf ihnen gedeihen – Politiker etwa oder Fernsehredakteure. Unsere kollektive Unfähigkeit, die Komplexität angesichts ungeheuer verwickelter Probleme zu ertragen, verführt uns oft zur Zufluchtnahme zu bequemen Erleichterungen. Einige wenden sich Drogen zu, andere exotischen Exerzitien und Gurus, wieder andere exzessivem Konsum, und jeder von uns hin und wieder sogenannten Experten.

Früher oder später werden wir aber einsehen müssen, daß die Kompliziertheit fortdauern wird und daß Ordnung aus dem Chaos wächst. William Blake schrieb einmal: »Ohne Widersprüche gibt es keinen Fortschritt.« Die schnelle Lösung verhindert in den meisten Fällen interessante Möglichkeiten.

Neue Probleme brauchen neue Lösungen

Bis unfähige Eltern, Lehrer oder Gleichaltrige sie in Roboter verwandeln, sind unsere Kinder instinktiv fähig, die Dinge auf neue, ungewöhnliche Art aufzufassen, genau wie Führungspersönlichkeiten. Tatsächlich gibt es viele Ähnlichkeiten zwischen Dichtern, Kindern und Führungstalenten. Sie alle sind einfach, aber niemals vereinfachend; sie alle verlassen sich auf ihre Instinkte und gelangen so gleichzeitig zu Wahrheit und Originalität.

Denken Sie an irgendeine echte amerikanische Persönlichkeit, von Thomas Jefferson über Henry Ford zu Martin Luther King. Jeder von ihnen war ein Träumer, aber dennoch praxisorientiert, ein Original, aber dennoch im Einklang mit seiner Anhängerschaft. Und jeder von ihnen schuf etwas Neues. Jefferson verabschiedete unsere Unabhängigkeitserklärung, Ford verhalf uns zu einem Gefährt, das uns unabhängig machte, und King erweckte in uns einen Traum, der vielleicht Wirklichkeit geworden wäre, hätten wir den Mut besessen, ihn Wirklichkeit werden zu lassen.

Aber die großen Führungspersönlichkeiten sind dahin und mit ihnen unsere Träume. Alles unterliegt mittlerweile der Veränderung. Peter Drucker meint dazu:

Wir sind Zeugen dessen, was möglicherweise der Untergang der großen Unternehmen ist. Die Flaggschiffe der letzten 40 Jahre, Institutionen wie General Motors, ITT oder DuPont, haben ihre Nützlichkeit überlebt. Ich glaube, sie haben ihren Gipfelpunkt hinter sich. Es gibt nur wenig Flexibilität, wenig Schöpfergeist. Es gibt eine Menge Aufgaben, die eine gewisse Unternehmensgröße erfordern. Aber in einer Gesellschaft mit Organisationen von beträchtlicher Größe fehlt in Zeiten von Übergang und Wandel etwas Lebenswichtiges: die Fähigkeit zum Experiment, die Möglichkeit zum Irrtum ohne katastrophale Konsequenzen. Es gibt zur Zeit keine größeren Versager als unsere Business-School-Abgänger. Die Harvard-Absolventen sind Opfer einer eklatanten Fehleinschätzung seitens der Business School, die ein elitäres, homogenes Amerika unterstellt, wo wir doch das vielschichtigste Land der Welt sind.

Traditionelle Muster ändern sich, die herrschende Gier wird nachlassen, aber wir, die Menschen, geben keinen Zollbreit nach. Unter diesen Umständen können die Verantwortlichen im besten Falle Vertreter des Ausgleichs sein, die sich damit abmühen, den Dingen, wie sie sind, zu begegnen und sich auf die Zukunft vorzubereiten. Amerika steckt in allen möglichen Schwierigkeiten – von der Wall Street bis zur Main Street.

Wieso? Vielleicht, weil wir einfach nicht mehr zusammenarbeiten können, nicht einmal um des Profits willen. Teamwork befindet sich schließlich im Gegensatz zur gegenwärtigen Mode; aber unser Unvermögen, miteinander zu arbeiten, zusammenzuarbeiten und sich abzustimmen, untergräbt die amerikanische Wirtschaft.

Zehn Dinge, die man sein oder tun sollte

Menschen in verantwortlichen Positionen, die den Dingen eine andere Richtung zu geben hoffen, sollten folgendes beachten:

Seien Sie wachsam, neugierig, ungeduldig, mutig, standhaft, wahrheitsliebend und konzentriert. Sie müssen nicht nur wissen, was Sie sehen, Sie müssen es auch ausdrücken. Gandhi sprach: »Wir selbst müssen der Wandel sein, den wir in der Welt zu sehen wünschen.« Sind Sie also der Überzeugung, Kompetenz und Gewissenhaftigkeit müßten wiederhergestellt werden, dann müssen Sie auch beides vorführen.

Es gibt keine einfachen Antworten, keine schnellen Reparaturen, keine Rezepte. Wir müssen den Tatsachen ins Gesicht sehen: Wir sind keine Übermenschen. Es ist uns nicht gegeben, die Welt umzuformen, bis sie uns gefällt. Es ist keine List des Schicksals, daß die Großen und Mächtigen von ihren Sockeln stürzen; es handelt sich eher um die unausweichliche Folge von Ehrgeiz, bar jeder Kenntnis und jeden Skrupels. Wie immer sich die Fragen stellen, Kompetenz und Moral sind Teil der Antwort, und bevor wir nicht dieses grundlegende Faktum akzeptieren, werden wir alle früher oder später zu Fall kommen.

Entwickeln Sie Ihre Vision und die Autorität, das Wort zu führen. Die Initiative zu ergreifen ist immer mit Risiken verbunden, aber sichere Zeiten abzuwarten ist bei weitem risikoreicher, insbesondere, weil Sicherheiten in diesen unbeständigen Zeiten ziemlich selten sind.

Tun Sie mehr, als Ihre Muskeln spielen zu lassen. Sie müssen über eine unternehmerische Vision verfügen, über Augenmaß für grundlegende Fragen. Sie müssen imstande sein, die Kräfte zu identifizieren, die in den Betrieben und in der Gesellschaft insgesamt am Werke sind. Solche Aufgaben erfordern nicht nur Vorstellungskraft, sondern auch einen echten Sinn für Kontinuitäten, so daß man, um

Shelley zu paraphrasieren, die Gegenwart in der Vergangenheit und die Zukunft in der Gegenwart erkennen kann. Probleme müssen geklärt, Themen artikuliert und nicht unter den Teppich gekehrt werden. Auf diese Weise sind Sie in der Lage, Probleme und Themen auf ein Niveau faßbarer Wahlmöglichkeiten anzuheben.

Erziehen Sie. Unsere großen politischen Führer haben schon immer versucht, das Volk zu erziehen, sein diffuses Stöhnen über das Dasein in begreifliche Klagen zu übersetzen. Der Häuptling, der bei einer Dürre dem ausbleibenden Regen droht, erweckt nicht das geringste Zutrauen. Anstatt die Probleme schlicht zu etikettieren – unter der Rubrik »die Wirtschaft« – müssen Sie sie analysieren und klare Alternativen anbieten.

Seien Sie Sozialarchitekt, der eine Arbeitskultur formt, ihre Werte und Normen bestimmt und die Methoden, sie dem einzelnen zu übermitteln. Was immer Ihre Absichten sein mögen, Sie müssen die Mittel schaffen, die das Verständnis erleichtern und Partizipation ermutigen. Sorgen Sie für eine Übereinstimmung Ihrer Ziele mit den Bedürfnissen und Erwartungen Ihrer Anhänger. Vertrauen entsteht gerade heute nicht so einfach, man muß es sich verdienen. Geschäftsführer, die sich in dem Glauben wiegen, Vertrauen käme im Gefolge von Vergünstigungen ganz von selbst, sollten sich auf ein paar herbe Überraschungen gefaßt machen. Gestehen Sie sich zu, auch von den Menschen beeinflußt zu werden, die Sie führen. Geschieht das nicht, werden Ihre Vorhaben untergraben.

Die Unternehmenskultur schreibt die Mechanismen vor, die zur Konfliktlösung benutzt werden, und sie bestimmt, wie teuer, human, fair und vernünftig die Ergebnisse sein sollen. Neue Entscheider müssen sich diese Kultur erarbeiten und sie ihren Zielen anpassen. Die kluge Führungskraft mißbilligt auch die Art Null-summenmentalität, die auf absoluten Gewinnern und Verlierern besteht, zugunsten eines Klimas der Hoffnung und Versöhnung.

Jede Kultur erwächst aus ihrer besonderen Geschichte, Geographie, Technologie und Philosophie. Keine zwei Kulturen gleichen einander. Einige wirken entspannt und gleichförmig, andere sind in Aufruhr und chronisch verrückt. Man kann die Unternehmenskultur erfassen, indem man einen beliebigen Angestellten anspricht oder aber Charakter und Haltung der Person an der Spitze taxiert. Jeder Mitarbeiter ist in einem bemerkenswerten Grade der Betrieb im Miniaturformat. Ein Geschäftsführer muß so etwas wie ein Sozialanthropologe und Architekt sein, um diese Kultur aufrechtzuerhalten oder sie zu verändern.

Erkennen Sie sich selbst und bleiben Sie sich treu. Integrieren Sie Ihre Ideale und Ihre Handlungen und ertragen Sie die Kluft zwischen dem Erwünschten und dem Notwendigen, während Sie dabei sind, sie zu schließen. Lernen Sie nicht bloß zuzuhören, sondern überhaupt zu hören, nicht nur zu gucken, sondern zu sehen, lernen Sie, ebenso intensiv zu spielen, wie Sie arbeiten, dazu mit Zweideutigkeiten und Unbeständigkeiten zu leben. Der ultimative Test ist, auf der Flutwelle der Veränderung zu reiten, sie zu lenken und dabei zu erstarken. Wie es in Sophokles' *Antigone* heißt: »Es ist schwer, den Verstand eines Sterblichen zu begreifen oder sein Herz, bevor er nicht in höchster Stellung geprüft wurde. Macht entlarvt den Menschen.« Verständiger, phantasievoller und wirksamer Machtgebrauch unterscheidet die Führungspersönlichkeit vom Vorgesetzten.

Führung heißt eher Praxis als Theorie und wird in der wirklichen Welt ausgeübt und nicht im Laboratorium. Die Welt einer Führungskraft ist in zwei Lager gespalten: in Menschen, die ihr berichten, und andere, denen sie berichtet. Ihre Beschlüsse werden unausweichlich von beiden Lagern beeinflußt. Die Menschen, für die sie verantwortlich sind, fordern jetzt mehr von ihnen, sowohl in traditionellen Angelegenheiten – wie Arbeitsplatzbedingungen – als auch in neuen Fragen wie Mutterschaftsurlaub. Die Menschen, denen gegenüber sie verantwortlich sind – vom Vorstand und den Aktionären über lokale, staatliche und Bundesbehörden bis hin zu den Kunden und Anhängern –, waren selten so lautstark und schießwütig wie heute.

Schließlich gibt es noch die allgegenwärtigen, allesfressenden Medien, die regelmäßig von Widersachern benutzt werden und manchmal selbst als solche auftreten. Das setzt Führungskräfte nicht nur unter einer Art ständigen Scheinwerferlichts gefangen, es zwingt sie auch, einem Großteil ihrer Tätigkeit öffentlich nachzugehen. Geschäftsorientierte Medien verfügen zwar nur über eine begrenzte Aufmerksamkeit, dafür besitzen sie aber anscheinend eine Universallizenz, das ganze Gebiet abzudecken – weswegen Führungskräfte mit den Medien mitspielen müssen, ohne jedoch für sie zu spielen.

Regeln Sie das grundlegende Nachfolgeverfahren in Ergänzung zur Setzung von Zielen und einer Politik, die diesen dienlich ist. Begeistern Sie Ihre Mitarbeiter für diese Ziele durch die Schaffung eines anregenden funktionalen Klimas. In vielen Fällen ist das mittlere Management durch Isolation gehandikapt. Wenn die Leute dann die Leiter emporsteigen, bleiben sie doch Normen, Überzeugungen und Werten, wie sie vor allem im mittleren Management gelten, verhaftet. Endlich an der Spitze angelangt, finden sie sich einer völlig neuen Ansammlung von Kräften – milieuabhängiger, politischer, ökonomischer und finanzieller Art – gegenüber, die sie in dieser Form nie zu beachten brauchten. Nichts von ihren früheren Erfahrungen bereitet sie auf die Stellung vor, auf die sie vom Moment ihres Eintritts in den Betrieb hingearbeitet haben.

Schaffen Sie eine Organisation, in der Aufgabe A bereits auf Aufgabe B vorbereitet, die wiederum auf Aufgabe C hinzielt. In der Finanzbuchhalterabfolge vollzieht sich die Karriere übergangslos. Diese lineare, aber unlogische Struktur ist die tatsächliche Ursache des Peter-Prinzips: Die Leute erklimmen unausweichlich ein Niveau, auf dem sie versagen müssen. Gleichzeitig sollte die Führung Rückzugsfreiräume in ihr Organisationsgefüge einbauen – Gelegenheit zum Nachdenken ist verpflichtend. Ich meine dabei nicht die Art von Rückzugsgelegenheiten, die derzeit in vielen Unternehmen so beliebt sind, weil sie gewöhnlich dieselbe alte Routine beinhalten, nur in neuer Bemäntelung. Würden die Geschäftsführer gelegentlich zum Nachdenken innehalten, würden ihnen möglicherweise erfrischende Einsichten zuteil, für die sie Berater teuer bezahlen müßten. So wie Perspektive für den Maler oder Dichter lebenswichtig ist, ist sie es auch für Führungskräfte und ihren Anhang.

Entwickeln Sie Techniken zur Konfliktbewältigung. Sowohl die Kultur der Arbeit als auch die Organisationsstruktur müssen Ideale beinhalten, wie etwa für jeden und auf jeder Ebene die Möglichkeit, sich Kenntnisse anzueignen, um die Befriedigung, die er aus seiner Tätigkeit schöpft, zu erhalten oder gar zu erhöhen; einen festgelegten ethischen Kodex, um Ehrlichkeit und Redlichkeit zu gewährleisten; und Mechanismen, Differenzen und Konflikte zu regeln und beizulegen.

Meinungsverschiedenheiten sind unvermeidbar. Sie können zerstörerisch oder nützlich sein, je nachdem, wie die Führung damit umgeht. Führungspersönlichkeiten schaffen eine Umgebung, in der Offenheit und eine Art Vermittlungsmechanismus existieren. Führungskräfte vermeiden oder unterdrücken Unstimmigkeiten nicht, sondern sehen darin vielmehr nutzbringende Möglichkeiten. Haben das erst alle eingesehen, können sie ihre Kampfbereitschaft in eine schöpferische Haltung umwandeln, weil sie sich nicht länger bedroht, sondern herausgefordert fühlen.

Geben Sie den unausgesprochenen Träumen der Menschen Ausdruck. Eine Führungspersönlichkeit weiß, was wir wollen und brauchen, noch bevor wir es tun, und drückt diese Träume in all ihren Äußerungen und Handlungen für uns aus. Als Martin Luther King von seinen Träumen sprach, waren alle von uns eins, egal ob schwarz oder weiß. Gewiß, jetzt sind wir schlauer und zynischer, an Träume glauben wir nicht mehr. Aber tief im Innern ist in uns das Bedürfnis zu glauben, und das wird auch immer so sein, bis eines Tages eine Führungspersönlichkeit erscheint, die dieses Bedürfnis auszudrücken weiß und ihm gerecht wird.

Schwere Zeiten für Führungstalente! Unsere Ära ist gekennzeichnet durch materielles Wachstum, durch Raubbau an der Natur, eigennützigen Wettbewerb, rohen Individualismus, Vorliebe fürs Pompöse, extreme Spezialisierung, standardisierte Artikel und eine ganz allgemein anstrengende Existenz. Wir stellen uns dar durch unsere Konsumgewohnheiten und unsere Stellung, nicht durch das, was wir sind, sondern durch das, was wir tun.

Wir glaubten einmal, Erfolg werde durch harte Arbeit, Verzicht, Fleiß, Klugheit und Ehrlichkeit erreicht. Heute sind wir der Ansicht, Erfolg basiere allein auf unserer Persönlichkeit. Wenn wir den anderen nur gefallen, sind wir auch erfolgreich. Statt am Arbeitsplatz arbeiten wir an unserer Persönlichkeit. Anstatt unsere Sache gut zu machen, verlassen wir uns auf unseren Charme. Wir träumen nicht mehr, wir phantasieren.

Unser Land scheint in einer Art Limbo festzustecken, sich weder nach rechts wendend noch nach links. Wir werden weder reaktionär noch radikal. Wenn wir überhaupt auf Probleme ansprechen, dann ständig die Seiten wechselnd: rechts, links, rechts, links. Möglicherweise ist eine gewisse Zweigleisigkeit angemessen. Offen für Neudefinitionen zu sein ist notwendig, und eine Zukunft anzuerkennen, die sich von der Vergangenheit unterscheidet, ist wesentlich. Schließlich meinte der Guru der Beat-Generation, Jack Kerouac, einmal: »Walking on water wasn't built in a day.«

Aber wahre Führungspersönlichkeiten lassen sich durch harte Umstände nicht abschrecken. Das macht sie möglicherweise zu dem, was sie sind. Wie Abigail Adams vor langer Zeit an Thomas Jefferson schrieb: »Große Not bringt große Führer hervor.«

Gewinner oder Verlierer

Das Geschäftsleben mit Begriffen aus dem Sport zu
besetzen ist risikoreich, ein Unternehmen konkurriert
mehr mit sich selbst als mit der Konkurrenz.

Amerikaner sind generell einfach und direkt. Anders als Europäer neigen sie wenig zu Nuancen und Feinheiten, weder im Alltag noch bei der Arbeit. Anders als Asiaten bevorzugen sie unvermeidlich das Konkrete vor dem Abstrakten. Aus diesen Gründen ist der Sport nicht nur ihre bevorzugte Form der Unterhaltung, sondern ihr grundsätzliches Paradigma.

Amerikaner reden oft von Gewinn und Verlust, rechnen die Tore auf, die Spielabbrüche, wie in die Zielgerade gegangen wird, Extrarunden. Und wenngleich sie Film-, Fernseh- oder Musikstars mögen – Sportstars bewundern sie. Jeder Vater wünscht sich, daß seine Söhne auf dem Spielfeld glänzen.

Prediger und Politiker, unter anderen, halten diese nationale Leidenschaft für gesund, sie stellen ihre Bürger als gute, saubere Menschen hin, die sich für guten, sauberen Spaß interessieren. Universitäten, auch die University of Southern California, an der ich unterrichte, feiern ihre Sportskanonen und zeichnen sie aus. Am Tag der nationalen Football-Meisterschaft ist das Kollektivbewußtsein des ganzen Landes auf das Spiel konzentriert.

Zeit für neue Paradigmen

Ich bin zugegebenermaßen ebenso besessen wie alle anderen. Ich erinnere mich an großartige Spielzüge, großartige Spieler, auch an die Ergebnisse der wichtigen Spiele, obwohl es mir zuweilen schwerfällt, mich an meinen Dinnernachbarn von vor drei Abenden zu entsinnen. Gleichzeitig aber bin ich überzeugt, daß es an der Zeit ist, ein neues Paradigma zu finden.

Das Leben ist kein Baseballspiel. Es wird nie wegen Einbruchs der Dunkelheit abgebrochen, noch weniger wird es wegen rauher Witterung abgesagt. Während die Hauptsportarten das große Geschäft sind, ist das Geschäft kein Sport und war es nie. Sich die Geschäftswelt als eine Art Spiel oder Sport vorzustellen war wohl immer zu vereinfachend. Heute wäre derlei regelrecht gefährlich.

Ein Spiel ist von begrenzter Dauer und findet auf einem vorbereiteten und begrenzten Feld statt; es unterliegt festgelegten Regeln, deren Einhaltung vor Ort von neutralen Profis durchgesetzt und von gleichstarken Mannschaften ausgetragen wird, wobei erfahrene Kräfte jede ihrer Bewegungen mit ihnen beraten und sie lenken. Es werden Punkte gemacht, und am Ende des Spiels wird ein absoluter Gewinner ausgerufen.

Sollte irgendwo da draußen irgend jemand sein, der von sich sagen kann, sein Geschäft sei von begrenzter Dauer, finde auf einem vorbereiteten Platz statt, sei Regeln unterworfen, deren Befolgung an Ort und Stelle von neutralen Fachleuten kontrolliert werde, konkurriere nur mit ähnlich starken Gesellschaften und sei in der Lage, Gewinne und Verluste in absoluten Zahlen anzugeben – er wäre ein außerordentlicher Glückspilz oder ernsthaft geistesgestört.

Die Risiken

Betrachtet man Geschäft als Sport, kommt es zu zahlreichen Risiken. Erstens ist die Bewertung eines Unternehmens auf der Basis von Gewinn und Verlust ein Mißverständnis, sowohl was die Absichten des Unternehmens betrifft als auch die Natur des Geschäftslebens selbst. Kein Unternehmen, einerlei ob es Versicherungen verkauft oder Autos montiert, sollte von Grund auf gewinnorientiert, sondern vielmehr so entworfen sein, daß es wächst, sowohl auf quantitativer wie qualitativer Ebene. In diesem Sinne wetteifert es mehr mit sich selbst als mit der Konkurrenz. Das heißt nicht, daß es in einem Kopf-an-Kopf-Rennen, etwa wenn zwei Werbeagenturen um denselben Auftrag kämpfen, keine Gewinner oder Verlierer gäbe. In Umschreibung von Vince Lombardis legendärem Ausspruch hieße das: Gewinnen ist nicht alles, es ist eines von vielen Dingen, die ein Geschäft erreichen muß.

Zweitens ist es gefährlich, in Begriffen wie Grenzen, Regeln und Absoluta zu denken. Athleten streiten in einer bestimmten Anzahl von Spielen während einer bestimmten Periode von Wochen oder Monaten. Betriebe sind schon Jahrzehnte in der Arena, manchmal Jahrhunderte. Mal geht das Geschäft gut, mal weniger gut, aber es hört nie auf. Es gibt keine Pausen und schon gar nicht eine ordentlich festgelegte Dauer. Wie es so schön heißt: Es ist nie vorbei, bis es vorbei ist.

Die amerikanische Geschäftswelt ist – was Regelungen betrifft – traditionell zwiegespalten. Blüht das Geschäft, lehnt sie Regeln und Einschränkungen ab. Laufen die Geschäfte schlecht, wird nach einer Fülle von Regelungen verlangt. Einige der Fluggesellschaften, die sich leidenschaftlich für eine Deregulierung stark gemacht hatten, sind in der Zwischenzeit ironischerweise »abgestürzt« – Opfer gerade der Instrumente, für die sie sich eingesetzt hatten. Detroit hat Washington stets als seine Nemesis angesehen, bis ausländische Fahrzeuge den Markt überschwemmten. Plötzlich wendet sich Chrysler um Kredite an die Bundesbehörden, und Detroit fordert von Washington, die Importe zu beschränken, wehrt sich aber weiterhin gegen alle Sicherheits- und Qualitätskontrollen des Bundes.

Athleten produzieren sich in einer gleichförmigen Umgebung. Die Größe des Sportfelds, die Dauer des Wettbewerbs, selbst die Trikots der Spieler bleiben dieselben, Tag um Tag, Jahr um Jahr. Geschäfte hingegen spielen sich in einem flüchtigen Universum ab, das sich von einem Moment auf den anderen ändert und sich selten wiederholt. Sie werden durch Dürren auf der anderen Erdhälfte beeinflußt, durch eine neuartige technische Spielerei vom anderen Straßenende, durch Verbrauchergewohnheiten und -bedürfnisse –

durch Tausende von Einflüssen. Diesen unsicheren Rahmen vorausgesetzt, wird jedes Unternehmen, das sich auf Absoluta verläßt, bald aus dem Tritt sein – oder aus dem Geschäft.

Klar also, daß es mehr Unterschiede zwischen Sport und Geschäft gibt als Übereinstimmungen. Die tatsächliche Gefahr ist aber nicht der schlechte Vergleich, sondern die schlechte Beispielwirkung des Paradigmas.

In den bestgeführten und erfolgreichsten Unternehmen Amerikas kalkuliert man nicht in Begriffen von Sieg und Niederlage, glorreichen Augenblicken und Siegen in letzter Minute. Man zählt nicht auf Regeln oder Schiedsrichter. Statt dessen denkt man in Kategorien wie Standvermögen und Qualitätsbewußtsein mit dem unausgesetzten Bemühen, noch besser zu werden. Diese Unternehmen empfinden die Veränderung als das einzig Verläßliche, und sie verlassen sich eher auf ihre Anpassungsfähigkeit an die Welt, als daß sie von der Welt erwarten, sich ihnen anzupassen. Tatsächlich ist die Fähigkeit eines Unternehmens, sich einer stets wandelnden Welt anzugleichen, sowohl für seinen Erfolg als auch für seinen Fortschritt grundlegend.

In Wahrheit ist das einzig funktionierende oder angemessene Paradigma für das Geschäft letztlich das Geschäft selbst, und das sollte eigentlich reichen. Wie ein gutes Spiel ist ein gut geführtes Geschäft etwas, was man sich ansehen sollte; aber anders als ein Spiel bietet es keine Zerstreuung; es ist wie das Leben selbst – komplex, schwierig, mal erfolgreich, mal voller Fehlschläge, aber immer herausfordernd und oft erfreulich.

Also überlassen wir die sportlichen Spitzenleistungen den Sportlern und machen uns an die Arbeit.

Ein neuer Weckruf

*In den demokratischeren Unternehmen von heute
werden neue Führungskräfte gebraucht, die zur
Fähigkeit anleiten, sich dem Wandel anzupassen.*

Die globalen Herausforderungen und Veränderungen des aufziehenden Jahrtausends – technologischer, kultureller, umweltspezifischer und wettbewerbsbezogener Art – verlangen die Schaffung neuer Organisationsformen und neuer Führungsmethoden.

Vorhandene öffentliche Verwaltungen und pyramidal aufgebaute Organisationen sind in einer Welt der Verschiedenartigkeit und der Wechselwirkungen ebenso inadäquat wie die vorhandenen Formen von Führung und Gefolgschaft. Überkommene Führungsschemata – wie Herrscher und Untertanen, Generäle und Truppen, Chefs und Untergebene, Trainer und Mannschaft, Väter und Familien, Schäfer und Schafe – sind ungeeignet in einer Epoche der Demokratie und Partizipation.

Peter Druckers *Das Großunternehmen* von 1946 blieb ein unbeantworteter Weckruf für die amerikanische Industrie. Er legte dar, daß eine radikale Umwandlung des globalen Geschäftslebens bevorstünde (er sagte Revolutionen der Qualitätsstandards, der Technologie und des Service voraus) und daß die Betriebe sich ebenso radikalen Wandlungen unterziehen müßten, wollten sie Schritt halten (er forderte mehr Kundendienst und die Beendigung feindseliger Arbeitsverhältnisse). Das unternehmerische Amerika ließ sich von Druckers Ruf nicht in seinem Schlaf stören, und heute sind wir Zeugen der Auswirkungen dieses Verhaltens.

Es ist höchste Zeit, den Alarm für das nächste Jahrtausend auszulösen. Aus diesem Anlaß luden meine Kollegen und ich etwa ein

Dutzend Fachleute, die originellsten Köpfe auf dem Gebiet der Geschäftsverwaltung, zu einem Symposium an der University of Southern California ein, unter dem Thema »Rekonzeptualisierung der Unternehmen: Die Rolle der Führung«. Wir stellten ein paar harte Fragen:

- In welcher Weise ändert sich die Welt wirtschaftlich, sozial, kulturell, politisch, technologisch, umwelt- und wettbewerbsbezogen?
- Wie müssen sich die Unternehmen verändern, um diesen Umformungen begegnen zu können?
- Welches sind die Aufgaben und Verantwortlichkeiten des Führungspersonals in Betrieben, die diesen Wechsel schaffen?

Unser Ziel war es, Führungskräften eine Führung zu bieten. Im Journalismus, den Wissenschaften und den Künsten gibt es Räume, wo sich die Leiter der jeweiligen Gebiete zurückziehen, nachdenken und neu orientieren können. Leider gibt es für Geschäftsführer keinen solchen Schonraum – besonders für diejenigen nicht, deren Karriere selbst Veränderungen durchläuft. Wir dienen als ein Labor zur Erzeugung eines neuen Führungstypus in der Hoffnung, die nächste Generation an Führungskräften auf das einundzwanzigste Jahrhundert vorzubereiten, das sich durch größere Vielfalt, technologische Komplexität, soziale und organisatorische Demokratie und weltweite Wechselwirkungen auszeichnen wird.

Ironische Beobachter wiesen immer schon darauf hin, daß Geschäftsführer, die bei festlichen Anlässen die Vorteile der Demokratie preisen, sie als letzte in den eigenen Unternehmen einführen würden. Wenn dies auch richtig ist, so spiegelt sich darin doch nur eine Geisteshaltung, die nicht nur Geschäftsleute teilen, sondern alle Amerikaner, wenn nicht sogar sämtliche Bürger in Demokratien. Diese Einstellung hält Demokratie für eine nette Lebensführung für nette Leute, trotz all der vielfältigen Unbequemlichkeiten. Die Haltung ihr gegenüber ist größtenteils zustimmend, sogar achtungsvoll, indes ein wenig unduldsam. Nur wenige in Amerika haben nicht gelegentlich den lästerlichen Gedanken in ihrem Herzen genährt, das

Leben ginge viel reibungsloser vonstatten, würde man die Demokratie auf eine Art sonntagvormittägliche Andacht beschränken.

Die grobe Voreingenommenheit des »Nett-aber-unnütz«-Stereotyps verbirgt jedoch einen versteckten Idealismus. Sie impliziert, daß Institutionen innerhalb einer wettbewerbsorientierten Umgebung aufgrund der bloßen Gutherzigkeit ihrer Anhänger überleben können. Dieser Ansicht muß ich deutlich widersprechen. Selbst wenn diese gutherzigen Gefühle auf der Stelle getilgt würden – morgen nach dem Aufwachen fänden wir die Demokratie immer noch festverwurzelt vor, gestützt durch eine ganze Reihe wirtschaftlicher, sozialer und politischer Kräfte, die ebenso wirksam wie unkontrollierbar sind. Den Willen zu überleben und erfolgreich zu sein vorausgesetzt, ist Demokratie letztlich das effektivste Mittel.

Demokratie setzt sich durch

Geschäftswelt und Industrie werden sich zunehmend der Effektivität der Demokratie bewußt. Einige der rasch wachsenden Unternehmen besitzen eine ungewöhnlich demokratische Organisationsstruktur. Noch überraschender haben sich einige der großen etablierten Gesellschaften stetig, zuweilen unabsichtlich, in Richtung Demokratisierung bewegt. Im Bewußtsein des Mangels an administrativer Lebendigkeit und Kreativität zogen die Unternehmen Sozialwissenschaftler und andere Fachleute zu Rate, um ihre Verwaltung zu demokratisieren.

Unternehmensleiter, selbst ganze Verwaltungsstäbe haben an Seminaren zur Menschenführung und zur Verwaltungsorganisation teilgenommen, um sich Fähigkeiten und Einstellungen anzueignen, die noch kurz vorher als anarchisch und revolutionär verunglimpft worden wären. Bei diesen Veranstaltungen werden Standesprivilegien und traditionelle Autoritätsbegriffe ernsthaft in Frage gestellt.

Meine Idee von »Demokratie« ist nicht »Permissivität« oder »Laissez-faire«, sondern ein System von Werten – eine Glaubenshaltung, die das Verhalten lenkt –, das die Menschen aus innerem

Antrieb durch Wort und Tat unterstützen. Zu diesen Werten gehören: offene und freie Verständigung ohne Rücksicht auf Rang und Macht; Vertrauen auf den Konsens; Kompromisse zur Konfliktbewältigung; die Überzeugung, Einfluß basiere auf technischer Kompetenz und Fachwissen und nicht auf den Schrullen persönlicher Launen oder auf Machtprivilegien; ein Klima, das Gefühlsäußerungen ebenso erlaubt, ja unterstützt, wie aufgabenorientiertes Verhalten; eine Haltung, die die Unvermeidlichkeit von Konflikten zwischen Betrieb und den einzelnen akzeptiert, sie aber auf einer rationalen Grundlage austrägt. Veränderungen in dieser Richtung werden heute in umfassender Weise vorangetrieben, weil Demokratie eine funktionelle Notwendigkeit in einem Sozialsystem wird, das unter den Bedingungen permanenten Wandels um sein Überleben kämpft.

Anpassungsfähigkeit an die Veränderung

Ist der Wandel zur ständig zunehmenden Einflußgröße im amerikanischen Alltag geworden, dann ist die Anpassungsfähigkeit an ihn der Schlüsselfaktor zum Überleben. Profit, Sparguthaben, Effektivität, Einsatzwille sind zweitrangig gegenüber der Notwendigkeit, die Tür offenzuhalten für schnelle Anpassung an sich ändernde Bedingungen.

Dieser Wandel ist wegen des spürbaren Ungenügens des militärisch-bürokratischen Systems eingetreten, besonders gegenüber schnellen Veränderungen, und weil die Wissenschaft sich als das geeignetere Modell erwiesen hat. Die Wissenschaft ist deswegen überlegen, weil die Herausforderungen für die großen Unternehmen Probleme sind, die Wissen und Ehrlichkeit erfordern. Manager sind keine Wissenschaftler, aber die Prozesse der Problemlösung, der Konfliktzerstreuung und des Erkennens von Schwierigkeiten haben große Ähnlichkeit mit dem akademischen Vorgehen. Die Wissenschaft ist als einzige Einrichtung auf Veränderungen ausgerichtet – sie kann sich dem Wandel nicht nur anpassen, sie kann ihn sogar überwinden oder selber in Gang setzen.

Um den Forschergeist zu fördern, ist eine demokratische Umgebung erforderlich. Die Wissenschaft bestärkt eine politische Sicht, die egalitär, pluralistisch, liberal ist. Sie betont die Freiheit der eigenen Meinung und des Widerspruchs. Sie widerstrebt allen Varianten von Totalitarismus, Dogmen, Mechanisierung, blindem Gehorsam. Wie ein prominenter Sozialpsychologe bemerkte: »Die Menschen forderten Freiheit, Gerechtigkeit, Respekt genau in dem Moment, in dem die Wissenschaft sich unter ihnen verbreitete.« Kurz gesagt: Die einzige Möglichkeit für die Unternehmen, eine wissenschaftliche Einstellung zu gewährleisten, ist, einen demokratischen Rahmen herzustellen, wo derlei gedeihen kann.

Demokratie im Geschäftsleben und in der Industrie ist keine idealistische Spinnerei, sondern harte Notwendigkeit auf Gebieten, in denen Veränderung allgegenwärtig ist und der Erfindergeist genährt werden muß. Demokratie läßt sich als einziges Organisationssystem mit permanentem Wandel vereinbaren. Die Betriebe müssen bereit sein, überallhin aufzubrechen, Produkte und Verfahren zu entwickeln, auch wenn die mit dem aktuellen Geschäft nichts zu tun haben. Die ersten Anfänge der Demokratisierung ereigneten sich häufig in Industriezweigen, die, wie die Elektronik, stark von Erfindungen abhängen. Zweifelsohne planen viele Industriegiganten durchgreifende Änderungen in ihrem Aufbau und ihrem Betriebsklima, um demokratisches Potential freizusetzen.

Auf dem Sektor internationaler Politik ist die Demokratisierung eine relativ junge, aber tiefgreifende Erscheinung. Die Demokratisierung des Arbeitsplatzes hat weniger Aufsehen erregt, war aber nicht weniger dramatisch. In den sechziger Jahren war Mitbestimmung ein ausreichend radikaler Ansatz, daß einige Sloan-Anhänger am Massachusetts Institute of Technology mich als Kommunisten bezeichneten, weil ich dafür eintrat.

Inzwischen praktizieren die meisten der größeren Betriebe die eine oder andere Form. Pyramidenförmige Organisationsformen sind denselben Weg gegangen wie der Edsel.

Die Veränderung ist allesdurchdringend. Selbständige Arbeitsgruppen ersetzen die Fließbänder in Fahrzeugfabriken. So verschiedene Betriebe wie der Möbelhersteller Herman Miller und die Beth-Israel-Klinik in Boston haben die demokratischen Organisations-techniken des späten Joseph Scanton eingeführt, eines der ersten, der die Einbeziehung der Angestellten als wesentlich für die Quali-tätskontrolle erkannte. Bei Hewlett-Packard in Greeley, Colorado, werden die meisten Entscheidungen nicht von traditionellen Mana-gern getroffen, sondern von den an der Produktion Beteiligten, die in Teams arbeiten und zu den einzelnen Schritten ihre Beiträge bei-steuern.

Nicht länger monolithisch, verhält sich das neue Unternehmen wie ein Legospiel, dessen Bausteine sich zwanglos nach wechseln-den Bedürfnissen arrangieren lassen. Das alte Paradigma, das Kon-trolle, Befehl und Vorausplanung hochhielt, ist einer nichthierarchi-schen Form gewichen: Vorschläge sind erwünscht und anerkannt, Kreativität wird blinder Loyalität vorgezogen. Blankes Eigeninter-esse motivierte diese Änderung. Organisationen, die zu breiter Mit-bestimmung, selbst zu Widerspruch, ermutigen, fällen sicherere Entscheidungen und machen bessere Voraussagen.

Anpassungsfähigkeit ist das zentrale Moment zum Überleben, da Information mittlerweile der Motor der neuen Unternehmen ist. Der-jenige, der Informationen besitzt, übt größere Macht aus als je zuvor. Neue Technologien haben das Tempo der Veränderung beschleunigt und einen globalen Betrieb geschaffen, wenn nicht ein globales Dorf. Dank Computern und Fax-Anschlüssen vertreten New Yorker Lebensversicherungen ihre Ansprüche nicht in den Vereinigten Staa-ten, sondern in Irland. Vor einigen Jahren lud ich den Dalai Lama zur Teilnahme an einem Seminar für Führungskräfte an der University of Southern California ein. Die Verkörperung des jahrtausendealten tibetanischen Spiritualismus sagte huldvoll ab – per Fax.

Neue Organisationen, neue Führer

Der neue Führungstyp ist ein Förderer, kein Autokrat, ein Anreger von Ideen, nicht unbedingt deren Quelle. Die große Führungsperson existiert noch als öffentliches Aushängeschild für Organisationen und Nationen, aber Führungskräfte und Unternehmen sind nicht länger identisch. Die Generäle sind verdrängt worden, und die Dichter haben es übernommen, eine demokratische Form einzuführen, die sich nicht nur mit dem Wandel verträgt, sondern ihn erzeugt.

Die Demokratie erkennt an, daß die Kreativität – als unschätzbares Hilfsmittel – völlig unvorhersagbar ist und in jedem möglichen Umfeld entsteht.

Der neue Führungstyp bemüht sich um drei Elemente, die, wo sie sich verwirklichen lassen, effektiven, produktiven und kreativen Wandel mit sich bringen: Eigenverantwortung, Ausrichtung auf das Ziel und die Gabe der Anpassung und Lernfähigkeit. Anpassungs- und lernfähige Betriebe arbeiten nach einem Lernsystem mit vier Punkten:

1. Identifikation störender Probleme;
2. Ideen und Informationen zum Lösen der Probleme;
3. Mut, die Lösungen zu testen, wenigstens in einem Pilotprojekt;
4. Gelegenheit zur Analyse und Auswertung.

Die neuen Führungskräfte schaffen eine mitreißende Vision, vermitteln sie und halten sie aufrecht. Sie lenken zudem die Aufmerksamkeit ihrer Mitmenschen und führen sie an Orte, die sie nie zuvor sahen.

Manche Menschen sind komplett unbeweglich. Sie halten sich an frühere Scripts, benutzen die gleichen Notizen und wiederholen die gleichen Fehler. Diese Leute haben vergessen, wie man lernt. Grundsätzlich braucht man zum Lernen nur zweierlei: erkennen, was wichtig ist, und Ehrlichkeit. Gute Vorgesetzte erlauben ihren Mitarbeitern, die Wahrheit zu sagen und sie daran zu erinnern, was zählt.

Wenn Leute sich bei mir erkundigen, wie aus ihnen bessere Führungskräfte werden könnten, rate ich ihnen, sich selbst einige Fragen zu beantworten: »Was gefällt mir an meinem Leben?«, »Was steht an?«, »Wann fühle ich mich hervorragend?« Diese Fragen sind sehr hilfreich, um herauszufinden, was sie wirklich wollen. Die

Menschen, die sich von dieser unsicheren Welt verwirren lassen, werden nie herausfinden, was sie wollen.

Authentische Führerschaft

Ich glaube an die Selbsterfindung. Authentisch zu sein heißt buchstäblich, Autor seiner selbst zu sein, seine natürlichen Energien zu entdecken und einen eigenen Weg zu finden, mit ihnen umzugehen – nicht einfach nur zu existieren, um eine Vorstellung zu erfüllen, die der Kultur oder einer anderen Autorität entstammt.

Die meisten der fähigen Führungskräfte erfinden sich selbst in entscheidender Weise, den flüchtigen, komplexen, turbulenten und überraschenden Veränderungen in unserer Gesellschaft entsprechend.

Diese Veränderungen vorausgesetzt: Wie könnten wir, wenn wir weitermachen wollen, darauf verzichten, uns selbst zu überholen? Wir müssen auf neue Weise auf die neuen Verhältnisse eingehen, zum Beispiel einsehen, daß wir nicht den brutalen Boß spielen müssen, vielmehr eine aufmunternde, anteilnehmende Führungskraft sein sollten.

Einsteins Definition von Verrücktheit lautet, immer wieder das gleiche zu tun in Erwartung unterschiedlicher Ergebnisse. Das Problem vieler Unternehmen ist, daß sie verrückt waren. Wenn man erfolgreich ist, fällt es schwer, sich zu ändern. Alle Unternehmen sind Opfer der Verrücktheit.

Meine Sympathien gelten den Menschen mitten im Betrieb. Sie haben es in der Regel schwerer als jene an der Peripherie. Als Verkäufer hat man im Außendienst viel mehr Gelegenheit, sich Kenntnisse anzueignen. Die echten Anstöße stammen von der Peripherie – von einfallsreichen Menschen am Rande.

Wenn Sie heutzutage in der Geschäftswelt Erfolg haben wollen, müssen Sie die Leute heranbilden. Wohlstand ist das Ergebnis von Ideen und Know-how. Es ist für Angestellte jeder Position wichtig, in einer Umgebung zu arbeiten, wo sie wachsen und sich entwickeln können.

Ich denke, Sie sollten direkt mit Ihrem Chef verhandeln. Wenn das nicht klappt, wenden Sie sich an andere Leute, möglicherweise an den Vorgesetzten Ihres Vorgesetzten. Klappt das immer noch nicht, dann scheiden Sie aus.

Ist es zu unbekümmert und herzlos von mir, so etwas zu verlangen? Auf lange Sicht wird ein Unternehmen versagen, wenn es nicht seine Methoden ändert.

Es verhält sich so, als harre man in einer schlechten Ehe aus, nur weil man Angst hat, möglicherweise für eine neue Heirat zu alt zu sein oder nicht in der finanziellen Lage, auf eigenen Füßen zu stehen. So schluckt man alles hinunter und sagt sich: »Lieber bleibe ich in einer lausigen Beziehung, denn die Alternativen sehen noch übler aus.« Meist sind die Alternativen aber besser – wenn man sie nur ergreift.

Die fähigsten Menschen bevorzugen Aktion. »Man erreicht nichts, wenn man immer auf der Ersatzbank hockt«, pflegen sie zu sagen. Die einzige Art, es zu etwas zu bringen, ist, sich ins Geschehen zu stürzen und sich durchzuschlagen. Manchmal heißt das, jemandem eins zu verpassen, den man für schädlich oder gefährlich für das Unternehmen ansieht. Auch das ist Aktion.

Die meisten der 150 Millionäre, die ich interviewte, behaupteten, aus Fehlern mehr gelernt zu haben als aus Erfolgen. Sie verfügen über die Fähigkeit, von sich selbst und aus ihren Mißgeschicken zu lernen.

Nichts enthüllt die eigenen menschlichen Qualitäten und den Charakter so deutlich wie Macht – insbesondere in Krisensituationen, wenn man am empfindlichsten getroffen ist. »Das ist der Moment, wo die Seele stark wird und einem die Zuversicht gibt, den Kampf aufzunehmen«, verriet mir ein Unternehmensleiter. Nichts lehrt einen so viel darüber, wer man ist, wie wenn man Verantwortung trägt.

Was intellektuelle Anerkennung von partizipativem Management und der Beteiligung von Beschäftigten betrifft, haben wir die Hälfte des Weges zurückgelegt. Woran wir noch arbeiten müssen, ist die Fähigkeit, eine soziale Architektur zu schaffen, die intellektuelles Kapital erzeugt: Ideen, Neuerungen, Lernmöglichkeiten, Knowhow. Darum geht es!

Epilog

Gedanken zum Ruhestand

*Für jedermann, besonders aber für Führungskräfte,
kann der Ruhestand Abenteuer, Risiko und
vielversprechende Aussichten bringen.*

Das Wort »Ruhestand« (Ausscheiden aus Beruf oder Amt) hat einen negativen Beigeschmack. Trotz all der enthusiastischen Publikationen zu diesem Thema und der Tatsache, daß es sich um die wohlverdiente Erholung von den täglichen Mühen handelt, ist für viele Menschen die Aussicht auf diesen Zustand nicht besonders angenehm. Die Herkunft des englischen Wortes »retire« könnte einen Hinweis geben. Die ursprüngliche Quelle dieses Wortes ist der alte französische Ausdruck »retirer«, zusammengesetzt aus der Vorsilbe »re«, was zurück, rückwärts heißt und dem Verb »tirer«, das sich mit zurückziehen, zurücknehmen übersetzen läßt. Der erste, für das Jahr 1553 belegte englische Gebrauch bezieht sich auf eine Militärabteilung, die sich zurückzieht. In Hinblick auf die darin enhaltene Demütigung sollten wir uns dem Ursprung des Wortes »tirer« zuwenden, das man mit »ausdehnen«, »in die Länge ziehen« oder mit »aushalten« übertragen kann. Dieses Wort stammt vom alten französischen »martir« – englisch »martyr« (deutsch: Märtyrer) und bezieht sich auf den Umstand, daß Märtyrer die Streckfolter zu ertragen hatten bis zu dem Punkt, wo es sie förmlich zerriß. Ein interessanter Hintergrund zum Begriff »Retirement«.

Neben meiner Unzufriedenheit mit dem Wort »Retirement« mag ich ebensowenig die Schönfärbereien, die man bei Ruheständlern anwendet, wie beispielsweise die Bezeichnung »Senioren«. Mein Unbehagen rührt auch daher, daß das ganze Thema für mich und meine Denkweise verhältnismäßig neu ist. Erst seit kurzem habe ich begonnen, über Ruhestand nachzusinnen und meine diesbezügliche Abneigung zu verstehen; schließlich bin ich mit meinen 70 Jahren höchstpersönlich betroffen. Wachgerüttelt wurde ich unter anderem durch eine Episode bei einer Konferenz in Monterey, wo mich jemand mit den Worten »Waren Sie nicht Warren Bennis?« begrüßte.

Grundsätzliche Ideen

Ich möchte Ihnen gerne einige grundsätzliche Überlegungen zum Thema Ruhestand darlegen:

Erstens. Eine wurde durch die Frage eines Reporters ausgelöst, der mich für ein Magazin zu diesem Thema interviewte. Im Verlauf des Gesprächs erkundigte er sich nach meinen Helden und danach, wem ich für seine Haltung gegenüber dem Altern den größten Respekt entgegenbrächte. Ich rasselte sogleich eine ganze Latte von Namen herunter: Winston Churchill, Bertrand Russell, Clint Eastwood, Colin Powell und Katherine Graham. Ich hielt inne und überlegte: Was haben all diese Personen gemein?

Nun ja, Churchill zum Beispiel brachte seine Karriere nicht in Gang, bis er 66 Jahre alt war. Vorher soll er – einer Biographie zufolge – mehr oder weniger durchs Leben getorkelt sein. Oder nehmen wir Betrand Russell, der mit zunehmendem Alter in seinen Schriften über Philosopie immer wagemutiger wurde. All diese Leute hörten nie auf. Sie machten einfach weiter. Ich fragte mich, ob sie wohl noch andere Gemeinsamkeiten hätten.

Zunächst einmal hielten sie sich nicht an vergangenen Erfolgen fest oder dachten je daran, sich zur Ruhe zu setzen. Wäre »Übergang« da vielleicht nicht der geeignetere Ausdruck, denn wir alle befinden uns ja in einer Art Übergangszustand? Für mich ist Macht die Fähigkeit, von Position A zu B zu gelangen, fortzuschreiten zu etwas anderem. Diese Menschen befanden sich immer schon im Übergang. Fortwährend gestalteten sie sich um, setzten sich anders zusammen und erfanden ihr eigenes Leben.

Sehen wir uns Colin Powell an. In den sechziger Jahren war er Leutnant bei der Fulda-Division in Deutschland, frischgebackener Abgänger des Ausbildungslagers für Reserveoffiziere. 30 Jahre später befehligte er die ganze amerikanische Armee und kam anschließend in den nationalen Sicherheitsrat. Heute ist er Schriftsteller, und wer weiß, was er als nächstes in Angriff nimmt. Jedenfalls werden wir von ihm noch eine Menge hören. Er hat nie zurückgeblickt, sich nie zu stark mit dem Erreichten befaßt, sondern ständig umgestaltet, umgeformt, neu erfunden.

Was mich noch mehr bei diesen Menschen und den erfolgreichen Geschäftsführern, die ich kennenlernen durfte, interessiert, ist, daß sie ab einem bestimmten Punkt in ihrem Leben aufgehört haben, sich ständig selbst zu beweisen, und anfingen, sich auszudrücken. Dieser Übergang ist äußerst bedeutsam; ich selbst bin mir nicht sicher, ob ich ihn schon vollzogen habe. Es gibt einen wesentlichen Unterschied zwischen dem Zwang, uns selbst und anderen etwas beweisen zu müssen, und der Fähigkeit, der eigenen Persönlichkeit Ausdruck zu verleihen.

Zweitens. Der zweite grundsätzliche Gedanke, den ich ausführen möchte, ist der, daß Menschen, die im Beruf und im Leben erfolgreich sind, ebenso erfolgreich Übergänge meistern. Ich glaube, daß weniger lebenstüchtige Menschen sich nicht so gut auf Übergänge einstellen können. Für sie, wie auch für mich, ist das Älterwerden mehr oder weniger ein Tod auf Raten.

Ich begann, meine Studien über geniale Führungskräfte zu überdenken. Mir wurde klar, daß sämtliche fünf Eigenschaften, welche die 150 Führungspersonen, die ich untersuchte, auszeichneten, erfolgreichen Übergängen entsprachen oder – um ein Wort zu benutzen, gegen das ich mich bisher gesträubt habe – erfolgreichem Ausscheiden. Ich werde Ihnen eine kurze Zusammenfassung dieser fünf Eigenschaften geben:

Die erste ist eine starke Zielorientierung, eine Passion oder eine Überzeugung, der Drang, etwas Bedeutendes hervorzubringen, um sich auszuzeichnen. Dazu fällt mir ein Gespräch mit Michael Eisner ein, bei dem es um seine Absichten und Ziele ging. Er meinte:

Ich bin nicht sicher, ob ich einen Plan verfolge. Aber ich habe einen festen Standpunkt. In diesem Zusammenhang ist es für mich immer wieder interessant, meinen Stab bei den freitäglichen Zusammenkünften zu beobachten, um herauszufinden, wer von den Versammelten wohl der Star des Tages sein wird. Es geht dabei um grundlegende Entscheidungen, um Hunderte von Millionen, die in neue Projekte und Filme investiert werden. Immer ist es derjenige mit dem stärksten Standpunkt, der die Debatte für sich entscheidet. Möglicherweise trifft das nur auf Hollywood zu, ich weiß es nicht, aber ich kann Ihnen versichern: bei uns ist ein fester Standpunkt mindestens 80 Punkte auf auf der IQ-Skala wert.

Wenn Jack Welch einen neuen Auftrag für General Electric übernahm, pflegte er zu sagen: »Am liebsten würde ich den ganzen Laden komplett umkrempeln.« Auch er besitzt einen starken Durchsetzungswillen.

Max dePree, der kürzlich ausgeschiedene Vorsitzende von Herman Miller, nennt die Philosophie dieses Unternehmens ein geistiges Projekt. (Ich benutze hier einige Beispiele aus meinen eigenen Untersuchungen über Führungskräfte, weil ich überzeugt bin, daß deren Eigenschaften auch in Zukunft für effektive Übergänge wichtig sein werden.) Bei Max DePrees Erwähnung des Schlagwortes »geistiges Projekt« fiel mir die Abhandlung Ernest Beckers über den Tod ein, in der er schreibt, unsere Lebenspläne oder geistigen Projekte stellten eine Methode dar, im Laufe unseres Lebens den Tod zu überwinden.

Die zweite Eigenart der von mir untersuchten Führungsgrößen besteht in der Fähigkeit, tiefe und verläßliche Beziehungen anzuknüpfen und aufrechtzuerhalten. Eine feste Lebensausrichtung in Verbindung mit intensiven menschlichen Beziehungen stellt, wie ich glaube, ein wesentliches Geheimnis erfolgreicher Übergänge dar.

Drittens. Jede dieser Führungspersönlichkeiten ist ein Botschafter der Hoffnung. Ich fand es bemerkenswert, daß sie, was die Realität betrifft, durchweg positive Illusionen pflegen. Ich wuchs mit der Ansicht auf, geistige Gesundheit hinge von der korrekten Wahrnehmung der Wirklichkeit ab. Mittlerweile bin ich zu der Überzeugung gelangt, daß diese Menschen einen geradezu unheimlichen Glauben

besitzen: »Wir werden es schaffen« oder »Ich werde es schaffen!«
Die erste Führungspersönlichkeit, die ich tiefergehend untersuchte,
traf ich in Los Angeles. Kurz nachdem ich den Mann kennenge-
lernt hatte, wurde bei ihm ein inoperabler Hirntumor diagnosti-
ziert. Man gab ihm noch drei Jahre. Nun, er ging in den Ruhestand
– 15 Jahre nach dem Befund. Durch seinen unglaublichen Optimismus und seine Zuversicht überlebte er alle Schätzungen der mittleren Lebenserwartung bei einer solchen Krankheit. Tatsächlich ver-
faßte er einen wunderschönen kleinen Aufsatz als Persiflage auf
McLuhan – mit dem Titel: »The Median Ain't the Message« (Der
Durchschnitt ist nicht die Botschaft).

Viertens. All diese Personen hielten ihr ganzes Leben ein Gleichgewicht zwischen Arbeit, Macht und Familie bzw. nichtberuflichen
Aktivitäten. Nie machten sie ihre Selbsteinschätzung ausschließlich
von ihrer Position im Unternehmen abhängig. So etwas halte ich
ohnehin für ein Gefahrensignal. Mein Vorgänger an der Universität
von Cincinnnati war 20 Jahre lang im Amt, als während der Studen-
tenunruhen ein Stein durchs Fenster des Verwaltungsgebäudes flog.
Etwas zerbrach in ihm. Er nahm den Anlaß als persönliche Attacke.
Auch sein Ausscheiden fiel ihm nicht leicht – nach knapp einem Jahr
starb er.

Vor kurzem erhielt ich den Brief eines Gesinnungsgenossen, der
nach seiner Tätigkeit bei der *Washington Post* in den Ruhestand
getreten war. Er beklagte sich, auf sein letztes Schreiben hin nichts
mehr von mir gehört zu haben: »Hätten Sie, wenn ich noch bei der
Washington Post wäre, meinen Brief auch unbeantwortet gelas-
sen?« schrieb er. »Wissen Sie, ich habe mich dermaßen mit dieser Zeitung identifiziert, daß ich meine Initialen J. E. mit denen der
W. P. gleichsetzte (J. E. = W. P.), und jetzt fühle ich mich meiner Identität beraubt.« Deshalb, glaube ich, ist es wichtig, die Balance aufrechtzuerhalten.

Fünftens. Sämtliche Führungspersönlichkeiten, die ich untersuchte,
hatten eine Vorliebe für Aktionen. Sie schienen sich nicht zu scheuen,

Risiken auf sich zu nehmen. Ohne rücksichtslos zu sein, waren sie stets handlungsfähig. Sie liebten Abenteuer, Risiko und vielversprechende Aussichten. Gern erinnere ich mich an die Autobiographie von J. Paul Getty, der, so schreibt er, im Geschäftsleben drei Erfolgsregeln befolgte: Früh aufstehen. Hart arbeiten. Öl finden.

Ich beschließe diese Zeilen mit einem Zitat meines bevorzugten Managementphilosophen, des großen Wayne Gretzky, der einmal sagte: »100 Prozent der Schüsse, die man nicht abfeuert, gehen daneben.« Genau das meine ich, wenn ich von erfolgreichem Übergang spreche.

Register

Campus Wirtschaftspraxis

1998. 228 Seiten
DM 44,–/sFr 42,–/öS 321
ISBN 3-593-35902-2

Hochleistungsteams, die überragende Leistungen erbringen sollen, müssen autonom und mit allen nötigen Mitteln ausgestattet sein. Eindrucksvoll präsentieren Bennis und Biederman dies am Beispiel genialer Powerteams aus den letzten Jahrzehnten. Das Buch zeigt, wie man Führungskräfte als Mitarbeiter leistungsstarker Teams auswählt und welche Arbeitsbedingungen zu schaffen sind, damit kreativ gearbeitet werden kann.

Campus Verlag · Frankfurt/New York